墨子

王讚源　著

傅偉勳／韋政通　主編

東大圖書公司

國家圖書館出版品預行編目資料

墨子 / 王讚源著;傅偉勳,韋政通主編. ——二版一刷.
——臺北市: 東大, 2015
面; 公分.——(世界哲學家叢書)

ISBN 978-957-19-3107-4 (平裝)

1.(周)墨翟 2.學術思想 3.中國哲學

121.41 104007920

© 墨 子

著作人	王讚源
主　編	傅偉勳　韋政通
發行人	劉仲文
著作財產權人	東大圖書股份有限公司
發行所	東大圖書股份有限公司 地址　臺北市復興北路386號 電話　(02)25006600 郵撥帳號　0107175-0
門市部	(復北店) 臺北市復興北路386號 (重南店) 臺北市重慶南路一段61號
出版日期	初版一刷　1996年9月 二版一刷　2015年5月
編　號	E 121060

行政院新聞局登記證局版臺業字第〇一九七號

ISBN 978-957-19-3107-4 (平裝)

http://www.sanmin.com.tw 三民網路書店

《世界哲學家叢書》總序

本叢書的出版計畫原先出於三民書局董事長劉振強先生多年來的構想，曾先向政通提出，並希望我們兩人共同負責主編工作。一九八四年二月底，偉勳應邀訪問香港中文大學哲學系，三月中旬順道來臺，即與政通拜訪劉先生，在三民書局二樓辦公室商談有關叢書出版的初步計畫。我們十分贊同劉先生的構想，認為此套叢書（預計百冊以上）如能順利完成，當是學術文化出版事業的一大創舉與突破，也就當場答應劉先生的誠懇邀請，共同擔任叢書主編。兩人私下也為叢書的計畫討論多次，擬定了「撰稿細則」，以求各書可循的統一規格，尤其在內容上特別要求各書必須包括⑴原哲學思想家的生平；⑵時代背景與社會環境；⑶思想傳承與改造；⑷思想特徵及其獨創性；⑸歷史地位；⑹對後世的影響（包括歷代對他的評價），以及⑺思想的現代意義。

作為叢書主編，我們都了解到，以目前極有限的財源、人力與時間，要去完成多達三、四百冊的大規模而齊全的叢書，根本是不可能的事。光就人力一點來說，少數教授學者由於個人的某些困難（如筆債太多之類），不克參加；因此我們曾對較有餘力的簽約作者，暗示過繼續邀請他們多撰一兩本書的可能性。遺憾的是，此刻在政治上整個中國仍然處於「一分為二」的艱苦狀態，加上馬列教條的種種限制，我們不可能邀請大陸學者參與撰寫工作。不過到目前為止，我們已經獲得八十位以上海內外的學者精英全力支持，包括臺灣、香港、新加坡、澳洲、美國、西德與加拿大七個地區；難得的是，更包括了日本與大韓民國好多位名流學者加入叢書作者的陣容，增加不少叢書的國際光彩。韓國的國際退溪學會也在定期月刊《退溪學界消息》鄭重推薦叢書兩次，我們藉此機會表示謝意。

原則上，本叢書應該包括古今中外所有著名的哲學思想家，但是除了財源問題之外也有人才不足的實際困難。就西方哲學來說，一大半作者的專長與興趣都集中在現代哲學部門，反映著我們在近代哲學的專門人才不太充足。再就東方哲學而言，印度哲學部門很難找到適當的專家與作者；至於貫穿整個亞洲思想文化的佛教部門，在中、韓兩國的佛教思想家方面雖有十位左右的作者參加，日本佛教與印度佛教方面卻仍近乎空白。人才與作者最多的是在儒家思想家這個部門，包括中、韓、日三國的儒學發展在內，最能令人滿意。總之，我們尋找叢書作者所遭遇到的這些困難，對於我們有一學術研究的重要啟示（或不如說是警號）：我們在印度思想、日本佛教以及西方哲學方面至今仍無高度的研究成果，我們必須早日設法彌補這些方面的人才缺失，以便提高我們的學術水平。相比之下，鄰邦日本一百多年來已造就了東西方哲學幾乎每一部門的專家學者，足資借鏡，有待我們迎頭趕上。

以儒、道、佛三家為主的中國哲學，可以說是傳統中國思想與文化的本有根基，有待我們經過一番批判的繼承與創造的發展，重新提高它在世界哲學應有的地位。為了解決此一時代課題，我們實有必要重新比較中國哲學與（包括西方與日、韓、印等東方國家在內的）外國哲學的優劣長短，從中設法開闢一條合乎未來中國所需求的哲學理路。我們衷心盼望，本叢書將有助於讀者對此時代課題的深切關注與反思，且有助於中外哲學之間更進一步的交流與會通。

最後，我們應該強調，中國目前雖仍處於「一分為二」的政治局面，但是海峽兩岸的每一知識分子都應具有「文化中國」的共識共認，為了祖國傳統思想與文化的繼往開來承擔一份責任，這也是我們主編《世界哲學家叢書》的一大旨趣。

傅偉勳　韋政通

一九八六年五月四日

自 序

1977年，筆者在臺灣師範大學國文系開授「墨子」課程。1984年，韋政通先生為他與傅偉勳先生主編的「世界哲學家叢書」，要我撰寫一本《墨子》，我欣然同意。因為我研究墨子，教授墨子，也應該寫寫墨子，才算稱職。也想趁這次機會，將平時研究的心得作一次整理。

西洋傳統的說法，哲學可分三大部門，第一是形上學：其中又分本體論（終極存在、時空、心物等問題）及宇宙論（世界的變化是有目的的、或機械的、或意志決定的）。第二是知識論：知識的來源、能力、本質、種類、標準等。邏輯和心理學原來也隸屬此一部門。第三是價值論：道德哲學或倫理學、社會哲學、政治哲學、宗教哲學、藝術哲學或美學、歷史哲學等等，都包括在這一部門。西方傳統哲學家的理論系統，大多涵蓋這三大部門。反觀先秦諸子，孔、孟的思想，幾乎全部集中在社會、政治、倫理等價值論方面。荀子的思想系統，除了這些之外，雖有知識論的探討，但沒有論及形上學。老、莊的思想，從形上學推衍到社會、政治、人生等價值論的探討，卻因反智而否定知識。韓非的思想系統，除了應用老子的形上學作為政治的手段，以及幾段有關知識論的文字以外，幾乎全心集中在政治哲學與法律哲學的發揮。只有墨子的思想最為廣博，它包括形上學、知識論和價值論。另外，墨子還探討物理學、數學、邏輯、天文學、軍事之學等科學知識。先秦諸子之中，墨子是最類似西方標準的哲學家。因此，筆者採用西洋哲學的方式，第二章到第四章，撰寫墨子的宇宙論、知識論和方法論。從這三章可以看出，墨子的理論與西洋許多哲學家的見解相同。尤其方法論中的名實原理，已涉及二十世紀新興的語意學和語言哲學。墨子的「察名實之理」，對語言的意義、指稱、使用及三者關係的看法，與弗列格 (G. Frege)、維根斯坦 (L. Wittgenstein) 及當代英國牛津學派的觀點非常吻合。這是前人未曾討論，而尚待繼續開發的墨學精華。這三章的處理是基於一個認定，就是現存《墨子》五十三篇乃「墨子的一家之言」。

有些學者研究墨子，任意割裂《墨子》書，像胡適認為〈親士〉到〈三辯〉七篇皆後人「假造」的，梁啟超也說前三篇是「偽託」。李紹崑教授則以為這七篇是「墨子早期的作品」，他說〈親士〉篇是墨學的序論，是〈兼愛〉篇的張本，並非孫詒讓所說的〈尚賢〉篇的餘論。蘇時學、朱希祖等人主張〈備城門〉以下十一篇不是墨子的著作。李教授則認為這十一篇專講國防守禦的軍事之學，「都是墨子晚期的指示，是弟子們的記述。」(李紹崑《墨學十講》) 筆者認為李教授的說法很可信。纏訟最甚的是，〈經上下〉、〈經說上下〉、〈大小取〉六篇。胡適稱這六篇為墨辯，他說：「墨辯諸篇若不是惠施、公孫龍作的，一定是他們同時的人作的。」(胡適《中國哲學史大綱》，頁 187) 馮友蘭在他的《中國哲學史》及《中國哲學史新編》一致認為：這六篇是「後期墨家」的作品。胡適和馮友蘭同樣主張墨子不是這六篇的作者，由於他們是早期中國哲學史的權威，海內外不少墨子專家都受他們的誤導而不自知。所幸，留歐的大陸學者詹劍峰和臺灣師範大學李漁叔教授，他們先後提出專論，一一糾譎胡、馮兩人的大膽假設。1956年，詹劍峰教授提出一篇長達六十六頁的專文：〈讀墨餘論〉（詹著《墨家的形式邏輯》附錄）批駁汪中、孫詒讓、胡適、馮友蘭、侯外廬、方授楚等人的錯誤觀點。他駁斥所謂「後期墨家」，和所謂「墨經非墨子所著」的說法，並肯定的提出四大證據，證明墨子真正是《墨經》的原作者。他說：「《墨經》大體是墨子自著，但其中不無墨家後學增益和引申的部分。」1968年，李漁叔教授出版他的〈墨經真僞考〉（李漁叔《墨辯新注》附錄），指出堅白論的起源在孔子、老子之前，並非公孫龍的創始或專屬品；名、墨兩家堅白論的差異；及《公孫龍子》抄《墨經》詞句而後再駁《墨經》，因而斷定《墨經》較早出現。以此推翻胡適的說法。他的結論是：「《墨經》上下四篇，當為墨子自著，或至少亦係及門弟子親承講授者所紀錄而成。」詹、李二氏的論據非常堅實。然而，目前學術界仍有人相信：《墨經》不是墨子的著作。學術研究固然不能無疑，但縱觀懷疑者的論點，不是臆測之言，就是想當然耳之辭，不能服人。筆者認為，在找不到確證（如地下物）之前，應將《墨子》這本書視為墨子思想的整體，進行研究。這是本書的立場。

一般研究墨子的著作，大多將十論分為宗教思想、政治思想、社會思想、經濟思想、教育思想等等，來做處理。本書不採用這種方式。因為〈魯問〉篇記載墨子的一段話說：

> 凡入國必擇務而從事焉：
> 國家昏亂，則語之尚賢、尚同；
> 國家貧，則語之節用、節葬；

國家憙音湛湎，則語之非樂、非命；
國家淫僻無禮，則語之尊天、事鬼；
國家務奪侵淩，則語之兼愛、非攻；
故曰：擇務而從事焉。

從這裏可以看出，十論是墨子全面的治國理論，墨子把它分成五組，各有其對治的急迫性，所以說：「擇務而從事焉」。本書依墨子思想系統的先後，將這五組重排順序為：天志明鬼；尚賢尚同；兼愛非攻；節用節葬；非樂非命。把它放在第五章到第九章，分別探討，指出各組對治時弊的需要性，並論及墨子的宗教、政治、倫理、經濟及人生哲學。筆者認為如此安排，比較符合墨子的原意。此外，也將歷來爭議性的問題如：「兼愛是不是無父?」「兼愛是不是在袪除人的自私心?」「非樂是不是反對音樂?」「墨子懂不懂音樂?」等等，置於有關章節之中，詳加討論，提供給讀者另一個思考空間。

所謂經典，應該是不同的時代可以讀出不同的意義。《墨子》就是這樣的一部經典著作。而一位經典的研究者（詮釋者）不但要有闡明觀念的能力，批判觀念的能力，還須具有時代的眼光，轉化應用觀念的能力，其研究成果才可能使經典古為今用，不僅僅限於歷史意義。基於這種認識，筆者嘗試將墨子的治國理論，轉化應用於企業管理，寫成：〈墨子的管理思想〉作為附錄。其中將貴義、兼愛詮釋為「義利合一，彼此互惠」，用之於企業，可以滿足彼此的自私，兼顧彼此的利益，解決彼此的需要，最符合人性的管理。指出貴義、兼愛可當作企業的經營理念或最高目標，也可作為企業倫理的原則，可以提升管理品質，塑造優良的企業文化，達成企業的永續經營。也說明管理者的風範及知人善任的方法。1987 年，筆者在淡江大學企業管理學系夜間部大五，及高級經理班（學生多公司經理、總經理或董事長）開授「中國管理思想」課程。其中「墨子的管理思想」，最受學生們的喜愛。選修人數逐年增加，最多曾達一百四十名。他們畢業後回來說：「兼相愛交相利的思想，使我獲益良多，同事喜歡我，老闆相信我，許多同學都獲得升遷。我們都很感謝老師！」不少董事長、總經理說：「貴義、兼愛的精神，使我們的員工更和諧，公司的業績也不斷增加，我要請老師喝三杯。」學生的反應，令我欣慰，但更重要的是使我肯定：墨子的管理思想，的確可行，經得起事實的檢驗。

1989年，筆者於師大國文系、淡大企管系，同時開授「思想方法」課程，曾經自創一個思想方法論，即「層面整體動態觀」。這是一種顧及事物的層層面面而又回歸整體，並且注意時空因素的思考方法。世界上每件事情的發生，都關係到很多的層次和方面，必須分層分面逐一觀察、分析，才能深入了解問題。而且單一事物只是宇宙人生整體中的一小部分，部分與部分，部分與整體之間往往又牽連不可分割。所以解決問題時必須顧及整體，也就是要把部分回歸整體通盤考慮，以免顧此失彼。而事情的發生是動態的，就是說事情是在時、空之中形成的。不同的時、空，就有不同的價值觀，不同的作法，因此思考問題務必同時顧到時間和空間的因素，才能看得準，行得通。愛因斯坦在思考宇宙現象時正是加上了時間因素，才發明了偉大的相對論。本書的寫作，就是運用「層面整體動態觀」這一方法，進行研討的。如「尊天事鬼」，唯物論者認為迷信和落伍，但從人性層面看，唯物論的觀點乃無視於人類心靈的需要。科學發達的二十世紀，世界各地到處建教堂、蓋廟宇，到處有宗教信仰活動，怎能要求墨子時代的人不要信仰？何況尊天事鬼的主旨，是要人順從天意，兼相愛交相利。把它視為高度精神性的信仰，有利而無害。又如「非樂」，大多數學者把「非樂」解為反對音樂，更批評墨子生命氣質乾枯，不知樂教的價值。這是望文生義，不求甚解，卻訴之人身攻擊。其實「非樂」是反對統治者奢侈享樂（音樂只是其中之一），而不顧人民的死活。從經濟方面看，老百姓「飢者不得食，寒者不得衣，勞者不得息」，王公大人卻依然「虧奪民衣食之財」，淫湓康樂，所以墨子才站在人民的立場，針對統治者提出「節用」、「非樂」的主張。另從教育背景考察，墨子是魯國人，自然受到周文化的薰陶，何況他「學儒者之業，受孔子之術」（《淮南子・要略》），豈有不知音樂教化之理？再如「兼愛」，一般學者都從社會、政治的層面去研究，但更根本的說，兼愛是倫理思想，加上時、空因素作思考，可將兼愛思想「創造的詮釋」為當今的企業管理思想。本書末章〈墨子的現代意義〉，也是考慮時、空因素下的產物，因為研讀古籍最重要的目的，就是要能採擷古人思想的精華，幫助現代人生活得更好。

本書有些章節曾經發表過：〈墨子的現代意義〉，於1992年山東省滕州市，首屆墨學國際研討會上宣讀。〈貴義、兼愛與企業最高目標〉，於1994年山東大學，二屆墨學國際研討會上宣讀。〈貴義、兼愛與企業倫理〉，於1994年臺灣師範大學國文系所，紀念程旨雲先生百年誕辰學術研討會上宣讀。〈墨子和《墨子》書〉、〈墨子的宇宙論〉、〈墨子的方法論〉、〈管理者的風範〉，分別發表於臺灣師大《教學與研究》第十二、十三、十四、十六期。〈墨子的知識論〉，發表於臺灣師大《中國學術年刊》第十三期。這些章節收入本書，已多少作了修正。

筆者教授「墨子」課程十三年，撰寫本書也花了十年的時間，雖然用盡了心力，但墨學廣博，文字古奧，加上個人的能力有限，本書僅及於哲學部分。至於墨子的文學、科學、軍事之學，尚待開發，但願有志之士加入研究墨學的行列，共同來發揚墨子的偉大思想。

本書的完成，得自許多人的幫助。首先是我的岳丈賴添松先生，他花了好幾年的功夫，為我翻譯日本講談社出版的三本日文專著：山崎正一、市川浩合編的《現代哲學事典》；清水幾太郎編的《現代思想事典》；竹內靖雄著的《正義與嫉妒的經濟學》。兩篇論文：盛田昭夫的〈危險的日本型經營〉；黑川紀章的〈被誤解的共生論議〉。透過這些譯文，讓我接觸不少新的觀念。其次是中國思想史專家韋政通教授，為我從大陸帶回詹劍峰著的《墨子的哲學與科學》；空中大學中文系系主任沈謙教授，為我從香港買回詹劍峰著的《墨家的形式邏輯》；美國愛丁堡大學李紹崑教授，借我方孝博著的《墨經中的數學和物理學》。這些一流的著作，讓我更清楚的看出墨子思想的許多精華。此外，韋政通先生和美國天普大學傅偉勳教授，時常給我激勵和關懷，使我增加信心和動力，寫完此書。還有我的學生陳蕙娟小姐，喜歡墨學，自動為我奔跑圖書館，找尋資料，整理資料，並提出寶貴意見，引發我的靈感，把許多問題處理得更好。沒有以上這些人的幫助，這本書不可能順利寫成。我實在衷心的感謝他們！也藉此祝福他們！最後要感謝三民書局的老闆劉振強先生！若非他的高瞻遠矚和容人的雅量，不可能讓我延遲八年之久才交稿。

王讚源　序於永和書齋

一九九六年元月六日

目次

第三章　墨子的知識論

第四章　墨子的方法論

第五章　墨子的治國理論之一：天志明鬼

第六章　墨子的治國理論之二：尚賢尚同

第七章　墨子的治國理論之三：兼愛非攻

第八章　墨子的治國理論之四：節用節葬

第九章　墨子的治國理論之五：非樂非命

第十章　墨子的現代意義

附錄 墨子的管理思想

第一章　墨子和《墨子》書

第一節　時代與環境

墨子所處的時代，約介於春秋末年到戰國初年之間。

春秋戰國是中國歷史上少有的劇變時代。這個劇變，主要來自封建體制的崩潰。封建的崩潰，早在春秋時代已開始醞釀，到了戰國時代更是一發而不可收拾。其間有兩種現象最為顯著：一個是階級的破壞；另一個是諸侯的攻伐兼并。

周平王東遷以後，權力式微，諸侯不守禮制，相繼稱王❶。各國的卿大夫看在眼裏，有樣學樣，他們也專擅國權，相與私盟，架空君權。像齊田氏的專權，韓、趙、魏三家的擅晉，是墨子所親見的。諸侯僭越天子，卿大夫僭越諸侯，甚至家臣也僭越卿大夫。面

❶ 依《史記》〈十二諸侯年表〉、〈六國年表〉、〈吳太伯世家〉、〈齊太公世家〉、〈楚世家〉、〈越王句踐世家〉所載，諸侯稱王的先後是：楚熊通稱武王（周平王三十一年），吳壽夢稱王（周簡王元年），越句踐稱王（周敬王二十六年），齊田和滅齊君稱威王（周顯王十七年），秦惠文君稱惠王（周顯王四十四年）。而〈周本紀〉說：「自秦以後，諸侯莫不為王。」

對這種階級組織一一破壞的局勢，出身貴族的孔子（前551～前479）用心於重整周朝文化，出身賤民的墨子雖然也學過儒者之業，但無意復興周制。他努力於社會改革，加速封建社會的解體，促成一個平等而合理的社會環境的出現。因此他主張「官無常貴，而民無終賤，有能則舉之，無能則下之。」的「尚賢」。他對學生說：「國家昏亂，則語之尚賢尚同。」❷就可以看出他的志向。

戰爭是破壞階級，促進封建崩潰的重要原因。春秋時期前後一共二百四十二年，其中諸侯戰、伐、侵、襲的次數，達二百九十七次之多❸，平均每年有一次以上的戰爭。戰國時代，戰風更盛，所以拿「戰國」為名。墨子雖然處在戰國初年，可是他說：「夫天下處攻伐久矣。」❹這是有感而發的。不過，春秋和戰國時的戰爭情形不同，春秋之時，戰爭雖然頻繁，戰勝者大多取人田邑，復封其君，除了蠻夷部落之外，很少滅人國家，所以封建制度仍勉強可以維持。到了戰國，情況丕變，兼并滅國已成風氣。墨子看到被滅亡的就有陳、蔡、杞、莒、吳等國。所以他說：

> 聖王既沒，天下失義，諸侯力征，南有楚越之王，而北有齊晉之君，此皆砥礪其卒伍，以攻伐并兼為政於天下。（〈節葬下〉）

---

❷ 張純一，《墨子・魯問》，《墨子集解》（臺北：文史哲出版社，1971）卷十三，頁607。

❸ 蘇軾〈春秋列國圖說〉、〈春秋提記〉所記：侵六十，伐二百十三，戰二十三，襲一，共二百九十七次。參見梁鎮中〈戰伐侵列表第六〉、〈春秋例表〉。

❹ 張純一，《墨子・非攻下》，《墨子集解》卷五，頁202。

齊、晉、楚、越是當時的好戰之國，他們「以攻伐并兼為政」，因此能「四國獨立」，「四分天下」❺。至於當時攻伐滅國的情形，墨子也有詳細的描述，他說：

> 今王公大人，天下諸侯，將必皆差論其爪牙之士，比列其舟車之卒伍，於此為堅甲利兵，以往攻伐無罪之國，入其國家邊境，芟刈其禾稼，斬其樹木，墮其城郭，以湮（塞）其溝池，攘殺其牲牷，焚燒其祖廟，勁（刺）殺其萬民，覆（滅）其老弱，遷其重器。（〈非攻下〉、〈天志下〉）

在這種燒殺掠奪的攻伐之下，最倒楣的當然是無辜的老百姓，有切身之痛的賤民墨子，只好站出來高喊「非攻」。而諸侯的喜好攻伐兼并，乃是出於虧人自利的自私心，自私心正是天下混亂的原因，於是墨子提出「兼愛」來醫治。所以他說：「國家務奪侵凌，則語之兼愛非攻。」❻

長久處於攻伐兼并，父子不相見，兄弟妻子離散，人民實在已夠淒慘。但當時的王公大人，為了滿足自己奢侈的生活，仍然「厚作斂於百姓，暴奪民衣食之財。」❼孟子（前372～前289）形容當時人民的生活是「仰不足以事父母，俯不足以畜妻子，樂歲終身苦，凶年不免於死亡。」（《孟子・梁惠王上》）因此，墨子才站在平民的立場，提出「節用」、「節葬」、「非樂」的主張，去奉勸當時各國的政治領導人。

---

❺ 同❹，頁201。

❻ 同❷。

❼ 張純一，《墨子・辭過》，《墨子集解》卷一，頁52。

總之，墨子處於封建崩潰、攻伐不休、大欺小、強劫弱、眾暴寡、詐謀愚、貴傲賤的春秋戰國時代，統治者逞野心、嗜殺人，極盡荒淫奢侈之能事，人民卻骨肉分離、飢寒交迫。這種時代環境正是促成墨子思想的重要因素。

第二節　墨子的生平與人格

墨子是中國歷史上一位罕有的神奇人物。「人物」，意指他是一位偉大的思想家，又是犧牲奉獻、熱心救世以實踐自我思想的苦行僧。「神奇」，意指他自古就與孔子齊名，他創始的墨家與孔子為首的儒家，在戰國已並稱為「顯學」❽，可是他的姓名、生卒年代、國籍和出生地，卻是眾說紛紜，神祕莫測。

墨子之所以如此神奇，是歷史沒有把他作清楚的交代。以司馬遷（前145～前86）的博學多聞，也沒有為他立傳，只是在〈孟子荀卿列傳〉的後面附寫了二十四個字：「蓋墨翟宋之大夫，善守禦、為節用，或曰並孔子時，或曰在其後。」這段飛來之筆，真像神龍見首不見尾，使我們無法認清墨子的真面目。於是他的身世便成為許多人猜謎的對象。有的人說他不姓墨，有的人說他臉上受了刺字的墨刑，所以稱為墨子，也有的人說他皮膚很黑，才用墨字稱呼。至於國籍，更加熱鬧，除了傳統說他是魯人或宋人外，有的說楚人、齊人，有的說印度人、阿拉伯人，甚至說是猶太人，不一而足，不過都是推測之辭，不能服人❾。幸好《墨子》一書相當完整的留存

❽　《韓非子·顯學》。

❾　見方授楚，《墨學源流》下卷〈墨子之姓氏國籍學說辯〉，有四章駁斥這些無根之談。

下來，而墨子的事跡與言論也散見於古籍，像《新序》(《太平御覽》六百七引)、《尸子》(《藝文類聚》八十八引)、《晏子春秋》、《韓非子》、《呂氏春秋》、《淮南子》、《列子》、《戰國策》、《渚宮舊事》、《神仙傳》等，都分別有所記載。從這些資料裏，我們還可以為他畫出一個簡單輪廓。

一、生　平

墨子，姓墨，名翟。魯國人。大約生於西元前470年，卒於西元前390年⑩。約當孔子之後，孟子之前，享壽八十歲左右。

墨子出身於平民，是一個無產階級，當時稱為賤人。魯國是周文化的搖籃，他自小就受到文化的洗禮。《淮南子・要略》說他「學儒者之業，受孔子之術。」〈主術〉篇更說他「通六藝之論。」據說他也曾向著名的史官史角留在魯國的後代，拜師學習⑪。他自己說曾看過百國的史書。所以《莊子・天下》稱讚他「好學而博」。

有一次，他南遊衛國，車箱裏帶了很多書，他的學生覺得很奇怪，就問：「老師曾經教訓公尚過說：『做工匠的主要是量曲直罷了。』現在老師帶了這麼多的書，是為了什麼?」墨子回答道：「從前周公每天早晨讀一百篇書，晚上又要接見七十士，所以周公學術淵博，能夠輔佐天子，他的功績至今不滅。現在我既不當官，又不種田，怎麼可以不讀書呢?」(〈貴義〉)這個故事說明墨子的好學。而《墨子》一書內容的豐富，則是他博學的證明。

墨子不但學問好，而且還是手工技藝一流的人物。他懂得繩墨，

⑩ 詹劍峰依孫詒讓和梁啟超的考訂而折衷的結論。《墨家的形式邏輯》(湖北人民出版社，1979)，頁174。

⑪ 《呂氏春秋・當染》。

能製造巧利之器。據說他技術的精明，還超過工匠的祖師爺公輸般。有一次他製造了一隻木鳶，能在空中飛翔一天，他的學生稱讚說：「先生多神巧啊！竟能使木鳶飛起來。」可是墨子卻以為這功夫不如他製造的木車，只用三寸的木頭，片刻功夫，做好軸承，就可載動六百斤重的貨物，不僅耐用，而且可以跑得很遠，不像木鳶花時間久，飛一天就壞了。所以他說：「故所為巧，利於人謂之巧，不利於人謂之拙。」⓬

「利於人謂之巧」這一理念，是他一生奮鬥的指標，也是他超越工藝技術的局限，成就偉大人格的動力。公輸般曾經為楚國製造戰船上的兵器，敵船敗退時可把它「鉤」住，敵船進攻時可把它「拒」開。楚人就用這種武器，大敗越人。公輸般很得意的挖苦墨子說：「你看我的技巧如何，能夠製造戰船上的鉤拒，不知你整天高唱的義也有鉤拒嗎?」墨子反駁：「我提倡義的鉤拒，比你戰船的鉤拒好。我用愛去鉤別人；用恭去拒別人。如果不用愛去鉤，人家不會親近你；不用恭去拒，容易失去彼此的界限，便不能保持親近，很快又要分開。所以大家相愛相恭，才能利己利人。你用鉤制人，別人也會用鉤制你；你用拒抗人，別人也會用拒抗你。彼此相鉤相拒，結果兩敗俱傷。所以說我義的鉤拒比你戰船的鉤拒好。」(〈魯問〉)

一般人只知道孔子是偉大的教育家，其實墨子同樣是偉大的教育家。西漢的劉安（前 179～前 122）就說：

> 孔子弟子七十，養徒三千人，皆入孝出悌，言為文章，行為儀表，教之所成也。墨子服役者百八十人，皆可使赴火蹈刃，

⓬ 張純一，《墨子・魯問》，《墨子集解》卷十三，頁 614。

死不還（旋）踵，化之所致也。[13]

「服役」就是「為義」。人生最難為的事莫過於死，為了幫助別人，可以「死不還踵」，這種義行如果不是深受墨子身教的感化，豈能如此。他的老朋友描述他的身教說：「子獨自苦而為義。」[14]莊子（前370～前290）說他：「其行難為……枯槁不舍」[15]。連罵他最兇的孟子也不得不說他：「摩頂放踵，利天下為之。」[16]

在言教方面，孔子有德行、言語、政事、文學四科教育學生[17]；墨子分談辯、說書、從事三科培訓人才[18]。但在課程內容，孔子只有人文學科的傳授；而墨子則以宗教哲學、科學（含天文、數學、物理學、邏輯、軍事科技）和社會科學等三大系統，進行施教。因此李紹崑教授說：「孔子的學校是一所文學院，而墨子的學校則是一所創辦得好的有現代意義的大學。」[19]

墨子同孔子一樣，也是「因材施教」和「誨人不倦」的教師，這從《墨子》一書的記載，可得到充分的證明。這裏只舉一個例子：有一次，墨子對學生耕柱子發怒，耕柱子說：「難道我就沒有勝過別人的地方嗎?」墨子問：「假使我要上大（讀「太」）行山去，你認為

---

[13] 劉文典，《淮南子・泰族》，《淮南鴻烈集解》（臺北：粹文堂書局）卷二十，頁68。

[14] 張純一，《墨子・貴義》，《墨子集解》卷十二，頁568。

[15] 《莊子・天下》。

[16] 《孟子・盡心上》。

[17] 《論語・先進》。

[18] 張純一，《墨子・耕柱》，《墨子集解》，頁555。

[19] 李紹崑，《墨子：偉大的教育家》（臺北：臺灣商務印書館，1981），頁20。

應該用一匹千里馬或是一頭牛去駕車呢?」耕柱子回答:「當然要用千里馬。」墨子問:「為什麼用千里馬呢?」耕柱子說:「因為千里馬才有能力勝任。」於是墨子說:「我就是認為你有能力才責備你。」(〈耕柱〉)⑳

二、閱　歷

墨子的一生,主要發在教學之外,就是率領學生周遊列國宣傳兼愛非攻的主張。根據現存《墨子》一書的記載,除了出生地魯國以外,他曾到過齊、衛、楚、宋、魏、越等國。書中也記載幾則極動人的故事,可以幫助我們了解他的人格。

墨子到了齊國,得知齊國將攻伐魯國,於是去見齊將項子牛,明白告訴他:「齊國攻打魯國,將犯下大錯!」他舉當年吳王攻打越、楚、齊等國,智伯伐范氏、中行氏,兼并三晉之地,後來都引起諸侯的報仇,弄到家破國亡,身受刑戮。所以說大國攻打小國,「禍必反於國」。接著墨子又去見齊大王,用巧妙的譬喻,使齊王曉悟到從事侵略的害處。墨子說:「今有刀於此,試人之頭,倅(猝)然斷之,可謂利乎?」大王答:「利。」墨子說:「刀則利矣,孰將受其不祥?」大王答:「刀受其利,試者受其不祥。」墨子說:「並國覆軍,賊殺百姓,孰受其不祥?」大王俯仰而思之曰:「我受其不祥。」(〈魯問〉)

墨子一生的事業,以止楚攻宋的故事,最為精彩,他「不戰而屈人之兵」,轟動了當時的國際之間。事情的發生是:公輸般替楚國製造了一種攻城的新武器——雲梯,準備侵略宋國。墨子在魯國聽到這消息,便立刻趕往楚國,走了十天十夜,腳走破了,便撕一塊

⑳ 為了行文順暢,已將〈耕柱〉篇原文譯成白話。

衣服包裹，仍繼續趕路。到了郢都，便找公輸般理論。墨子說：「我在北方聽說你發明了雲梯，正預備攻打宋國，請問宋國有什麼罪過呢？……你講義氣不殺一個人，卻幫助楚國去殺更多的人，實在不通之至!」公輸般佩服墨子的道理，答應帶他去見楚王。墨子問楚王：「聽說大王正起兵攻宋，如果沒有把握戰勝，而且又負了不義之名，請問是否仍要攻打宋國?」楚王回答：「如果一舉兩失的話，為什麼還要攻宋呢?」墨子說：「我敢保證你攻不下宋國。」楚王驕傲的說：「你倒說得很肯定，不過公輸般已替我製造了一種攻宋的特殊武器呢!」墨子說：「既然如此，那麼就現場表演吧，他攻我守。」於是墨子解下衣帶，圍個方形當作城牆，用小木札當防禦武器。公輸般用機械化的武器，發動了九次的攻勢，都被墨子擋住。公輸般已經技窮，可是墨子的防守卻很從容。公輸般在無奈的情形下，突然冷笑著說：「我知道怎樣對付你了，可是我不說出來。」墨子也微笑著說：「我知道你想打什麼主意，我也不說出來。」這時楚王被他們弄迷糊了，便問墨子是什麼意思。墨子坦白的說：「公輸先生的如意算盤，是把我殺掉。以為殺了我，宋國便守不住，你們就可以進攻了。不過，我早已派學生禽滑釐等三百多人，拿著我的守禦武器，在宋國的城上等候你們了，就是殺了我，也是沒用的。」楚王無可奈何的說：「好吧！我只好不攻宋了。」就這樣消弭了一場戰禍（〈公輸〉）。反對侵略的思想，在諸子之中不是墨子所專有，但他能用行動去實踐，而且擁有優異的技術，去達成他的理想，堪稱古往今來第一人。

楚惠王五十年，墨子又再度遊楚，獻書給惠王。雖然惠王讚賞那是一本良書，卻不採用他的意見，但表示「樂養賢人」。墨子告辭說：「我曾聽過進賢的道理，如果他本身被任用，而他的政治抱負不能施展，他是不願無功受祿的。或者他的政治見解不被採用，也是不願空佔名位的。現在我的書既不被採用，不如讓我回去吧！」惠王聽他這番話，自覺不好意思，便暗地叫臣子穆賀去推辭說國君年老，不能作徹底的改革。穆賀會見墨子，墨子就把書中的要義告訴穆賀，穆賀聽了很高興，對墨子說：「你的理論實在非常正確，可是惠王是天下的大王，恐怕因為你是賤人，不敢採用你的言論吧！」這話可把墨子給氣壞了，大發牢騷說：「重要在是否可行，就像治病的藥，雖是草根樹皮，天子吃了，可以除病，難道因為是草根樹皮就不吃嗎？而農人把米穀獻給君王，君王把它做成酒菜來祭祀上帝，上帝難道因為是賤人種的就不吃嗎？」墨子氣走了之後，大夫魯陽文君對惠王說：「墨子是北方的聖人，你不用禮接待他，未免失去了人才啊！」惠王覺得後悔，趕快派文君去追回墨子，願拿五百里的地方封給墨子。然而墨子為的是政治抱負，並不看重封祿，所以毅然的謝絕了。㉑

三、人 格

儒、墨是先秦的顯學。這兩支學派的領袖，孔子和墨子都有偉大的人格。王昌祉有這樣的描述：

> 孔子的性格，溫和中庸，謹慎小心，循規蹈矩，少言語，多柔和的情感，比較上退讓消極，欠積極活動，不喜歡冒險，更喜歡「浴乎沂，風乎舞雩，詠而歸。」（《論語・先進》）優游自得的生活。墨子的性格，顯然和孔子不同。墨子喜歡活動，積極進取，情感激烈，意志剛強，望準目標，向前奮鬥，不怕苦幹，不惜犧牲，甚且喜歡冒險，大膽嘗試，有靈活的

㉑ 張純一，《墨子・貴義》，《墨子集解》卷十二，頁 568。

雙手，有科學的頭腦，更有雄辯的天才，吸引人的能力，做領袖的資格。㉒

紀福德 (J. P. Guilford, 1897～1987) 給「人格」一詞所下的定義是：「個人的人格，是他的諸特質之獨特模式。」㉓韋政通先生曾根據這個定義，把墨子與其他先秦諸子對比，指出墨子有極顯著的特質是：(1)行動者；(2)離規者；(3)苦行者；(4)平民階級的代言人。由於這些特質，遂組成墨子人格的獨特模式。㉔

不過墨子行為的特質，除開韋先生所指的四項以外，依據筆者的研究，還應加上哲學家、科學家、軍事科技家三項，才比較完整。

哲學家：西方傳統哲學分為三大部門，第一是形上學：其中又分本體論（終極存在、時空、心物等問題）及宇宙論（世界的變化是有目的的，或機械的，或意志決定的等）。第二是知識論：知識的來源、能力、成分、種類、標準等。邏輯和心理學，原來也隸屬此一部門。第三是價值論：道德哲學或倫理學、社會哲學、政治哲學、宗教哲學、藝術哲學或美學、歷史哲學等等，都包括在這部門。西方傳統哲學家的理論系統，大多含蓋這三大部門。反觀先秦諸子，他們大抵都用心於價值論部分。孔、孟的思想，幾乎全部集中在社會、政治、倫理等價值論方面。荀子的思想系統，除了這些之外，雖有知識論的探討，但沒有論及形上學。老、莊的思想，從形上學推衍到社會、政治、人生等價值論的探討，卻因反智而否定知識。

㉒ 王昌祉，《諸子的我見》（臺中：光啟出版社，1961），頁 148。

㉓ 見韋政通，《開創性的先秦思想家》（臺北：現代學苑，1972），頁 127～128。

㉔ 同㉓。

韓非的思想系統，除了應用老子的形上學作為政治的手段，以及幾段有關知識論的文字以外，幾乎全心集中在政治哲學與法律哲學的發揮。只有墨子的思想包括形上學（本體、目的、時空、物與力、物體運動等），知識論（知識的起源、種類、標準、方法等）和價值論（社會、政治、道德、宗教等）。我們可以說，墨子的思想系統中，有形上的信，有知識的入門，也有價值的用。以西方哲學來說，他是比較合乎西方標準的哲學家；但以道德人格實踐看，他又是道地的中國哲人。

科學家：先秦諸子當中只有墨子有資格當科學家。1968 年，李紹崑教授在他的《墨子：偉大的教育家》一書中有專章討論墨子的純科學和應用科學。他認為墨子「不僅是一位著名的科學發明家，而且也是一位最偉大的科學教育家。」（頁 39）現存《墨子》一書討論到的科學知識包括：天文學、力學、光學、幾何學和邏輯學或方法論等等。1957 年，譚戒甫寫成《墨經分類譯注》，其中有自然類、數學類、力學類、光學類、辯學類之分。擁有哲學、科學博士的英國科學家李約瑟 (Joseph Needham, 1900～1995)，在他的大著《中國之科學與文明》(*Science and Civilization in China*) 中說：《墨經》「可成為亞洲的自然科學之主要基本概念」，「其所描出之要旨正為科學方法之全部理論。」㉕諾貝爾物理獎得主丁肇中，在他那篇〈J 粒子的發現：個人的回憶〉的文章裏，第一句話就說墨子在西元前四世紀就曾研究光和物質的相互作用。至於對墨子的科學知識作專書研究的，目前有 1981 年，詹劍峰教授出版的《墨子的哲學與科學》，1983 年，方孝博先生出版的《墨經中的數學和物理學》兩書。

㉕ 李約瑟，《中國之科學與文明》（臺北：臺灣商務印書館，1974）第二冊，頁 298。

軍事科技家：墨子在止楚攻宋的過程中，曾經施展了精巧的軍事技術，阻擋下公輸般的九次攻擊。現存《墨子》一書，〈備城門〉以下十一篇（原有二十篇）是專門講究軍事戰略和技術的。依我們所知，專門為這些篇章注解的只有一本書，那是 1956 年北京出版，岑仲勉撰寫的《墨子城守各篇簡注》。日本漢學家渡邊卓曾就這個主題發表過論文，1957 年他發表了〈墨家的兵技巧書〉㉖，1964 年發表〈墨家的守禦城邑〉㉗，對〈備城門〉以下諸篇作了比較研究。在這裏，我們只舉幾個例子，說明墨子是如何將軍事科技教導他的學生禽滑釐：例如，〈備高臨〉和〈備蛾傳〉兩篇記載用滑輪（磨車）來吊動重物，這是力學省力原理的應用。〈備梯〉篇記載用望遠鏡眺望敵情（案目者視敵），這是光學原理的應用。〈備穴〉篇記載用陶罌去偵探敵人的活動，這是聲學原理的簡單應用；用煮沸的液體（醯）破除敵人的煙薰，這是化學原理的應用。

第三節　非儒起家

漢朝的《淮南子》說：「墨子學儒者之業，受孔子之術，以為其禮煩擾而不說（簡易），厚葬靡財而貧民，久服傷生而害事，故背周道而用夏政。」（〈要略〉）這段話說出：墨子的思想基礎，及反對儒家的原因，和後來他思想的表現。

先從思想表現說起，所謂「背周道而用夏政」這個觀點首先見於《莊子・天下》。其實墨子稱引堯舜禹湯文武有六次，稱引禹湯文武有四次，稱引文王有三次，卻沒有單獨稱引夏禹的。而墨子也沒

㉖　《東京支那學報》第三期（東京，1957）。

㉗　《東方學》第二十七號（東京，1964）。

有說他的學術是自禹而來。他固然非儒但不非周。雖然〈公孟〉篇中墨子駁公孟說：「且子法周而未法夏也，子之古非古。」看來像似薄周而厚夏，事實上這是辯論時的意氣話，意思是夏比周古，你法周怎能算法古呢？並不是在自詡法夏。因此汪中 (1745～1794) 說：「謂墨子背周而從夏者，非也。」㉘孟子與墨子時代相接，批評墨子也最用力，他對墨子思想的來源，一定很清楚，試看《孟子・滕文公下》第九章公都子問夫子何以好辯的最末段，孟子把禹和周公、孔子連成一系，說他距楊墨乃是承繼這「三聖」之道。足見孟子不認為墨子是出自夏禹的。所以我們認為，墨子偶引禹的故事用意在加強證明自己學說的正確性，不能據此以為他用夏政、行禹道。

《呂氏春秋・當染》說墨子學於史角之後，《漢書・藝文志》因此說墨家出於清廟之守。細查現存《墨子》五十三篇，並無說到史角，也與清廟之守無關。另外，有人說墨學源於宋襄公，甚至說源於武士，都是無稽之談，這些講法，傅隸樸先生的《國學概論》，王冬珍教授的《墨學新探》已有很清楚的駁斥，不必贅言。㉙

《淮南子》說墨子反對儒家有三點原因，即「其禮煩擾」，「厚葬靡財」和「久服傷生」。這些原因都可從現存的《墨子》書中得到印證。〈公孟〉篇記載墨子告訴程繁，說儒道有四種政策足以喪亡天下。為了醒目，把它分列如下：

(1)儒以天為不明，以鬼為不神，天鬼不說。此足以喪天下。

(2)厚葬久喪，重為棺槨，多為衣衾，送死若徙（搬家）三年

㉘ 《述學・墨子後序》。

㉙ 傅隸樸，《國學概論》（臺北：中華叢書編審委員會，1977，增補 3 版）；王冬珍，《墨學新探》（臺北：世界書局，1980）。

哭泣，扶後起，杖後行（即扶而能起，杖而能行），耳無聞，目無見。此足以喪天下。

⑶弦歌鼓舞，習為聲樂。此足以喪天下。

⑷以命為有。貧富壽夭治亂安危有極（常）矣，不可損益也。為上者行之，必不聽治矣。為下者行之，必不從事矣。此足以喪天下。

從這段話可見儒家的「以天鬼為不神明」、「厚葬久喪」、「習為聲樂」和「以命為有」，是墨子所反對的。《淮南子》所提的「其禮煩擾」，在〈非儒〉篇說是「繁飾禮樂以淫人」、「盛容脩飾以蠱（惑）世」。除此之外，〈公孟〉、〈非儒〉兩篇記載墨子反對儒者「不扣（問）不鳴」的態度。墨子認為：當君王要應付國家緊急危難，君子有辦法一定要進諫；當君王要發動侵略戰爭時，雖然沒問你，你也要主動出來勸止。還有〈耕柱〉、〈非儒〉兩篇也記載墨子反對儒家「述而不作」的作風。墨子說：「吾以為古之善者則述之，今之善者則作之，欲善之益多也。」（〈耕柱〉）

墨子認為批評和反對別人的學說，一定要拿出可以替代的理論。他在〈兼愛下〉篇說：「非人者必有以易之，若非人而無以易之，譬之猶以水救水，以火救火也，其說將必無可焉。」基於這一理念，墨子一面反對儒家的學說，另一面同時提出自己的主張用以適應社會政治的需要。他反對「以天為不明」，所以提出「天志」；反對「以鬼為不神」，所以提出「明鬼」；反對「厚葬久喪」，所以提出「節葬」、「節用」；反對「弦歌鼓舞，習為聲樂」，所以提出「非樂」；反對「以命為有」，所以提出「非命」。可見墨子的學說是由反對儒家而來的。

另外墨子對儒家學說也有作修正和補充的。例如儒家尚賢，墨子也尚賢，但有所不同。儒家尚賢偏重道德修養，也有階級性。墨子所尚的賢者，不但要有道德還要有能力。〈尚賢上〉篇就說賢良之士要「厚乎德行，辯乎言談，博乎道術」。「辯乎言談」就是說話明白，頭腦清楚。這是溝通的能力。「博乎道術」就是有方法，有技巧。這是辦事的能力。其次，墨子要打破儒家的封建階級，所以他說:「雖在農與工肆（商）之人，有能則舉之……故官無常貴，而民無終賤。」(〈尚賢上〉）如此一來，當官再不是貴族的專利，有能力的老百姓一樣可以當官。墨子的尚賢理念之中，還強調政治的領導者本身也必須是一個仁人或賢人。這一理念同樣表達於尚同的理論之中。〈尚同〉三篇明載天子、國君、鄉長、里長都要選擇「仁人」或「賢者」或「賢良聖知辯慧之人」來擔任。墨子的尚賢、尚同主張賢者必須道德與能力兼備；有能者可以當官，不分階級；以及領袖本人是個賢者等等思想，可以說是針對儒家「尊尊」所作的修正。孔子提倡仁愛，雖然有「汎愛眾」的理想，但事實上多局限於家族倫理的孝悌表現，不能推展到廣大的社群。墨子的兼愛主義，是要人人「愛人若己」，是要整個人類社會互助交利，也就是他常說的「兼相愛，交相利」。所以說兼愛是恕道的發揮，是針對儒家「親親」思想的修正。孔子有反戰思想，他稱讚管仲（前 685? ～前 645)「如其仁！如其仁!」，就是因為管仲「不以兵車」，能使桓公九合諸侯（《論語・憲問》）。可是孔子嘗聞「俎豆之事」，卻未學「軍旅之事」(《論語・衛靈公》）。而墨子的非攻主義，不但積極的宣傳反侵略思想，而且又教導各國國君要充實軍備，以為防禦。可見墨子的非攻，比孔子的反戰更為實際有效。

墨子的反對儒家，修正和補充儒家的思想，很快就風行於戰國時代，成為當時的「顯學」。因此我們說：墨子是以非儒起家。而墨子的非儒正表現了他說的：「古之善者則述之；今之善者則作之。」換句話說，墨子的非儒起家是「批判的繼承，創造的發展。」

第四節　墨子的服務團體

墨子以非儒起家，他的思想很快便成為先秦的「顯學」，那是因為他的口號響亮，熱情洋溢，作風動人之外，還有一個組織嚴密的社團為他效命。

墨子的社團，是中國歷史上第一個民間社團。這個社團的宗旨是：「為義」。孟子說是「利天下」。《莊子・天下》說是：「備世之急」。用現代的話說，就是針對社會的需要而做適時的服務。戰國初年，墨子便率領這個社團奔走各國，尋找服務的機會。有一次墨子派遣三百多位學生，為宋國守禦，並因而勸止了楚王攻打宋國，消弭了一場大戰。這是轟動當時國際間的一件大事。又有一次，為了實踐諾言，墨團替陽城君守國，因此戰死的弟子有一百八十三人，曾令人感動不已（《呂氏春秋・上德》）。

墨子的服務社團，很可以用二十世紀的管理學 (Management) 來加以了解。墨團的宗旨，相當於現代的企業理念。墨團的組織和運作，可以用計劃、組織、領導、控制、訓練等五大管理的方法或途徑來作說明。

計劃方面：好的管理，要針對企業理念提出相應的計劃，以達成經營目標。墨子針對服務的宗旨（理念），曾提出一套具體、富彈性又切合各種需要的計劃，希望達成治國的目標。根據〈魯問〉篇的記載，有人問：「見到四方的君子時，你打算先告訴他們什麼?」

墨子說:「凡進到一個國度，一定要選擇急要的事先講。國家昏亂，就教他尚賢尚同;國家貧窮，就教他節用節葬;國家沈湎音樂飲酒，就教他非樂非命;國家淫僻無禮，就教他尊天事鬼;國家爭奪侵淩，就教他兼愛非攻。所以說，必須選擇急要的事去做。」可見墨子的社團有整體的計劃，也有細部的計劃。

組織方面:墨團的組織包括成員、法律、財務三部分。墨團的成員由巨子和他的弟子共同組成。〈公輸〉篇記載，墨子的弟子有三百人，《淮南子・泰族》載有一百八十人，《呂氏春秋・上德》載有一百八十五人。巨子是墨團的首領，也是團員希望繼承的尊位。《莊子・天下》就說:「以巨子當作聖人，都願意奉他為領袖，希望繼承他的事業。」墨團不但有法律，而且執法如山，就是巨子本身也一樣守法。依據《呂氏春秋・去私》的記載，腹䵍（前385～前315）當巨子時，他的兒子在秦國殺了人，秦惠王顧念他年老只有獨子，赦免他的罪。可是腹䵍以為「墨者之法」:「殺人者死，傷人者刑。」不能徇私，還是把自己兒子處死。墨團的財務來源，是由團員繳納，〈耕柱〉篇就載有耕柱子交十金（兩百兩）給墨子。

領導方面:墨團的領導中心是巨子，也作「鉅子」。依《呂氏春秋》的記載，墨團的鉅子有三位:即孟勝（前420～前381）、田襄子（前410～前355）和腹䵍。而方授楚認為，墨子是第一任當然鉅子，禽滑釐（前470～前400）為第二任鉅子。方氏的說法是合理的推斷㉚。團員對鉅子是絕對服從的，而且是忠心耿耿。〈備梯〉篇就說:「禽滑釐事子墨子，三年，手足胼胝，面目黧黑，役身給使，不敢問欲。」又《呂氏春秋・上德》記載，孟勝為陽城君殉城之前，派兩個團員帶信給田襄子，見面之後，兩人想要回去為孟勝效命，田

㉚ 方授楚,《墨學源流》(臺北:中華書局，1979，臺4版)，頁118。

襄子就禁止他們說:「孟子已傳鉅子於我矣，當聽!」這說明團員必須服從鉅子的命令。墨團的服務工作是量能分工的，墨子曾說，為義是要「能談辯者談辯；能說書者說書；能從事者從事。然後義事成也。」(〈耕柱〉) 墨子除率領弟子到處服務，他還推薦弟子到各國去從政，實際推展墨家的學說。例如：墨子推介耕柱子到楚國，高石子到衛國 (〈耕柱〉)。公尚過到越國，曹公子到宋國，勝綽事項子牛 (〈魯問〉)。〈貴義〉篇也說曾派人到衛國去當官。墨團的領導之所以成功，最主要是領導者「以身戴行」(〈修身〉)，叫人感動。誠如《淮南子・泰族》說的:「墨子服役者百八十人，皆可使赴火蹈刃，死不旋踵，化之所致也。」使人赴火蹈刃，死不旋踵，是多麼難能，但「化」之一字道出成功的消息，最是傳神。

控制方面：墨團一方面由鉅子率領團員從事服務；另一方面由鉅子推派團員到各國去執政。由鉅子率領的團員，服從鉅子的命令之外，當然要遵守「墨者之法」。推派團員到外國從政，為的是要發揚墨家學說，所以被派遣的團員在作為上當然不能違背墨家學說。如果有違反教義的，他的官職還是會被鉅子免除的。例如：墨子派勝綽去幫項子牛從政，項子牛三次發兵攻打魯國，侵佔魯地，而勝綽三次都跟隨著軍隊出征，明明違反了兼愛非攻的教義，墨子知道這事，馬上派人去見項子牛，罷免勝綽的官職 (〈魯問〉)。由此看來，墨團的控制是多麼嚴謹的。

訓練方面：墨團的宗旨是「為義」，是「利天下」，為了達成這種行動理念，墨團有一套很完整的訓練方法和課程。墨團的服務工作是依照量能分工的，也就是「能談辯者談辯；能說書者說書；能從事者從事。」墨子便根據弟子的性向和能力，把他們分編成談辯、說書、從事三組，分別加以訓練。能談辯的要精於宗教哲學的研究，能說書的應具備豐富的社會政治知識，能從事的則當熟練國防軍事技能。就現存《墨子》五十三篇看，〈經上下〉、〈經說上下〉、〈大、小取〉以及〈法儀〉、〈天志〉等篇，應是談辯者的教材。自〈尚賢〉以迄〈非命〉等二十三篇，則為說書者的教材。而〈備城門〉以下諸篇，便是從事者的教材。教材雖然不同，訓練方法也各異，但有一點是共同的，就是要有所利，有所用。墨子在〈非命〉篇就說「為文學，出言談」就是為了「治理萬民刑政」，為了「中（合於）國家百姓人民之利。」而訓練的目標，墨子則要求團員必去心中六種偏僻的情緒，做到「默者思，言則誨，動則事……手足口鼻耳目，從事於義。」（〈貴義〉）個個成為「言必信，行必果」的兼士（〈兼愛下〉）。

墨子就是帶領著這樣一個有理想、有組織、有管理的服務社團，到處呼號，積極救世，很快就把墨學推上高峰，使儒家黯然失色。不過這種富有俠義精神的實力團體，到了秦國一統天下之後，不見容於專制統治，自然消失於表面社會，而潛藏於下層社會，繼續發展，成為中國文化的一股伏流。後來崛起的民間組織，諸如元末的白蓮教，清末的清、洪幫會也都可溯源於墨子的社團。

第五節　《墨子》書

《墨子》真可以說是中國第一奇書。兩千多年來沒有一個人真正懂得這本書的全部。它的內容所涉及的學術領域，實在太過於廣泛，它不僅談到政治哲學、道德哲學、人生哲學、宗教哲學，它也論及心理學、經濟學、天文學、幾何學、邏輯學、光學、力學，甚至於軍事科技。誠如梁任公說得好，《墨子》是「祖宗遺下來的無價之寶」[31]。

《墨子》這部書，《漢書・藝文志》的著錄，原有七十一篇，到了宋中興館閣書目已亡佚八篇，宋以後又亡佚十篇，現在僅存五十三篇。亡佚的十八篇當中，有八篇的篇名可從現存的篇目得知，另外十篇的篇名已無從查考。至於《詩正義》提到的〈備衝〉，也許是那十篇中的一篇。

秦、漢以後，墨學式微，歷代極少人研究墨學，而《墨子》一書，語多古字，佶屈聱牙，號稱難讀，應是可靠的古書。但自從疑古派學者提出偽書的考據以後，一般學者也開始懷疑《墨子》一些篇章的真實性，尤其《墨經》或「墨辯」的作者問題，更是聚訟紛紜，莫衷一是，大大的影響對墨學的研究方向，和對墨學的了解程度。好在經過前輩學者專家的努力，這些問題都已逐一被理清了。底下試就全書內容作一概述。

今存《墨子》五十三篇，胡適 (1891～1962) 最先把它分成五組，以後研究的學者，大多接受這種分法。本文也依此分類，並提出我們的看法。

第一組七篇是：

〈親士〉、〈修身〉、〈所染〉、〈法儀〉、〈七患〉、〈辭過〉、〈三辯〉。

自孫詒讓 (1848～1908) 以後，像胡適、梁啟超 (1873～1929)、方授楚等人大都認為前三篇近儒家言，或雜道家言，斷定不是墨子的作品。後四篇是墨家記「墨學概要」，蓋天志、節用、非樂之餘義。

1932 年，張純一出版《墨子集解》則持不同的看法，他認為前六篇「當為墨子自著」，〈三辯〉疑是〈公孟〉之文，不該獨立成篇。他說：「親士為政治之本，修身為教學之本，是墨家貴兼之密因。

---

[31] 梁啟超，《墨子學案》，頁 64。

……親士者尚賢之基本。」〈所染〉「教人慎始」,〈法儀〉「明人當法天之兼……天志三篇，則三墨所述，此篇之注腳也。」〈七患〉「教人嚴密為備，防患未然。」〈辭過〉「義同節用，節字義取於竹，修短有度，無過不及耳。辭過言當有節，能節者心，所節者財，用為國備，焉有七患。故冢七患而次之。」張氏這些說法，是有他的見地（各篇題記）。

1990年，李紹崑教授在他的新著《墨學十講》中說:「〈親士〉至〈三辯〉等七篇，據個人的推測都是墨子早期的作品，頗有儒家氣息。」(〈親士與傳統〉)

我們的看法是：墨子既然學自儒家，受儒家的薰陶是必然的，而且他主張「古之善者則述之，今之善者則作之，欲善之益多也。」(〈耕柱〉) 所以說，〈親士〉到〈辭過〉六篇是墨子早期的作品，其中摻有儒家觀念是當然的現象。然大抵還是墨子思想，像〈修身〉篇說的「藏於心者，無以竭愛（以，通「已」。竭，盡。盡愛不已）；動以身者，無以竭恭（恭，敬。勤事不已）；出於口者，無以竭馴（馴，通「訓」。教人不已）。暢之四支，接之肌膚，華髮墮顛，而猶弗舍者，其唯聖人乎。」正同〈尚賢下〉說的「為賢之道，將奈何? 曰，有力者疾以助人；有財者勉以分人；有道者勸以教人。」這也正是孟子說「摩頂放踵，利天下為之。」一語的來源。但〈三辯〉篇文不對題，可能是錯簡。〈親士〉、〈修身〉、〈所染〉三篇是兼愛的張本。而〈法儀〉篇則是墨子學說的根基。要了解墨學，應精讀此篇。

第二組二十四篇是：

〈尚賢〉、〈尚同〉、〈兼愛〉、〈非攻〉、〈節用〉、〈節葬〉、〈天志〉、〈明鬼〉、〈非樂〉、〈非命〉、〈非儒〉。

除〈非儒〉篇外，十題原來各有三篇，合計三十篇，因亡佚七篇，現存二十三篇。每題為什麼都各有三篇？俞樾 (1821～1906) 和梁啟超兩人都認為是墨家三派，各有所傳。俞氏在《墨子閒詁》序說：「意者此乃相里、相夫、鄧陵三家相傳之不同，後人合以成書，故一篇而有三乎。」梁氏在《墨子學案》說：「每題各有三篇，文義大同小異，蓋墨家分為三派，各記所聞。」另外，陳柱則認為墨子隨地演說，不止三次，弟子各有記錄，不止三篇，古人以三為成數，故編輯《墨子》書時，僅取三篇，以備參考（《墨學十論・墨學大略》）。三派各有所傳，和取三篇以備考這兩種說法都言之成理，至於那一說正確，已無法證明。

這二十四篇的作者，胡適以為「墨者演墨子的學說所作的。」梁啟超說：「這十個題目二十三篇，是墨學的大綱目，墨子書的中堅。篇中皆有『子墨子曰』字樣，可以證明是門弟子所記，非墨子自著。」至於〈非儒下〉，梁氏以為「不是記墨子之言」（《墨子學案》）。

我們的看法：十題二十三篇是墨子的社會、政治、倫理、經濟、宗教等哲學思想。它們是學生聽墨子講學的記錄。〈非儒下〉有墨子之言，也有後學依墨子非儒之義而作的部分。

第三組六篇是：

〈經上〉、〈經下〉、〈經說上〉、〈經說下〉、〈大取〉、〈小取〉。

《莊子・天下》說：「相里勤之弟子、五侯之徒、南方之墨者：若獲、已齒、鄧陵子之屬，俱誦墨經。」晉代有位魯勝曾說墨子著書，書中有四篇〈經〉，他還為它作過註。他在〈墨辯注敘〉說：「墨子著書，作辯經以立名本……墨辯有上下經，經各有說，凡四篇，與其書眾篇連第，故獨存」（《晉書・隱逸傳・魯勝》）。今存《墨子》五十三篇之中，正有四篇〈經〉。可見這四篇正是〈天下〉篇說的「墨經」，魯勝說的「墨辯」，應是墨子的作品。

可是清朝的汪中在他的〈墨子序〉說〈經上〉至〈小取〉六篇為「墨經」，不是《墨子》本書。〈經〉本來四篇，他說成六篇，但無任何證據。孫詒讓的《墨子閒詁・經上》題記，說四篇〈經〉皆名家言，似戰國墨家別傳之學，不盡墨子之本恉。汪、孫兩人是主張「《墨經》不是墨子作的」始作俑者。

1918 年，胡適出版《中國哲學史大綱》，他認為這六篇不是「經」，不是墨子的書，也不是墨者記墨子學說的書。他說：「這六篇就是《莊子・天下》所說的『別墨』做的。」統稱這六篇為「墨辯」。「墨辯諸篇若不是惠施公孫龍作的，一定是他們同時的人作的。」胡適肯定的認為，〈天下〉篇所稱的「墨經」是指「兼愛非攻之類。」㉜六十年後，陳癸淼先生著《墨辯研究》也跟著胡適說：「三墨所俱誦之墨經應指天志、明鬼、尚賢、兼愛、非攻、節葬、節用、非樂、非命等篇而言。」㉝胡、陳二人視「墨論」為「墨經」，他們沒有實證，理由也很牽強。誠如梁啟超在〈讀墨經餘記〉所說：「明明有經兩篇，必指為非經，而別求經於他處，甚無謂也。」

胡適認為這六篇是「別墨」做的書，他所謂的「別墨」是指惠施、公孫龍（前 320～前 250）。梁啟超雖然附和說施、龍確為「別墨」，但他反對《墨經》為施、龍輩所作。可是章士釗的〈名辯訾應考〉卻已推翻了惠施、公孫龍是別墨的說法。而 1965 年，陳品卿先生的《墨經與別墨》也已證明《墨經》不是別墨作的。

1930 年，馮友蘭出版《中國哲學史》，隨後譯成英文，通行西方，1964 年又出版《中國哲學史新編》。無論舊著或新編，對墨子的看法是一致的。馮氏雖然不贊同胡適的「別墨」的說法，也承認

㉜ 胡適，《中國哲學史大綱》，頁 151、185。

㉝ 陳癸淼，《墨辯研究》（臺北：學生書局，1977），頁 311。

現存四篇〈經〉就是〈天下〉篇所說的「墨經」，但他認為〈經〉上下、〈經說〉上下和〈大小取〉六篇是「後期墨家」的作品。墨論部分則是「前期墨家」的思想。

胡適和馮友蘭都反對墨子是這六篇文章的作者。但由於他們在中國哲學史方面的權威，海內外不少研究墨子的學者都受他們的誤導。所幸，留歐的大陸學者詹劍峰和臺灣師範大學李漁叔教授，他們兩位先生都有專著，一一駁倒胡、馮的大膽假設。1956 年，詹劍峰教授在他著的《墨家的形式邏輯》書中，有一篇長達六十六頁的專文：〈讀墨餘論〉，批判汪中、孫詒讓、胡適、馮友蘭、侯外廬、方授楚等人的錯誤觀點。他逐一批駁所謂「後期墨家」，所謂「墨子是宗教家」，和所謂「《墨經》非墨子所著」之後，很肯定的提出四項證據，證明《墨經》確實是墨子自著的。他的證據是：

> ⑴從〈天下篇〉以證明墨子著《經》。……
>
> ⑵從墨子獻書以證明墨子著《經》。……
>
> ⑶從晉魯勝〈墨辯注敘〉以證明墨子著《經》。……
>
> ⑷從墨子的言行以證明墨子著《經》。……（1.墨子手藝精巧：為車轄、作木鳶，又善守禦，故能建立幾何學、物理學原理。2.墨子重談辯、好談辯、善談辯，且以辯教人，故能寫下談辯的方法和規律。3.墨子讀書甚多，且有「述」「作」兼重的精神。）

他的結論說：

> 《莊子・天下》的《墨經》即現行的〈經上〉、〈經下〉、〈經

說上〉、〈經說下〉四篇。這部《經》大體是墨子自著，但其中不無墨家後學增益和引申的部分。

而李漁叔教授的專論名叫〈墨經真偽考〉，是附在 1968 年他著的《墨辯新注》書中。他對堅白論的起源，名墨兩家對於堅白石看法的差異，及《公孫龍子》抄《墨經》而後駁《墨經》等問題，有極精闢的分析。他說：「從名墨兩派主張，與《公孫龍子》著作材料、文章字句來推論，則惠施公孫龍所作的話，不攻自破，至於說到同時人的偽造，若屬於墨徒，則墨自有《經》，何須再作，若屬之施龍一派，何故著《經》立義，全與本門相違，反助他派張目。」他的結論是：

> 《墨經》上下四篇，當為墨子自著，或至少亦係及門弟子親承講授者所紀錄而成。

李教授又於 1974 年出版《墨子今註今譯》，在〈緒言〉中他說〈大小取〉兩篇與《墨經》上下四篇，「如不是墨子自撰，至少也是墨子生前或稍後，及門弟子筆錄而成的。」

我們認為魯勝的〈墨辯注敘〉中有一段話，很值得注意，他說：「自鄧析至秦時名家者，世有篇籍，率頗難知，後學莫復傳習，於今五百餘歲，遂亡絕。墨辯有上下經，經各有說，凡四篇，與其書眾篇連第，故獨存。」這話說明自鄧析以降，所有名家書亡絕的原因有兩點：一是名家書「難知」，沒有後學傳習。二是時間太久，所以亡絕。而亡絕的名家書之中，當然也包括《公孫龍子》，不然，魯勝是位研究名辯的專家，他不可能不知道它的存在。就是《公孫龍子》

與名家書一起亡失了，魯勝才說：「世有篇籍……遂亡絕」的話。接著也才會說墨辯四篇「獨存」的原因，是因為「與其書眾篇連第」。由魯勝的話，可見《公孫龍子》一書在晉朝已經亡絕了。現存《公孫龍子》一書的真實性很成問題。欒調甫的《墨辯討論》就說：「今本《公孫龍子》原名《守白論》，〈隋志〉錄入道家，至唐人賈大隱、陳嗣古等作注，始改今名。我疑心這書與《列子》都是道家作偽的先生們幹的事。」㉞因此我們認為：以真實性可疑的《公孫龍子》來懷疑《墨經》是否墨子作的，這在方法上是根本的錯誤。

馮友蘭說《墨經》是「後期墨家的作品」。這一說法影響最大，錯誤也最明顯。詹劍峰教授在他的〈讀墨餘論〉第一節裏就人物的年代，及事件關係已證明所謂「前期墨家」和「後期墨家」的說法不能成立。其實，從馮友蘭所說的話中就可以看出含有矛盾性。他引證《韓非子・顯學》和《莊子・天下》來說明相里勤、相夫氏、鄧陵子三派墨者是「後期墨家」。說三墨他們「俱誦墨經」。又說《墨子》書中四篇〈經〉，就是〈天下〉篇所說的《墨經》。而《墨經》「乃是戰國後期墨者所作」或說是「後期墨家的作品。」㉟然而記錄所謂「前期墨家」思想〈天志〉、〈明鬼〉等篇的人是相里勤、相夫氏、鄧陵子三派墨者。如此一來，那麼記錄〈天志〉、〈明鬼〉等篇是這些人，「俱誦墨經」也是這些人，而著作《墨經》同樣又是這些人。依馮氏的講法，那麼三墨是「前期墨家」，又是「後期墨家」；既是「俱誦墨經」的人，又是撰寫《墨經》的人，顯然矛盾，錯誤昭彰。

因此我們同意詹劍峰、李漁叔兩位教授的看法，《墨經》四篇和〈大小取〉兩篇是墨子的著作，但或許有後學增益的部分。〈經說〉

㉞ 欒調甫，《墨辯討論》，頁 22。

㉟ 舊本頁 110，新編頁 140、405。

兩篇是墨子講〈經〉時的說明，也許是及門弟子聽墨子講〈經〉時所作的記錄。

第四組五篇是：

〈耕柱〉、〈貴義〉、〈公孟〉、〈魯問〉、〈公輸〉。

胡適和梁啟超都認為這五篇是後人記墨子的言行。體裁頗近《論語》。

我們的看法是，這五篇的體裁，與其說近《論語》，還不如說較近《孟子》。

第五組十一篇是：

〈備城門〉、〈備高臨〉、〈備梯〉、〈備水〉、〈備突〉、〈備穴〉、〈備蛾傳〉、〈迎敵祠〉、〈旗幟〉、〈號令〉、〈雜守〉。

胡適、梁啟超、錢穆都說這十一篇是墨家守城備敵的方法。並沒有提到作者是誰。胡適認為「於哲學沒甚麼關係。」而蘇時學、朱希祖、吳汝綸、吳毓江等人，認為這些軍事著作全是偽書，或部分是商鞅輩所為，或漢人文字。

有兩位墨子軍技著作的專家持不同的看法。一位是中國的學者岑仲勉，他在《墨子城守各篇簡注》一書中，糾正了蘇時學等人的錯誤觀點㊱。另一位是日本的墨學專家渡邊卓，他在 1957 年發表〈墨家的兵技巧書〉，反駁了朱希祖的〈備城門〉以下二十篇是漢人偽作的說法㊲。1964 年發表〈墨家的守禦城邑〉，將〈備城門〉以下諸篇做比較研究，指出墨家在不同時期的活動，以及活動的範圍㊳。

㊱ 見頁 8。

㊲ 同㉖。

㊳ 同㉗。

我們的看法是：這十一篇是墨子傳授守禦備敵的技術和方法，由門人記錄而成。我們從墨子成功的抵拒公輸般九次攻城，和他派遣弟子禽滑釐等三百人持守圉之器替宋國守城的事跡（〈公輸〉），以及他的非攻思想首重防備，就可以斷定這十一篇是傳墨子的軍技學說。從十一篇中還可以看出《墨經》純科學理論的實際應用：像守城軍備的長廣高是《墨經》數學知識的應用；像〈備高臨〉的「連弩之車」用「轆轤」引弦，弋射時以「磿鹿」卷收，「轆轤」即「磿鹿」，〈備蛾傳〉作「磿車」，現代稱為滑輪，這是《墨經》力學原理的應用；像〈備梯〉的「案目者視敵」，「案目」現代叫望遠鏡，這是《墨經》光學原理的應用。由此可見，這十一篇正是墨子學說的應用部分。

為了醒目，將《墨子》一書列表如下：

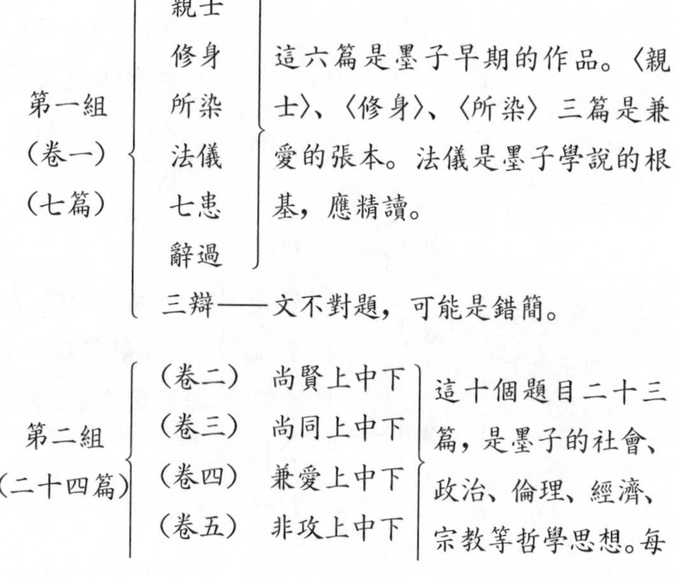

第一組（卷一）（七篇）
- 親士、修身、所染、法儀、七患、辭過——這六篇是墨子早期的作品。〈親士〉、〈修身〉、〈所染〉三篇是兼愛的張本。法儀是墨子學說的根基，應精讀。
- 三辯——文不對題，可能是錯簡。

第二組（二十四篇）
- （卷二）尚賢上中下
- （卷三）尚同上中下
- （卷四）兼愛上中下
- （卷五）非攻上中下

這十個題目二十三篇，是墨子的社會、政治、倫理、經濟、宗教等哲學思想。每

	（卷六）	節用上中 節葬下	題各有三篇，是弟子聽講學，各記所聞。
	（卷七）	天志上中下	
	（卷八）	明鬼下 非樂上	
	（卷九）	非命上中下	
		非儒下——有墨子之言，也有後學的增衍部分。	

第三組（六篇）	（卷十）	經上下 經說上下	〈經〉四篇魯勝稱為「墨辯」。談邏輯學、知識論、物理學、數學、倫理學等哲學基本理論。〈大取〉論愛利，〈小取〉講辯學。六篇應是墨子自著，也許有後學的增益。
	（卷十一）	小取 大取	

第四組（五篇）	（卷十一）	耕柱	這五篇是記墨子的言行，體裁類似《論語》或《孟子》。
	（卷十二）	貴義 公孟	
	（卷十三）	魯問 公輸	

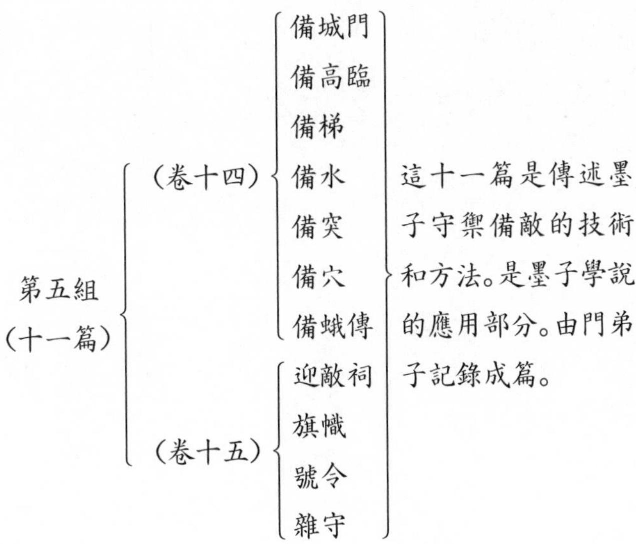

以上用了不少篇幅對現存《墨子》五十三篇作分析，我們的基本看法是，除非有確鑿的證據，或充分的理由，不能輕易懷疑它的真實性。五十三篇之中，雖然有墨子自著，有弟子記述，也有門人的增衍，但大抵不離墨子的學說。因此我們認為，應該把《墨子》書視為一個整體，以它作為「墨子一家之言」來研究墨子的哲學。

第二章　墨子的宇宙論

第一節　天志創造自然

西元前七世紀以來，希臘哲學家們相繼探討宇宙的存在和生成的問題，被稱為「西方哲學之父」的泰利斯 (Thales, 前 624? ～前 546?) 是第一個提出這類問題的人，他認為水是萬物的本源，或宇宙的根本。之後，有人說無限者 (to apeiron)，有人說空氣，有人說火，有人說地、水、火、風四根，為萬物的成因，或自然的根本。也有人說無限細微的原子是構成自然萬物的原因。這些理論都是從物質生出物質，或是自有生有。柏拉圖 (Plato, 前 427～前 347) 的宇宙生成論，認為創造主只是「從無秩序之中造出秩序來。」❶也就是把自然界預先存在著的質料重新加以安排而已。柏氏的創造主只是設計神 (Designer God)，或動力因，祂自己不能創造物質。亞里斯多德 (Aristotle, 前 384～前 322) 形上學中的上帝，被規定為最高純粹的形式原理，特稱為「形相的形相」，不具質料成素。上帝本身不變

---

❶ 見羅素 (Bertrand Russell) 著，五南圖書出版公司譯，《西方哲學史》(*A History of Western Philosophy*)（臺北：五南圖書，1984)，上冊，頁 199。

不動，但一切存在者的生成和變化卻須依賴祂的推動，所以稱呼上帝為「不被動的發動者」(prime mover unmoved)。上帝首先推動天體運動，而後所有宇宙萬物也隨之開始運動變化。然而亞氏的上帝與基督教的上帝義蘊並不相同。誠如〈創世紀〉的記載，基督教的上帝是一位人格神，能依自己的意志，從「無」中創造出萬有。而亞氏的上帝只是純粹的形式，不具質料因，所以無力創造現實世界。「無中不能生有」(ex nihilo nihil) 是古代希臘哲人共同的信念。❷

墨子的「天」，是全知全能的宇宙最高主宰，與基督教的上帝比較類似。尤其為耶教哲學奠基的中世紀第一位哲學家，聖奧古斯丁 (St. Augustine, 354～430) 的宇宙創造論，與墨子的「天志」最為接近。奧氏認為「世界的創生乃是由於神對理性動物的深愛，欲使人類分享神之福祉。」「上帝根據至善的自由決定，意欲了世界的產生與存續。除了上帝本身的意旨之外，別無其他的原因促使世界的創生。」❸

墨子認為：「天為了厚愛人民，分別創造了日月星辰，以照耀天下，引導人民；制定春夏秋冬四時，以為人民作息的依據；下雪霜、降雨露，使五穀和麻絲順利生長，供給人民的衣食財用；分列山川溪谷，廣布百物；選立王公侯伯，來治理人民，賞賢罰暴，整治金木鳥獸，從事於五穀麻絲，做為人民衣食的財用。」❹這段話說明天

---

❷ 參見傅偉勳，《西洋哲學史》(臺北：三民書局，1986，8 版)，第一部第三章第四節、第四章第三節。

❸ 同❷，頁 199。

❹ 原文見〈天志中〉：「吾所以知天之愛民之厚者有矣，曰以磿（離）為日月星辰，以昭道之。制為四時春秋冬夏，以紀綱之。雷（隕）降雪霜雨露，以長遂五穀麻絲，使民得而財利之。列為山川谿谷，播賦（敷）百事。為王公侯伯，以臨司（于省吾說，司同嗣，治也）民之

神深愛人類；不但創生了自然世界，而且創設了人文世界，欲使人類享受祂的福祉。

〈法儀〉篇說，天下無論大國或小國，皆「天之邑」，人類不分長幼或貴賤，皆「天之臣」，所以天兼而愛之，兼而利之。因而墨子認為：「天之行廣而無私，其施厚而不德，其明久而不衰。」可見「天志」要世界產生和存續，是「根據至善的自由決定」。而我們找遍《墨子》全書，除了「天志」以外，「別無其他的原因促使世界的創生」。

聖奧古斯丁認為上帝創生了世界；墨子認為天志創造了自然。兩者的說法很相像。

第二節　秩序與因果

孔子說：「天何言哉？而四時行焉，百物生焉。天何言哉？」（《論語・陽貨》）天雖不言，但四時行，百物生。可見這天是有規則有秩序的。《易經・繫辭下》說：「古者包犧氏之王天下也，仰則觀象於天，俯則觀法於地，觀鳥獸之文，與地之宜，近取諸身，遠取諸物，於是始作八卦，以通神明之德，以類萬物之情。」包犧氏的行動，根據的是什麼？那就是天地的秩然有序，可測可知，有規則可循。這種信念是促使中國文化發展的根基。就是西洋科學的進步，也是由於這一信念而來。不先相信自然有秩序，事物有規則，一定沒有今日的科學。因為科學的目的，就在發現自然界的秩序。自然界有秩序，科學才有進步的可能。但自然之是否有秩序，科學雖沒有完全

善否，使之賞賢罰暴，賊（整治）金木鳥獸，從事乎五穀麻絲，以為人民衣食之財。」張純一，《墨子集解》，頁 252。

的證明，卻有堅強的信仰。本著這一信仰，科學才能深入自然，探索自然。我們可以說，科學之所以進步是靠這種信仰促動的，也可以說，科學的基礎是建立在相信自然有秩序之上。

一切科學必定信仰自然是有秩序的。可是這種秩序，從那裏來呢？哲學家和科學家從來就有四種不同的學說：

1. 內在說 (the doctrine of law as immanent)：此說認為自然秩序或自然律，是內含於自然，為自然事物性質的固有表現。
2. 外加說 (the doctrine of imposed law)：此說認為自然秩序或自然律，是由外在超越的勢力（上帝或神）所強加的。
3. 敘述說 (the doctrine of law as mere description)：此說認為自然秩序或自然律，是我們觀察事物所得的一種敘述。
4. 慣例說 (law as conventional interpretation)：此說認為自然秩序或自然律，是我們一種慣例的解釋。

墨子認為自然是有其秩序或規則的，但這種秩序是出於天志的。可見墨子的說法是屬於外加說。他在〈天志中〉說：

> 天之愛民之厚者有矣，曰以磿（離）為日月星辰，以昭道之。制為四時春秋冬夏，以紀綱之。霣（隕）降雪霜雨露，以長遂五穀麻絲。
>
> 天之為寒熱也節，四時也調，陰陽雨露也時，五穀熟，六畜遂。

這兩段話說明日月星辰的明照，四時的運行調和，寒熱有節，陰陽雨露雪霜有時，五穀的成熟，六畜的生長，這些都是井然有秩的自然現象。這種秩序是由於「天」的厚愛人民，而加於自然的勢力。

有秩序，而後有因果可說。說自然有因果，無異於說自然有秩序。我們堅信自然有秩序，而後因果概念方能成立。

墨子看問題著眼於事物發展的因果關係。他對於社會政治問題的發生（結果），都先要找出原因，再提出解決的辦法。所以他每碰到事情都要問「為什麼?」。《墨子》書中，「何也?」，「何故也?」，「其故何也?」等等探求原因的問句，幾乎無篇無之。這裏只舉兩個例子，〈尚賢上〉說：

> 今者王公大人為政於國家者，皆欲國家之富，人民之眾，刑政之治。然而不得富而得貧，不得眾而得寡，不得治而得亂。則是失其所欲，得其所惡。是其故何也？子墨子言曰：「是在王公大人為政於國家者，不能以尚賢事能為政也。」

這段話指出，國家貧，人民寡，刑政亂，這些問題的發生是結果，墨子要探求它的原因是什麼?（「此其故何也?」）它的原因就是：王公大人不能以尚賢事能為政。〈兼愛上〉也說：

> 譬之如醫之攻人之疾者然，必知疾之所自起，焉（才）能攻（治）之，不知疾之所自起，則弗能攻。治亂者何獨不然，必知亂之所自起，焉能治之，不知亂之所自起，則弗能治。聖人以治天下為事者也，不可不察亂之所自起，當（嘗）察亂何自起？起不相愛。

這段話說得夠明白了。治病要先知病因；同樣，治亂也要先察亂因。墨子認為：「不相愛」就是天下的亂因。

墨子很注重事物形成的原因，所以他著〈經〉，開宗明義，第一條就提出「故」的界定。

〈經上〉：「故：所得而後成也。」

〈經說上〉：「故：小故，有之不必然，無之必不然，體也，若有端。大故，有之必然，無之必不然，若見之成見也。」（依孫詒讓校改）

〈經〉的意思：「故」就是得到它而後生成結果。可見有了「故」，才有結果。那麼「故」就是影響結果的「原因」。說得更清楚：「故」就是宇宙自然一切事物生成的「原因」。

原因（故）對其結果是有作為、有影響的。因此，原因所發生的作為或影響是結果存在的基礎。〈經說上〉77 條❺就說：

濕，故也，必待所為之成也。

這裏「所為」就是指原因的作為或影響。把它翻成白話是：「某物濕了，是有原因的，必定是有原因作為（造成）的結果。」例如：天下雨，所以地濕。地濕是由於下雨的「所為」。地濕是結果，下雨是原因。結果有賴於原因的促成，所以說：「必待所為之成也」。這種結果依賴原因的因果關係，與西方哲學所談的因果原理 (principle of causality)❻相同。

❺ 本書所引《墨經》的條次，依據李漁叔，《墨辯新注》（臺北：臺灣商務印書館，1975，2 版）。

❻ 參見布魯格 (Brugger) 編著，項退結編譯，《西洋哲學辭典》（臺北：國

〈說〉的解釋：小故：有它不必生成結果，沒有它必不生成結果。它是生成結果的部分原因或條件，好比有了端不必然成為尺，沒有端必不能成為尺❼。大故，有了它必定生成結果，沒有它必定不生成結果。好比見物的各種條件具備，必然看清楚東西，否則，必然看不清東西❽。

臺灣大學名教授殷海光先生 (1919～1969) 撰寫的〈因果底解析〉一文，用事實的衍遞 (entailment) 來界定因果關聯。依此，我們說 A 與 B 有因果關聯時，等於說 A 衍遞 B。所謂「衍遞」，在此指「事實上的衍遞」，也就是說「事件上的推移」。A 和 B 有衍遞關係 (entailment relation)，才能說 A 與 B 有因果關聯。所以說因果關聯所依據的是衍遞關係。殷先生的界說是：「依衍遞關係而製作的定律就是因果律。」❾這一界說非常嚴格，西方許多哲學家像亞里斯多德、康德 (Immanuel Kant, 1724～1804)、穆勒 (J. S. Mill, 1806～1873) 等人的理論都通不過這個標準。休姆 (David Hume, 1711～1776) 是探究因果概念最接近認知標準的西方哲學家，他否定因果之間有必然性，只承認事物之間相承關係的規律性。休姆的理論，使得近代科學視因果關係為或然性 (probability)，更改因果律為函數律，只求兩事間的相關變化和變化的可能性。殷先生為了從認知的道路解析因果問題，所以他把「衍遞關係」當內容來界定因果律，

立編譯館，1976)，頁 80～82。

❼ 〈經上〉2 條：「體：分於兼也。」〈經說上〉：「體：若二之一，尺之端也。」可見體是部分，兼是全體。

❽ 〈經上〉82 條：「見：體、盡。」〈經說〉：「見：特（一）者體也，二者盡也。」依此，體見是部分的見，盡見是全部的見，一覽無餘。「若見之成見」，「成見」的見，指的是盡見。

❾ 參見殷海光，《思想與方法》(臺北：文星書店，1964)，頁 285、291。

他自認為比休姆還更進一步。

仔細研究上文〈經說〉對「大小故」的解釋，令我們驚訝的發現：西元前五世紀的墨子，已經採用衍遞關係來界定因果概念。他所採用的，與二十世紀習用的主要三種衍遞關係正相同。這三種就是今天一般邏輯教科書或方法論說的三種條件。三種條件是：1.必要條件 (necessary condition)；2.充足條件 (sufficient condition)；3.充足而又必要的條件，簡稱充要條件 (sufficient and necessary condition)。

「小故」就是西方邏輯或方法論說的「必要條件」。「小故」是：「有之不必然，無之必不然。」把「之」用「X」替代，把「然」用「Y」替代，就成了一般所說「必要條件」的定義：「如果有 X，不一定有 Y；但是，如果沒有 X，則一定沒有 Y。這樣的關係下，X 是 Y 的必要條件。」舉例來說：沒有錢，許多事辦不了；但是只有錢，別的條件未具備，同樣辦不了事。所以說，有錢只是能辦事的必要條件，不要以為有錢就有了一切。今天臺灣的外匯存底約八百億美元，臺灣人很有錢，但生活內容卻不離庸俗。這是最好的事實證明。〈經說〉給「小故」的譬喻是：「體也，若有端。」依〈經上〉2 條：「體：分於兼也。」〈說〉解釋為：「體：若二之一，尺之端也。」可見「體」是部分，像尺的一端。「小故」是因果關係中的部分原因或條件，所以用「小」形容，用「體」譬喻。

「大故」就是西方邏輯或方法論說的「充要條件」。「大故」是：「有之必然，無之必不然。」用 X 代「之」，用 Y 代「然」，就是「充要條件」的定義：「如果有 X 則有 Y；如果無 X 則無 Y，這種關係下，X 是 Y 的充要條件。」舉例來說：如果兩份氫 (H_2) 一份氧 (O) 化合則成水；如果兩份氫 (H_2) 一份氧 (O) 不化合則不成水，那麼 H_2

和 O 化合是成水的充要條件。〈經說〉給「大故」的譬喻是「若見之成見」，前一個「見」指能見的各種條件具備，像感官能見、有所見的物、傳光的媒介物、有意識物、眼與物之間沒有障蔽等五種具全。「成見」的「見」是指看見了外物。具備能見，就有所見。所以說：「大故有之必然。」可見「大故」是總原因，是決定的原因，所以用「大」形容。

〈經說〉提出必要條件，稱為「小故」；也提出充要條件，稱為「大故」，卻沒有提到充足條件。有人就替墨家補上一種「中故」，就是「有之必然，無之不必不然。」也就是充足條件。定義是：「有 X 則有 Y，無 X 則有 Y 或無 Y，那麼 X 是 Y 的充足條件。也就是說 X 是 Y 的中故。」❿不過我們認為，墨子提出大故小故，已經蘊涵了中故。這從墨子的言論可以得到證明。他在〈小取〉篇說：「其然也同，其所以然不必同。」「然」是結果，「所以然」是原因。這句話是說：結果相同，原因不一定相同。他在〈公孟〉篇舉例說：「人之所得於病者多方，有得之寒暑，有得之勞苦。」生病是結果（以 Y 代），病因是多方的（可用 X、S、P 等代替），用充足條件的型定方式考察：「有 X（或 S 或 P）則有 Y；無 X（但有 S 或 P）則有 Y 或無 Y，那麼 X 是 Y 的充足條件。」可見病因的多方之中，已含有致病的充足條件。換一個角度說，原因多方，那一個原因才是充足條件，很難確定。也就是說，充足條件這種衍遞關係確定困難。⓫原因多方，一方面已含有充足條件，一方面難以確定那個是充足條件。這也許是墨子不明言「中故」（充足條件）的理由吧？

---

❿ 見鍾友聯，《墨家的哲學方法》（臺北：東大圖書公司，1976），頁 64、65。

⓫ 同❾，頁 286～290。

綜上所述，墨子認為自然是有秩序的，而自然的秩序是因為天厚愛天下之人所作的安排。墨子很注重自然和社會現象的因果關係。他認為現象的產生就是結果，結果一定是有原因促成的。但是結果相同，原因卻不一定相同，也就是說原因是多方的⓬。因此，墨子用嚴密的衍遞關係來界定因果關係。他所用的衍遞關係，就是今日西方邏輯或方法論所說的必要條件（小故）、充要條件（大故），也包括充足條件。墨子分清原因有時可以指謂必要條件（小故），有時可以指謂充要條件（大故）。因此他所探求的原因：「所得而後成也」的「故」，指的就是充要條件，就是「大故」。因為它才是促成或影響結果的真正原因，有決定原因的必然性。我們從今天科學的水準看，兩千五百年前的墨子，他界定因果關係是如此的嚴密，他探求原因是如此的謹慎，真令人歎服！

此外，墨子所說的「故」，也含有「理由」的意義。墨子主張立說持論必須提出理由（證據），才能曉悟別人，說服別人。所以他在〈經上〉72 條說：「說：所以明也。」在〈大取〉篇說：「夫辭以故生……立辭而不明於其所生，妄也。」句中的「故」，就是指理由或證據。這話是說：推論必須有充分的理由或證據，才能成立；反之，理由不足，或證據欠缺，那就是亂說，就是不合邏輯，所以稱之為「妄」。推論立說就是要明理，所以〈小取〉篇說：「以說出故。」出故就是明理。例如〈非攻上〉說：

> 今有一人入人園圃，竊其桃李，眾聞則非之，上為政者得則罰之。此何故也？以虧人自利也。至攘人犬豕雞豚者，其不義又甚入人園圃竊桃李。是何故也？以虧人愈多，其不仁茲

⓬　〈小取〉：「其然也，有所以然也。其然也同，其所以然不必同。」

甚，罪益厚。

竊人桃李，攘人犬豕雞豚，民眾非之，為政者罰之，「此何故也?」這個「故」是指理由，那麼非之罰之的理由是什麼呢? 那就是「虧人自利，不仁不義。」「虧人自利，不仁不義。」就是這段說辭的理由（出故）。

第三節　時間與空間

在哲學或科學的領域裏，時間和空間是兩個最重要也最困難的問題。在西方，幾乎所有的哲學家或科學家都會討論這兩個問題，儘管他們對時間和空間有不同的界說，提出不同的解釋。反觀中國，先秦諸子除了墨子以外，沒有一家對時間和空間的性質、結構、關係等等有過系統的研究。

一、時空的定義

在介紹墨子的時空理論之前，我們先來聽聽西方比較有代表性的哲學家和科學家對時空的看法。

亞里斯多德認為沒有運動，就沒有時間。他說時間是運動的計數，正如運動，時間也是一種連續 (continuum)。亞氏對空間的界定是：圍繞著的物體對於被圍繞著的物體的一種「不動的制限」(unmoved limit)⓭。十八世紀西方偉大的哲學家康德，在《純粹理性批判》的重要部分，對時間空間有他不同的看法。他主張時空是

⓭ 見羅素著，五南圖書出版公司譯，《西方哲學史》上冊，頁 279；傅偉勳，《西洋哲學史》，頁 138。

主觀的感覺而不是客觀的事物，是我們的「直觀形式」(forms of intuition)。這一形式是先驗的。時空形式是使外界現象成為我們經驗內容的先然條件。⓮

墨子對時空的界說，既不像亞里斯多德的客觀現實，也不像康德的主觀抽象。他稱時間為「久」，稱空間為「宇」，定義如下：

> 〈經上〉40 條：「久：彌異時也。」(《廣雅・釋詁》：「彌，合也。」彌，是合，是周遍的意思。)
>
> 〈經說上〉：「久：合古今旦莫。」(合、旦二字古作今、旦，依胡適、王引之等校改。莫為本字，作「暮」為後起俗字。)

「久」是長久、永恆。古、今、旦、莫是異時，遍合所有異時而成「久」的概念。《墨經》用「久」指時間的總稱，比後來用「宙」字來得切實。《三蒼》說：「古今往來曰宙。」漢朝的《淮南子・齊俗》也說：「往古來今謂之宙。」「久」、「宙」聲同義通。楊寬教授說得最好，他說：「時間之義，存乎久。」⓯

> 〈經上〉41 條：「宇：彌異所也。」(宇，原作「守」，依王引之校改。所，地方、處所。)
>
> 〈經說上〉：「宇：家東西南北。」(家，本錯東西二字下，胡適校「家」為「蒙」，移東西二字上。移上甚是。但家字不誤，家可聚居，引申有合義。)

⓮ 見謝幼偉，《哲學講話》(臺北：中國文化大學，1982，新 1 版)，第七章第三節；傅偉勳，《西洋哲學史》，頁 390～392。

⓯ 楊寬，《墨經哲學》(臺北：正中書局，1974)，頁 94。

墨子用「宇」指空間的總稱，集合所有東西南北不同的地方（彌異所）。除《墨經》之外，古書也都用「宇」來指空間。如《尸子》說：「天地四方曰宇。」《三蒼》說：「四方上下曰宇。」《淮南子・齊俗》也說：「四方上下謂之宇。」

墨子對時空的了解是基於人生的經驗：對古今旦莫（異時）的體驗，認識了時間的存在；對東西南北（異所）的體驗，認識了空間的存在。他這種對事實經驗的反省思考，使主觀與客觀統一起來。尤其他用一「彌」字同時界定時間和空間，指出時間的悠久，空間的廣大，也就是時空是無窮的。

二、時空的結構

了解墨子對時、空的界說之後，接著來看他對時、空結構的看法。

西方哲學家大多把時間分成過去、現在和未來三式。墨子在〈大取〉篇說：「愛尚（上）世與愛後世，一若今世之人也。」〈非命〉篇提出言論的三表：第一表「本之於古者聖王之事」，是屬於過去；第二表「原察百姓耳目之實」，屬於現在；第三表「發以為刑政，觀其中（合）國家百姓之利」，則屬於未來。他也常用過去和現在的經驗，用以推知未來⑯。可見這種時間結構的三分法，是墨子所採用

⑯ 〈耕柱〉：「巫馬子謂子墨子曰：『子兼愛天下，未云（有也）利也。我不愛天下，未云賊也。功皆未至，子何獨自是而非我哉?』子墨子曰：『今有燎（放火）者於此，一人奉水，將灌之。一人摻火，將益之。功皆未至，子何貴於二人?』巫馬子曰：『我是彼奉水者之意，而非夫摻火者之意。』子墨子曰：『吾亦是吾意，而非子之意也。』」

〈魯問〉：「彭輕生子曰：『往者可知，來者不可知。』子墨子曰：『藉設而（汝）親在百里之外，則（即）遇難焉，期以一日也，及之則生，

的。

除此之外，墨子對時間還提出另一種分類法。他認為在總的時間（久）之中有各種分段時間、或單位時間，也就是〈經說〉解釋的「久：合古、今、旦、莫（暮）。」每一段單位時間的結構有個「始」，有個「止」。我們先看《墨經》的定義：

〈經上〉44 條：「始：當時也。」
〈經說上〉：「始：時，或有久，或無久，始當無久。」

「始」是一段時間的開端，未歷經時間，將有「久」而未入。所以說：「始：當時也。」高亨對「有久」、「無久」有很好的解釋，他說：

> 凡表示時間之詞，或佔有時間，或不佔有時間。佔有時間，墨子謂之有久。不佔有時間，墨子謂之無久。故曰：「時，或有久，或無久。」始亦表示時間之詞。其所表示者為初值此時間，而未入於此時間，非在於此時間。故曰：「始當無久。」如云：「日始出」，一時間之詞也。「日始中」，一時間之詞也。「日始入」，一時間之詞也。此三始者皆不佔有時間者也。如云：「上午」，一時間之詞也。「下午」，一時間之詞也。此二

不及則死。今有固車良馬於此，又有奴馬四隅之輪於此。使子擇焉，子將何乘?』對曰：『乘良馬固車，可以速至。』子墨子曰：『焉在不知來?』」

以上這兩段文字，可以看出墨子肯定：往者可知，來者也可知。也就是說過去、現在的經驗，可以推知未來。由此可見墨子認同時間有過去、現在、未來的三分法。

者皆佔有時間者也。故始字以普通習慣言之則有久，以邏輯言之則無久。[17]

一段單位時間的開端叫「始」。而「止」則是一段單位時間的終點。《墨經》的定義是：

〈經上〉50 條：「止：以久也。」（以，通「已」。）

〈經說上〉：「止：無久之不止，當牛非馬，若矢過楹。有久之不止，當馬非馬，若人過梁。」（楹，木柱；梁，橋樑。）

「止」，是指物體的靜止。物體靜止，顯示它已經歷若干時間不運動。所以〈經上〉拿「已久」來界定「止」。「已久」也就是佔有時間的「有久」。但物體靜止之前是運動的（不止），自開始運動，經過一段時間然後才停止。所以說「止」是單位時間的終點。

〈經上〉用時間來界定運動的停止；〈經說〉則用時間來界定運動的連續。他把運動分成「無久」的和「有久」的兩種。歷來學者不能分清其間的差異，所以對這條〈經說〉沒有正確的了解。「止」是物體運動的停止；「不止」是物體運動的連續。物體運動停止會佔有時間，所以說「已久」（有久）。針對停止（止）佔有時間，那麼反之，運動（不止）應是不佔有時間，所以說「無久之不止」，這相當於說「牛非馬」那樣清楚。好像射箭飛過柱前，速度快而沒有滯留時間，所以是「無久」。針對「止」是「有久」，那麼「不止」應是「無久」，如今卻說「有久之不止」，使人有矛盾的感覺，這相當於說「馬非馬」那樣怪異。不過，像人走過橋樑，雖然整個過程是

[17] 高亨，《墨經校詮》（臺北：世界書局，1958），頁 54。

繼續前進（不止），但步步接觸橋面，速度慢而步步佔有時間，所以是「有久」。

以今天的科學知識看，不論物體靜止或運動快慢都佔有時間。兩千五百年前的墨子，認為物體靜止佔有時間，物體運動慢的也佔有時間，但運動快的不佔有時間。這種錯誤是受到當時知識水準的限制。不過可貴的是，墨子在當時已意識到運動的速度與時間的相關性。

西方傳統幾何學提出空間的結構，是由點、線、面、體（三度空間）四個基本形式組成的。依照幾何學的定義：點是線的界限；線是面的界限；面是體的界限。換句話說：點可擴展成為線，線可擴展成為面，面可擴展成為體。

墨子對於空間的結構，也有類似點、線、面、體的術語。他說的是「端」、「尺」、「區」或「域」，還有「體」。楊寬教授的看法是：

> 《墨經》論空間，不離實物；所謂「端」「尺」「區穴」，亦未嘗抽象。端者，物之最前之點也。尺者，邊限也，最前之線也。區穴者，亦最前之表面也。不與幾何學中理想之點線面同。⓲

「不離實物」，「未嘗抽象」，說得最切合事情，像〈經上〉63條：「間：不及（到）旁也。」〈經說上〉64條：「間虛也者，兩木之間，謂其無木者也。」這些話都很具體。

⓲ 楊寬，《墨經哲學》，頁135。

三、時空的關係

西方哲學，到了康德和柏格森 (H. Bergson, 1859～1941) 仍然把時間和空間視為二物。科學上，在相對論以前的物理學，也把空間和時間看成分開的實體。其實，依照經驗，時間與空間互相關聯，不能分離。換句話說，「時與空」應改寫為「時一空」，表示不相分離的狀態，才算正確。這一觀點直到亞歷山大 (A. Alexander, 1859～1938)、愛因斯坦 (A. Einstein, 1879～1955) 和懷海德 (A. N. Whitehead, 1861～1947) 等人出來，才明顯確立。

在這裏只介紹亞歷山大，因為他的觀點與墨子比較接近。

亞氏認為「時一空」是宇宙最根本的實質，一切皆由「時一空」而湧出。時間和空間是整個的，不可分離的。時間需要空間，空間也需要時間。時間沒有空間，則時間將只有現在，無法與過去、未來聯絡。但空間也不能沒有時間，空間無時間，則將空無所有，將等於一片空白。所以他說：「無空間則在時間中將無聯絡。無時間則將無點以聯絡。」亞氏所謂「時一空」，就是動，就是一種動的系統。⑲

墨子對時空的認識也是從動出發的。且看他怎麼說：

〈經上〉49條：「動：或（域）徙也。」

〈經說上〉：「動：偏際徙，若戶樞免瑟。」（從孫詒讓、梁啟超校。譚戒甫訓瑟為閉。）

---

⑲ 有關亞歷山大的時空觀，引文見謝幼偉，《哲學講話》（臺北：中國文化大學，1982），頁57。

〈經〉給「動」下的定義是：空間的位移。「徧際徙」，是指物體所處空間的全部位移。「戶樞」，是門軸。「免瑟」，是開閉。〈經說〉解釋：動，是物體所處空間的全部位移。好比門戶的開闔，門戶是移動的。這條〈經〉講的是運動和空間的關係。由於運動認識了空間的概念。

墨子更進一步指出空間的運動與時間有必然的關係。他說：

> 〈經下〉14 條：「宇：或（域）徙，說在長宇久。」（畢沅改從為徙。《閒詁・經下》15 條）
>
> 〈經說下〉：「宇：徙而有處，宇。宇南北，在旦有（又）在莫（暮）。宇徙久。」（譚戒甫說：「古人繪畫天體，總以直為東西，橫為南北……彼所謂南北實即東西耳。」）

〈經〉的「長宇久」，正說明「域徙」的可能。長字是用來形容宇久二字的。「域徙」是指某一物體所處區域或空間的移動。物體要從所處的區域移動，當然要有更大的空間，也需要花費時間，所以「說在長宇久」。在這兒已表示了運動需要時空才有可能的。

〈經說〉的解釋就更清楚。物體運動是離開原來所處區域，而佔處另一區域，仍然是在空間進行。所以說：「徙而有處，宇。」太陽從東方的空間移到西方的空間，也經歷了旦和暮的時間。這是空間的移動，累積成為時間。所以說：「宇徙久。」「宇南北」是解釋「長宇」，指空間的伸展性；「在旦有在莫」是解釋「長久」，指時間的連續性。「宇徙久」則解釋「宇」和「久」的本質和關係。「宇徙久」，一方面說明空間移動才產生時間；一方面表示空間不離時間，時間也不離空間。也就是說：「時一空」是相互依存的，不可分割的，是動的系統。

墨子不但用天體的運行說明「時一空」的相依性，還拿人們走路來比喻。他說：「行脩以久，說在先後。」（〈經下〉63 條）「脩」是遠近的空間距離；「久」是先後的時間短長。人們走路一定先近而後遠。換句話說，人們走路不論空間的遠或近都要花費時間的長或短。所以〈經說下〉的解釋是：「民行脩必以久」。空間與時間就因為運動而密切的關聯在一起。

時間和空間是物質存在的基本形式。墨子就根據時空的相依性來認識事物。名家的舊說認為，視覺只看到石頭的白，不能看到石頭的堅；觸覺只觸知石頭的堅，不能觸知石頭的白。視覺與觸覺不能替代，兩種官能都不能既覺知白又覺知堅，也就是有白無堅，有堅無白，所以說堅白是相離的。墨子反對這種離堅白的論調。他認為堅白存在同一時空之中，「時一空」是相互依存而不可分割，堅白也是相互依存不可分割。如說見白不見堅，或知堅不知白，等於說白存在的時空，堅不存在；堅存在的時空，白不存在。換句話說，白和堅是存在於不同一個時空。如此，離堅白的說法，已把堅白存在的同一時空，劃分成兩個不同的時空。因而堅存在的時間與白存在的空間，或白存在的時間與堅存在的空間，由原本的相互依存被主觀的分割開來。這顯然違背「時一空」的相依性和不可分性，不符合客觀的自然事實。所以墨子說：「不堅白，說在無久與宇，堅白，說在因。」「無久與宇」，是說對時間與空間的關係沒有認識。「不堅白，說在無久與宇。」就是說離堅白的主張乃因為對「時一空」關係的無知。「因」，就是依存。「堅白，說在因。」是指「時一空」相依存，堅白都在同一「時一空」以內存在，必然互相充盈（容納）。這也就是〈經上〉66 條說的「堅白不相外」，或〈經說上〉67

條說的「堅白之攖（銜接）相盡」。

1983年，中國大陸的物理學教授方孝博先生，出版他的《墨經中的數學和物理學》，其中對《墨經》時空關係的看法，與我不謀而合。他說：「形而上學的物理學者……把空間和時間截然分為兩事，彼此無關，各自絕對化了。直到愛因斯坦提出相對論，人們才知道空間和時間是密切相互依賴相互制約，不可分割的。二千餘年前的《墨經》作者不可能預知相對論，……卻相當正確地論證了時間與空間的相互依賴性，並且說明了物質運動（徙）是空間概念的本質，是不能不令人驚訝的。」⑳

四、空間的虛盈

墨子除用物體的運動來說明空間，也從空間有無物體佔處其中來說明空間的虛和盈。《墨經》界說「虛」的，連續有三條，應把三條合著看，「虛」的概念才完整。

〈經上〉62條：「有間：中也。」

〈經說上〉：「有間：謂夾之者也。」（間，本作聞，從畢沅校改。謂，指也。）

〈經上〉63條：「間：不及旁也。」

〈經說上〉：「間：謂夾者也。尺前於區而後於端，不夾於端與區內。」（從梁啟超校）

〈經上〉64條：「纑：間虛也。」

〈經說上〉：「纑：間虛也者，兩木之間，謂其無木者也。」

⑳ 方孝博，《墨經中的數學和物理學》（北京：中國社會科學出版社，1983），頁37。

「間」就是空隙。「有間：中也。」陳孟麟先生譯為：「有間指中間留有空隙。」㉑說「中」，一定有兩旁，兩旁的物體相夾，才有「中」的部分。兩物相夾，接觸面不完全密合，才能說「有間」。「有間」是針對夾有中間空隙的兩旁物體說的。所以〈說〉解釋「有間」為「謂（指）夾之者」。因此可以說，「有間」是指夾有中空之處的兩旁物體的並列狀態。

〈經上〉63 條說「間」是「不及旁」。「及」意指到達或連及。因此，「間」就是被物體所夾的空隙，這個空隙並不包括兩旁的物體。「間」（空隙）是指被夾的那個部分，所以〈說〉解釋為「謂夾者」。「不及旁」才能成「間」，「及旁」就無間可言。為了說明這個道理，〈說〉舉「尺」、「區」、「端」三個概念的關係從反面來證明。「尺」相當於線，「區」相當於面，「端」相當於點。積點成為線，積線成為面。有點而後有線，有線而後有面。反之，無點不能組成線，無線不能組成面。點、線、面是不能各自獨立的，而是互相關聯在一起的。端、尺、區的情形也如此。就形體的結構次序說，尺在區之前而在端之後（「尺前於區而後於端」），但不能說尺夾在端和區之間（「不夾於端與區之內」）；因為端含於尺之內，尺含於區之中，尺與端是「相及」的，尺與區也是「相及」的，也就是說尺與端和區是「相及」的，因此尺是「及旁」的（旁指端和區），「及旁」就不能成「間」。所以我們不能說「尺」是「間」，也不能說「端」和「區」二者「有間」。用這及旁無間的例子，很清楚的說明〈經〉文「間」的定義是「不及旁」。

《說文》：「纑，布縷也。」布由經線和緯線交織而成。兩經線之間或兩緯線之間一定有空虛無縷的地方，這就是〈經上〉64 條所說

㉑ 陳孟麟，《墨辯邏輯學》（濟南：齊魯書社，1983，新 1 版），頁 172。

的「纑：間虛也。」〈說〉則舉兩木之間有無木的空處為例來說明「間虛」的意義，非常明確。武漢大學曾昭安教授說：「纑是界內空無所有的意思。」㉒也很清楚易解。

綜合三條〈經〉、〈說〉來看，有物質或物體並列相接但不完全密合，才造成間虛。就兩旁的物體說（「謂夾之者」）是「有間」，因兩旁相夾的中間留有空隙。專就被夾的中間空隙（「夾者」）來說是「間」，因它不包括兩旁的物體（「不及旁」）。「間」的部分虛空無物，所以「間」也叫「間虛」。〈經〉給「間虛」的專名是「纑」，用來指稱兩旁物體相夾但不相及的中間空隙。兩旁物體相夾成為間虛，可以發生在二物並列的狀態上，也可以發生在一物本身的結構中，前者如所謂「兩木之間，謂其無木者也。」後者像纑絲交織成布，每兩經或兩緯之間都留有空隙。可見墨子認為兩物相接有「間虛」，物體內部組織也有「間虛」。「間虛」是其中空無一物，也就是沒有物體佔處的空間。這是空間的虛。

在討論過空間的虛之後，《墨經》緊接著界說空間的盈。

〈經上〉65 條：「盈：莫不有也。」

〈經說上〉：「無盈無厚。」

《說文》：「盈，滿器也。」《廣雅・釋詁》：「盈，充也。」合著說，盈有充滿的意思。〈經說上〉66 條：「不相盈……是相外也。」針對「相外」，「相盈」是「相內」，也就是「相納」。因此，譚戒甫把「盈」解作「容納」。梁任公解「盈」作「函」。合譚、梁二氏的說法，盈有涵容的意思。盈是既涵容又充滿不留空間，所以說「莫

㉒ 引文見方孝博，《墨經中的數學和物理學》，頁 15。

不有」。〈說〉就是從「充滿」和「涵容」二義加以解釋。〈經上〉55條說:「厚:有所大也。」再看《說文》:「厚,山陵之厚也。」山陵的「厚」是指體積,有體積才能厚,也才能大。體積有長、寬、高,三者之中任一邊「有所大」,都可稱之為「厚」。若是平面,只有長和寬,沒有高,再大也不「厚」。體積能大能厚,是因為其中充滿了各種構成的因素,而各種因素也彼此互相涵容成為一體。反之,不涵容和充滿各種構成的因素,自然不大不厚。所以說「無盈,無厚」。孫詒讓就說:「言物必有盈其中者,乃成厚之體,無所盈則不成厚也。」好比堅白石的成為厚體,就是石中無處不充滿堅和白,而且堅中有白,白中有堅,互相涵容。所以《墨經》說:「堅白,不相外」(〈經上〉66條),「堅白之攖(交接)相盡。」(〈經說上〉67條)又說:「堅得白,必相盈」(〈經說下〉15條)。

物體的內部結構充實無間(像堅白石),這種物體存在於空間,這是空間的盈。換句話說,空間的盈,就是有物體佔處的那部分空間。

五、時空的有窮無窮

時間、空間是有限的還是無限的?在西方世界,大致來說,形上學家主張:世界在時間上有一個起點,在空間上是有限的;而經驗論者或一般科學家則認為:世界在時間上是無始無限的,在空間上也是無限的。康德認為二者都可以證明,這就是他提出的「二律背反」(antinomies)或「正反兩論」。這是一種互相矛盾的肯定,在邏輯上不能成立。㉓可是兩千四百多年前,墨子的時空觀竟然是矛

㉓ 參見波爾曼(Ch. Perelman)著,孟祥森譯,《西洋哲學思想史》(臺北:牧童出版社,1972),頁288。

盾的統一論。我們且看墨子的說法。

〈經說下〉有一句話:「久,有窮無窮。」詹劍峰教授解釋得很好,他說:「我們所經驗的時間(久),總是有限的,亦即有窮的。但我們根據『已然則常然』的道理,就可概推時間綿延不斷以至無窮。故曰:『久,有窮無窮。』」㉔

我們所經驗的時間,是長短不齊的單位時間,像古、今、旦、暮,感覺上一逝不留,是有限的,有窮的。然而集合所有各種長短的單位時間(〈經說上〉:「久:合古今旦莫。」),卻又覺得時間是無限的,無窮的。因為一段時間過去了,還接一段時間,將來還有將來,川流不息(〈經上〉40 條:「久:彌異時也。」)。墨子認為單位時間是有窮的,總的時間是無窮的。有窮的時間集合而成無窮的時間,無窮的時間包含各個有窮的時間。因此說:「久,有窮無窮。」這是矛盾中的統一。

至於空間,墨子也從有窮無窮去了解。

> 〈經上〉42 條:「窮:或有前不容尺也。」(或是域的本字,有即又,尺猶線。)
> 〈經說上〉:「窮:或不容尺,有窮;莫不容尺,無窮也。」(或與莫對文,應解作有。)

〈經〉文的意思是,某一個區域的前面再沒有一線之地了。也就是說區域的空間是有限的,這是空間的「窮」。〈說〉則用「有不容尺」和「莫不容尺」作對比,來解釋「有窮」和「無窮」。就是說

㉔ 引文見詹劍峰,《墨子的哲學與科學》(北京:人民出版社,1981),頁24。

有界限的區域空間是有窮的；無界限的整個空間是無窮的。東西南北有許許多多區域，每一個區域都有它的界限，像邦國、城市、鄉村等等空間都是有窮的。但集合所有各方不同的區域而成整個空間則是無窮的。所以〈經上〉41 條定義「宇」（空間）是「彌異所」。用今天的天文知識來說，太空中有幾百億甚至幾千億個星球，每一個星球只是一方中的區域，只是一個「所」，是有限的、有窮的空間，整個太空才是「彌異所」的無窮空間。墨子對空間的看法與時間相同，也是矛盾中的統一論。

墨子探討宇宙的有窮無窮，並不像科學家為了說明或解決自然界的難題，他是一心想要實現他的兼愛主義。他曾這樣說：「人假如沒有充滿無窮的地方，那麼人數是有限的，對此有限的人數去盡愛他們有何困難？再說，人如果充滿於無窮的地方，那麼無窮的地方是可盡的，無窮的地方既盡，那兒的人數還是有限的，去盡愛這些有限的人數又有何困難？」㉕

1990 年，李紹崑博士出版他的《墨學十講》，第六講有一段話很得墨學精義。他說：「墨子研究了科學，分析了時空，甚至建立了自己的科學哲學，他的目的是要證明『無窮不害兼』，而且是為了要重建一個『兼相愛交相利』的新世界。」

第四節　力與物體的運化

墨子對力以及物體運動變化的各種形態，都有很清楚的觀察和了解。我們先看他對力的界定。

㉕ 譯自〈經說下〉72 條：「人若不盈無窮，則人有窮也，盡有窮無難。盈無窮，則無窮盡也，盡有窮無難。」李漁叔，《墨辯新注》，頁 219。

〈經上〉21條：「力：刑之所以奮也。」（刑通「形」）

〈經說上〉：「力：重之謂。下與重，奮也。」（與，舉的初文。）

〈經〉的「刑」字是指形體，現代稱物體。「奮」字「從奞在田上」構體，「奞，鳥張毛羽自奮也。」(《說文》) 分析字形，「奮」的意義是鳥從田野上展翅飛起。所以《說文》定義「奮」為「大飛」，又引《詩》說「奮飛」。《廣雅・釋詁》：「奮，動也。」其實，「動」和「奮」不完全相同。「動」是相對於靜說的；「奮」則指由靜而動（飛起）或由動而大動（大飛）說的。力可以使靜的物體變動，也可以使動的物體大動，所以墨子用「奮」字，不用「動」字，可謂觀察深刻，用字精當。物理學者方孝博先生就已看清這一點，他說：「『奮』則是『運動的變化』，就是由靜止狀態變為運動狀態，或由等速直線運動狀態變為加速直線運動或曲線運動狀態。」㉖因此，「力：刑之所以奮也。」意指：力是物體靜止或運動狀態發生變化的原因。

〈經說〉解釋：「力，重之謂。」李漁叔、詹劍峰兩位教授一致認為：因為力不易見，必須由重見力。換句話說，他們認為力就是重量。「下與重，奮也。」張其鍠的《墨經通解》說：「凡物體皆有重量，重即下墜之因，自下以力舉之向上，必奮動也。」詹劍峰的《墨子的哲學與科學》則說：「物體的下墜，顯然由於有重量，而舉起物體，則須用力，由用力而知其重。所以下墜與舉起都由重以知道力的存在，而運動是力的結果。故曰，『下舉重，奮也』。」二說皆通。合起來說，因為有重才知道力，因為有力的作用，使得物體發生運

㉖ 方孝博，《墨經中的數學和物理學》，頁51。

動變化。

物體的運動變化，墨子提出六種形態：化、損、益、環、庫、動。依順序述說於下。

〈經上〉45 條：「化：徵易也。」

〈經說上〉：「化：若鼃為鶉。」（鼃，蛙的古文）

「徵」意指物的徵象、徵狀或特徵。物種都依據其本身的徵象或特徵來歸類，徵象或特徵相同的，歸於同類，反之，不同徵象或特徵的，就分別歸入不同的物類。「徵易」是說徵象改變。這不等於荀子（前 340～前 245）說的「狀變」。他在〈正名〉篇說：「狀變而實無別而為異者，謂之化。」然而〈經〉說：「化：徵易也。」意謂：化是物體徵象或特徵的改變，而不僅僅是形狀改變而已。

「鼃」就是青蛙。「為」讀作譌，有變化的意義。「若鼃為鶉」，就是好比青蛙變作鵪鶉。〈經說〉舉這個例子正好說明「徵易」的意義。因為青蛙與鵪鶉不同類，青蛙既變成鵪鶉，青蛙的徵象當然變成鵪鶉的徵象。《周禮・春官大宗伯》：「合天地之化。」注：「能生非類曰化。」「鼃為鶉」就是「能生非類」。所以《淮南子・齊俗》說：「夫蝦蟆為鶉，生非其類。唯聖人知其化。」（《說文》：「蛙，蝦蟆也。」）《淮南子・氾論》又說：「故聖人見化以觀其徵也。」「鼃為鶉」是「生非其類」，所以說是「化」。這種「化」，現代生物學稱作「突變」(mutation)，也就是遺傳基因的改變，導致形體發育的改變。這是物體運動變化的第一種形態。

1941 年，George Beadle (1903～1989) 和 Edward Tatum (1909～1975) 提出一項生物學的重要法則，即「一基因一酶一反應」假說

(one gene-one enzyme-one reaction hypothesis)。依據這一廣泛被接受的學說，一特定生物體在發育和維持上的每一生化反應，都受某一特定酶（又稱酵素，是特殊的有機催化劑）的控制，而此酶又受某一基因所支配。基因的改變（突變 mutation）將導致酶改變或缺少，因而改變某一特殊代謝步驟的性質和速率，以及改變生物的發育過程。墨子固然沒有這種認識，但他說的「化」確是屬於生物學「突變」的現象。

〈經上〉46 條：「損：偏去也。」

〈經說上〉：「損：偏去者兼之體也。其體或去或存，謂其存者損。」

〈經上〉2 條：「體：分於兼也。」兼是物的全體，體是物的部分。「偏去者兼之體也」，是說偏去是全體的一部分。所謂「損：偏去也。」意指：損是失去一部分。全體中失去一部分，就全體來說，是有的部分失去，有的部分存在，所以說：「其體或去或存。」失去是對存在的部分說的，並非對失去的部分說的，意思是存在的物體如今已有損失了。所以說：「謂其存者損。」

〈經上〉47 條：「益，大也。」（從伍非百、高亨校。）

益是說物體的加大。大可以指體積，也可以指質量。質量的加多，體積的加長、加寬、加厚，都可以用大來形容。所以〈經〉說：「益：大也。」本條益，是針對上條損說的。益指物體增加，損指物體減少，益損都使得物體改變。所以說，增加是物體運動變化的第二種形態；減少則為第三種形態。

〈經上〉48 條：「環：俱柢。」(從孫詒讓校)

〈經說上〉：「環：環俱柢也。」(從孫詒讓、陳孟麟校)

李漁叔教授在《墨辯新注》說：「環與輪同，環皆無端，於地面行之，其相切之處，即抵地之一點也。輪轉一周，即成一環，處處抵地，故曰俱抵。」依此，「環俱柢」是指圓形物體的旋轉運動。這是物體運動變化的第四種形態。

〈經上〉48 條：「庫：易也。」

〈經說上〉：「庫：區穴若斯貌常。」

張子晉㉗的《新考正墨經注》對本條的解釋在諸家之上，他說：「庫，藏也。易，變易也，言庫雖不變，而其所藏之物則常變易。舉庫者，明天地為萬物之大庫藏也。」他認為〈經說〉的解釋是「以庫之不變，反證其所變者，為所藏之物也。言庫之區穴其貌固常如是，而其內則無時不有變化。以明物之變化，不在外具之形式也。」依張氏的說法，「庫」是指物體內容實質的變易。這是物體運動變化的第五種形態。

〈經上〉49 條：「動：或徙也。」(或，域的本字。)

〈經說上〉：「動：偏際徙，若戶樞免瑟。」(從孫詒讓、梁啟

㉗ 張子晉，河南鄧縣人，著有《新考正墨經注》，時有新義，其書不傳，附見於張純一《墨子集解》。

超校。）

「或」即區域，就是物體居處的空間。「動：或徙也。」意謂：運動是物體所處空間的位移。「徧際徙」，是說全部空間的遷移。這是對「區域」二字的解釋。「若戶樞免瑟」是用來說明「徧際徙」的例子。「戶樞」是門軸。譚戒甫訓「瑟」為閉。「免瑟」就是開閉。這句話是說：好比門戶的開或關，卻要移動門戶原來的位置。這就說明了運動是物體所處空間的位移。空間的位移是常見的物體運動。這是物體運動變化的第六種形態。

另外，〈經說下〉48 條說：「無：若無焉，則有之而後無。」這是說世上本有此物，後來消失，所以說「有之而後無」。其中可分兩種，一是物種，一是個體。前者像古有恐龍，今日沒有；後者如個體的生死，其生為有；其死為無。像〈經上〉85 條說的「亡」和「蕩」，〈經說〉解釋「病，亡也；消盡，蕩也。」《說文》：「病，疾加也。」重病而死是亡；漸漸消失本形是蕩。亡、蕩是指個體毀滅。無論種類的滅絕，或個體的死亡，都是「有之而後無」。也就是說從有變無。這是物體運動變化的第七種形態。

以上墨子所舉七種運動變化的形態，有的形變，有的質變，有的量變，有的旋轉，有的位移，甚至從有變無，這些正是宇宙間萬物存在的自然現象。

第三章　墨子的知識論

知識論 (theory of knowledge) 又稱為認識論。簡單的說，知識論是研究我們人類如何能夠認知外物的學問。

西洋哲學，早在古代的希臘就有知識論的思想探究。例如西元前六世紀，帕門尼德 (Parmenides, 前 544？～前 501？) 認為人的感覺經驗只是假相，理性思惟才是存在的真理。他的說法，已可以看成是今日知識論中知識本質的一種解答。西元前五世紀中葉，辯士派 (the sophists) 認為「人是萬物的尺度」；「外在的一切都不存在；即使存在，也不可認知；就是認知也不能傳達。」他們探討的，就是知識論中知識能力的問題。蘇格拉底、柏拉圖和亞里斯多德三位師徒，也都曾在知識論的領域用過心思。後來聖奧古斯丁以反省的事實批駁懷疑主義。中古時代，哲學家們對普遍概念有長期的爭辯。到了洛克 (J. Locke, 1632～1704) 在他的名著《人類悟性論》(*Essay Concerning Human Understanding*) 中，有系統的討論知識的起源、界限和精確性，於是奠定了知識論成為一門獨立的學科。1781 年，康德出版《純粹理性批判》(*Kritik der reinen vernunft*)，嘗試折衷理性派 (rationalism) 和經驗派 (empiricism) 的對立思想，形成統一的理論。從此以後，知識論的探討遂以實在論 (realism) 和唯心論 (idealism) 為主流❶。不過大抵來說，今日西方哲學家，不論那一派別，也不論個人主張如何，莫不傾力研究知識論上的各種問題，倒是共同一致的課題。綜觀西洋哲學史，我們可以說：知識論或認識論是西洋哲學的入門，也是西洋哲學的重鎮。

反觀中國哲學，除了墨子和荀子之外，沒有那一位哲學家曾對知識論做過深入而有系統的探討。而晚出的荀子，他的知識論雖然受了墨子的影響，不但沒有後來居上，卻反而不及墨子的精深和完整。因此，墨子的知識論在整個中國哲學史上，也就突顯出它的獨特性和重要性。

知識論的問題，約可分為：知識的起源、知識的能力、知識的本質、知識的種類和知識的標準五大部分。下文就這五大方面來說明墨子的知識論的內容。

第一節　知識的起源

首先墨子肯定人天生就具有認識的能力，所以他說：「生：刑（形）與知處也。」（〈經上〉22條）「刑」是形體；「知」是認識能力，有形體，同時有認識能力，然後才有生命現象。認識能力表現在感官的能覺，心官的能慮、能思。由於感官、心官的這種認識作用，然後才產生知識。這種知識的過程，墨子有很清楚的解說。我們看他怎麼說：

〈經上〉3條：「知：材也。」

---

❶ 參見布魯格編著，項退結編譯，《西洋哲學辭典》，頁230～240；范錡，《哲學概論》（臺北：臺灣商務印書館，1964），第五章第一節認識論研究之進展。

〈經說上〉：「知材：知也者，所以知也，而必知，若明。」

人類認識外物，首賴身體的各種感覺器官，它是眼、耳、鼻、舌、身等，這是藉以發識的外形，所以墨子先用「材」字釋「知」。〈經說〉首標「知材」二字，很恰當的闡明〈經〉義。感覺器官是人類用來認知外物的官能，所以〈經說〉解釋為「知也者，所以知也」。官能先天具備，就可以發識，就像眼睛必見光明一般，所以說「而必知，若明」。墨子在這一條〈經〉表明感覺器官（知材）是知識的先決條件。

〈經上〉4 條：「慮：求也。」

〈經說上〉：「慮：慮也者，以其知有求也，而不必得之，若睨。」

「慮」是心的作用。《管子・宙合》就說：「心司慮」。這個「慮」，誠如譚戒甫先生說的「生心動念」❷，也就是心理學所謂的「動機」。因為是求知的動機，所以用「求」字詮釋。動心求知，只是認識的開端，如不正面接觸外在的事物，則不一定得知，比如用眼斜視，未必能看清外物的真象。所以說「若睨」。

上一條〈經〉說的是感官（知材）的能覺，這一條〈經〉說的是心官的求知（慮求）。心官求知可以說是認識過程的第一階段，求知的心官指揮能覺的感官去接觸外在的事物，那已進入認識過程的第二階段。請看：

---

❷ 譚戒甫，《墨經分類譯注》（臺北：崧高書社，1985），頁 87。

〈經上〉5 條:「知: 接也。」

〈經說上〉:「知: 知也者, 以其知過物而能貌之, 若見。」

胡適認為這個「知」是感覺 (sensation)。他說得對, 感覺須由感官接觸外物而得的知覺, 所以用一個「接」字釋「知」。「以其知」的「知」, 是指「知材」, 就是感官。「過物」, 即歷物, 就是一一分別接觸外物。「貌之」, 是摹寫物象。人們利用天生的感官分別接觸外物, 而能描寫外物的形貌、性質, 形成感官的知覺。就像眼睛看見外物, 對外物的形狀能留下印象。所以〈經說〉解釋為:「以其知過物而能貌之, 若見。」

〈經〉、〈說〉合起來看,「接知」是主體和客體的統一。就是用能知的感官 (主體) 接觸被知的對象事物 (客體) 而構成的「知」都是「接知」。「接知」是感覺的認識, 用現代話說就是感性知識。

西洋哲學之中, 經驗派以感覺為知識的唯一來源, 除感覺之外, 不承認有其他供給知識的機能。古代希臘哲人普羅泰哥拉斯 (Protagoras, 前 481～前 411) 就認為我們的知識, 皆從感覺得來。英國古典經驗派的鼻祖洛克 (J. Locke, 1632～1704), 他認為我們知識的對象是觀念, 而觀念的唯一來源就是感覺經驗。後來的休姆把人類的知覺分為印象和觀念兩種。印象是外物直接影響我們的感官而得, 所以印象先於觀念而存在。而觀念乃是印象的抄本。休姆認為, 求知就是求獲得印象 (to know is to have impressions)。印象是我們認知真實的唯一途徑, 所以知識的來源, 只是印象。

經驗派所說的感覺或印象, 正是墨子說的「接知」, 就是〈經說〉所解釋的「以其知 (知材: 感官) 過物 (分別接觸外物) 而能貌之 (獲得印象)。」不過墨子不像經驗派以感覺為知識的唯一來源。

他認為知識的起源，除感覺之外還來自心靈的悟性。他說：

> 〈經上〉6 條：「恕：明也。」
>
> 〈經說上〉：「恕：恕也者，以其知論物，而其知之也著，若明。」

「恕」字首見於《墨經》，不見於其他古籍。「恕」，由心、知二者會意成字，「心知」必然比「接知」明確，所以用一「明」字詮釋。「接知」是感官的知覺，「心知」卻是心官的明識。墨子用「明」來肯定人類心靈的認識能力，最為貼切精當。〈經上〉91 條就說：「循所聞而得其意，心之察也。」93 條也說：「執所言而意得見，心之辯也。」「所聞」、「所言」是感官的功能，「得其意」（能了解別人的思想）、「意得見」（能表達自己的思想）是心官的功能。因為心官的功能，所以說「心之察」、「心之辯」。人類的心靈能察、能辯，所以才說「恕：明也。」

「論物」的「論」，有判明、解釋的意思（《廣韻》：「論：說也。」《正韻》：「論：辨論也。」）。「物」指印象。心靈運用概念（現在的感覺和過去的經驗）去判明、解釋印象，因而對事物的知識，才能顯著明白。所以說：「以其知論物，而其知之也著」。心靈認知事物的深切就像眼見外物那樣的明白。所以說：「若明」。

合〈經〉、〈說〉來看，「恕明」是能察、能辯的心官對感覺材料作分析、綜合、判斷而獲得的明確的推論知識。這是認識過程的第三階段，也是知識的完成階段。「恕明」基於心官的作用，也就是心靈的悟性。可見「恕明」是理性的知識。

綜上所述，墨子以為知識起源有二，一是來自感官的感覺：即

「知材」、「知接」；一是來自心官的悟性：即「慮求」、「恕明」。心官和感官二者的合作，以產生知識。從「慮求」的「以其知有求」，到「知接」的「以其知過物」，再到「恕明」的「以其知論物」，心官是自動的指揮感官去接觸事物，進而認知事物，以獲得知識。不像心理主義或感覺主義認為人是被動的接受外物的刺激而加以認識。這是墨子知識起源論的特色。

十八世紀康德的折衷論，與墨子的觀點比較類似。康德曾說：「一切知識始於經驗，但並非一切知識皆由經驗而生。」他的意思是，知識雖不能不自感覺得來，雖不能不以感覺為基礎，然純粹感覺亦不能構成知識。他認為知識有兩種主要來源。第一是感性 (sensibility)；第二是悟性 (understanding)。由感性獲得知識的材料，由悟性獲得知識的形式。前者是被動的成分，這一點與墨子的看法不同，後者是自動的成分。康德宣稱：「無感性，則我們不能獲得對象，無悟性，則對象不能被思索。思想無內容則空，直觀無概念則盲。」❸他的意思是，感性和悟性缺一就不能構成知識。知識的成立，實由感性與悟性，或直觀與思想二者的協力合作。這一點與《墨經》的從「知接」到「恕明」的說法很接近。

第二節　知識的能力

人類的知識能力有一定的界限嗎？知識的效能有範圍嗎？知識能不能知道事物的真象？這是知識論應當探討的問題。西方哲學史上，獨斷論 (dogmatism) 絕對信任知識或理性，認為知識或理性的能力，偉大無限，可知道一切，可窮極宇宙的奧祕。懷疑論

❸ 譯文見謝幼偉，《哲學講話》，頁 99。

(scepticism) 則極端不相信知識，以為感覺、理性皆不可靠，我們的知識毫無能力認知事物的真象，知識的效能，知識的範圍，都很有限。折衷兩派的是批評論 (criticism) 的康德，他認為知識所知的，只是現象，不能及於「物本身」(thing-in-itself)。「物本身」是知識的限度。知識的能力只限於可覺的事物 (sensible things)，不能覺知的，也就無所知。換句話說，我們的知識能力是以經驗為範圍。

生於西元前五世紀的墨子，他已斷言知識的範圍就是經驗的範圍，我們所認識的是事實、是現象，但沒有論及事物的本質問題。

墨子在〈明鬼下〉說：「天下之所以察知有與無之道者，必以眾人耳目之實，知有與無為儀者也。請惑（誠或）聞之見之，則必以為有。莫聞莫見，則必以為無。」❹「儀」，就是標準，就是界限。「耳目之實」，就是「聞之見之」或「莫聞莫見」。耳目是概括所有的感官。「耳目之實」是人類的實際經驗。墨子就以這種經驗作為認識外在事物存在（有）與不存在（無）的標準或限度。所以說：「必以眾人耳目之實，知有與無為儀者也。」也就是說：經驗事實正是知識有無的範圍。他在〈非命〉篇❺更表明經驗是認識判斷的標準。他認為凡是出言談、為文學必先立標準，不然，「是非利害之辯，不可得而明知」❻。他說：「言必有三表。何謂三表？有本之者，有原之者，有用之者。」本之者是「上本之古者聖王之事。」這是指人類過去的經驗。原之者是「原察百姓耳目之實。」這是指人類現在的經

❹ 張純一，《墨子集解》，頁 276。另外，〈非命中〉也說：「我所以知命有與亡者，以眾人耳目之情，知有與亡。有聞之、有見之，謂之有。莫之聞、莫之見，謂之亡。」頁 325。

❺ 〈非命〉上中下三篇，對三表法的說法大同小異，應參閱。

❻ 同❹，頁 317。

驗。用之者是「發以為刑政，觀其中（合）國家百姓人民之利。」這是實踐的經驗。總之，墨子的三表法，是拿經驗作為知識能力的標準。換句話說，知識能力是以經驗為限度。

「耳目之實」的經驗，不只是感官的經驗，也是心靈的經驗。〈經上〉才說：「循所聞而得其意，心之察也。」又說：「執所言而意得見，心之辯也。」心的察辯作用，對感覺材料才能認識清楚。〈經上〉5 條「知，接也」，是感官接觸外在事物而得的感性知識。這是感官的經驗。〈經上〉說：「慮，求也」；又說：「恕，明也」。二者均屬心靈的經驗。前者指的是心靈的求知欲；後者是指心靈解釋感覺材料而得的理性知識。

「接知」的認識外物只是表象或現象，而不是外物的本身，所以〈經說〉解釋為「貌之」。「恕明」是心靈進一步判明「接知」所得來的材料（印象），所以〈經說〉解釋為「論物」。感性（接知）所知的只是物的表象或現象，不能知物的本身，理性（恕明）所知的當然也只是表象或現象，不是物的本身，因為理性不能直接覺知外物，僅能就感性供給的材料加以判斷，而構成概念。因此，墨子說的「接知」、「恕明」所得的知識，只是表象或現象，不是物的本身。

另外，墨子認為時間這種知識，不是經由五官的感覺而認識的。他說：「知而不以五路，說在久。」（〈經下〉）梁任公說：「五路者，五官也。官而名以路者，謂感覺所經由之路。」❼五官就是目、耳、鼻、舌、身。用目見形色；用耳聽聲音；用鼻聞香臭；用舌嚐味道；用身（肌膚）測軟硬、輕重、冷熱、痛癢等。這是人們五條知識的道路。但時間（久）無聲無息，無形無狀，看不到，聽不到，也摸

❼　梁啟超，《墨經校釋》（臺北：中華書局，1968，臺 3 版），頁 81。

不著，人們無法用感官去覺知它的表象。那麼如何得知時間的存在呢？墨子認為是心靈經驗的累積。他說：「久：彌異時也。」(〈經上〉）又解釋為「久：合古今旦莫。」(〈經說上〉）綜合古今旦暮的經驗，人們才有時間的知識。這是理性的作用，不是用五路（五官）來認知的。

第三節　知識的本質

認識事物是主觀的作用，已很清楚，但知識的對象是主觀的？還是客觀的？知識與對象的關係應如何說明？這是知識的本質問題，也是認識論或知識論的中心問題。自古以來，西洋哲學家對這一問題，所見不一，然大約可分為三派：一是實在論 (realism)；二是觀念論 (idealism)；三是現象論 (phenomenalism)。實在論者主張知識的對象是外界客觀的實在事物。我們的知識，能知客觀的實在事物，但客觀的事物自己能獨立存在，不必假借能知的主觀而後存在。換句話說，主觀的觀念就是客觀實在的符號。而觀念論（在形上學則稱唯心論）者，以為知識的對象就是主觀意識中的概念或觀念，並非外界的事物，而觀念也不是由摹寫外物生成的。知識的世界就是我們觀念的世界。現象論者則調和兩派的說法，一方面承認外界實物是客觀的存在，一方面又以為外物本身不能認識，知識的對象唯有現象。而現象是主、客兩觀合作的結果。

介紹以上三派的論點，我們比較容易了解墨子對知識本質問題的看法。墨子認為人天生既賦有認識的能力❽，這種能力包括感官

---

❽　〈經上〉22 條：「生：刑（形）與知處也。」人的生命現象，是從形體和知覺共同表現出來的。

（墨子稱為知材或五路）和心官。感官能覺知事物；心官能察辯❾事物。感官的覺知，就是《墨經》說的「接知」。「接知」是由主觀的「知材」（感官）去「貌」（摹寫）客觀的「物」。可見感官的覺知是主觀對客觀的作用。「貌物」所得的只是表象或現象，不是物本身。心官的察辯，就是《墨經》說的「恕」。「恕」是「以其知論物」。這是心官應用舊經驗（概念）對「接知」貌物所得的表象或現象（感覺材料），加以判明、推斷或解釋。❿感官的覺知是「貌物」，所知的只是現象，不是物本身；心官的察辯只能「論物」，無法直接觸及外物，其所知的當然也僅止於現象，而不能知物本身。可見墨子所說的知識對象是主觀（感官和心官）對客觀（事物）認識作用所得的現象。因此，現象當然包含了主觀、客觀兩種因素在內。

至於知識與對象的關係，墨子說是：「以名舉實」（〈小取〉）。「實」，是存在的事物。「舉」，〈經上〉31 條說：「舉：擬實也。」〈經說〉解釋為：「告以之（此）名，舉彼實也。」可見「舉」是模擬事物的形象。「告以之名，舉彼實」就是「以名舉實」。「以名舉實」就是用「名」去模擬存在事物的形象。墨子就說：「名，若畫虎也。」⓫「虎」這個「名」，是從虎這種動物的形狀畫來的。「畫虎」就是「擬實」。「名」只是「若畫虎」的「擬實」，不是實物本身。所以從「以名舉實」也可以知道：墨子認為的知識對象不是物本身而是物的現

❾ 〈經上〉91 條：「循所聞而得其意，心之察也。」93 條：「執所言而意得見，心之辯也。」察、辯是心官的認識能力。

❿ 〈經上〉5 條：「知：接也。」
〈經說上〉：「知：知也者，以其知過物而能貌之，若見。」
〈經上〉6 條：「恕：明也。」
〈經說上〉：「恕：恕也者，以其知論物，而其知之也著，若明。」

⓫ 見〈經說上〉32 條。

象。「名」是「若畫虎」的「擬實」，那麼「名」就是把實物抽象之後形成的概念。也可以說「名」是代表實物的符號。「名」雖然只是實物的符號或概念，不是實在的事物，但是「名」卻意指著實在事物。如果「名」不能意指著實在事物，那就是「過名」，「過名」意思是錯誤的使用概念，錯誤的使用概念就會令人迷惑，如趙高的指鹿為馬就是一個例子。這就是〈經下〉32 條：「或（惑）：過名也，說在實。」的意義。這種名實關係就是知識與對象的關係。

「以名舉實」還包含兩點意義：一個是實的獨立性；另一個是實先名後的關係。實先名後，即先有其實（存在的事物），而後有其名，誠如〈經說下〉4 條說的「有其實也，而後謂之（用名指謂實），無其實也，則無謂也。」在這裏墨子已肯定：存在是先於思想。所謂實的獨立性，是說外界客觀事物的存在，不必依靠主觀的認識而存在，也不受主觀認識能力的影響或改變。因為事物本來就先存在著，人們才用「名」去「擬實」。誠如〈大取〉說的「實不必名」。

墨子基於實的獨立性認識，才主張「堅白相盈」和「火必熱」。他認為火本來有熱是客觀的存在，並非我們主觀感覺上有熱，火才有熱，所以他肯定「火必熱」⓬。今天用溫度計即可直接測出火的溫度（熱），可見火熱不必依賴人們的感覺而存在。名家始終主張一塊石頭的堅質和白色不能同時為人所知，因為用眼去看只看到白不知有堅，用手去抹只觸到堅不知有白，所以說有堅石、有白石，但不能說有堅白石，也就是說堅、白是分開的。這是中國哲學史上的「離堅白論」⓭。墨子反對這種論調。他的理由是「堅白不相

⓬　〈經下〉46 條：「火：必熱，說在頓（立刻）。」
〈經說下〉：「火：謂火熱也。非以火之熱我有，若視日。」
本條應依李漁叔教授著《墨辯新注》為正確。

外」⑭，「而在石」⑮。因為這塊石頭無處不堅，也無處不白⑯，堅中有白，白中有堅，互相充盈，彌滿無間⑰，堅白是同時存在一塊石頭之中，並不因為見白不見堅或知堅不知白而改變，所以不能把這塊石頭說成各自獨立的堅石和白石，而應說它是堅白石⑱。這是墨子的「合堅白論」。這種理論顯示事物存在的客觀性與獨立性。〈大取〉篇也有一段話，說明這個道理，他說：「苟是石也白，敗是石也，盡與白同。」意思是如果這塊石頭是白色的，就是把它打碎了，所有的碎片仍然是白色的。

歸結來說，墨子認為外界事物是客觀的存在，不受主觀的影響或左右；知識的對象不是事物本身，而是事物的現象，現象是主觀對客觀進行認識作用產生的結果，因此知識的對象是由主、客兩觀合成的。而知識與對象的關係，可說是「以名舉實」的關係。名是概念，言語是概念的組合（〈經說上〉32 條：「言由名致」）。知識的內容就是概念或概念的組合⑲。名或概念雖不是實物本身，但它卻意指著實物，對應著實物。知識與對象的關係正是這種對應的關係。

---

⑬ 參看《公孫龍子・堅白論》。

⑭ 〈經上〉66 條：「堅白：不相外也。」

⑮ 〈經說下〉36 條：「堅白二也，而在石。」

⑯ 〈經說上〉66 條：「於石無所往而不得，得二。」

⑰ 〈經說上〉67 條：「堅白之攖，相盡。」
〈經說下〉15 條：「撫堅得白，必相盈也。」

⑱ 〈經下〉5 條：「不可偏去而二。」

⑲ 《墨子・小取》：「以名舉實，以辭抒意，以說出故。」名，是概念；辭，是判斷；說，是推論。說是由辭組成的，辭是由名組成的。而名辭說三者是知識的表現形式，所以說知識的內容是概念或概念的組合（辭和說）。

第四節　知識的種類

墨子依據知識的來路將知識分為三種。

〈經上〉80 條：「知：聞、說、親。」

〈經說上〉：「知：傳受之，聞也。方不瘴，說也。身觀焉，親也。」

第一種聞知，是從傳授得知的；第二種說知，是從推理得知的；第三種親知，是從親身體驗得知的。人們獲取知識，從聞知而來的最多。墨子把聞知又分為傳聞和親聞兩種⑳。傳聞是聽別人轉告㉑，不然就是從書本看來的知識。書本是人們獲取知識最主要的途徑，不過墨子認為書本很多，要在能得其精微。他說：「翟聞之：『同歸之物，信有誤者。』然而民聽不鈞。今若過之心者，數逆於精微。」（〈貴義〉）而親聞，則是親自聽到的知識。

第二種是說知，說知解釋為「方不瘴」，「方」是方域或空間（也括舉時間），「瘴」同障，障意是隔蔽，方不障即不受時空的阻隔。說知是根據已知以推度未知，推度是心靈的認識作用，不受時空的阻隔，所以說知是方不障。可見說知乃推理的知識。例如隔山見煙就知該處有火。當人們看到「隔山有煙」這一事實，很快就會想到

⑳ 〈經上〉81 條：「聞：傳、親。」

㉑ 〈經下〉69 條：「聞所不知若所知，則兩知之，說在告。」〈經說下〉有一段解釋是：「夫名，以所明正所不知，不以所不知疑所明。」可見聞知雖然因告而知，仍然靠已知的概念去解釋未知的概念。

「有煙的地方就有火」的經驗，於是拿此經驗作為理由或論據，自然推出「隔山有火」的結論來。這「隔山有火」就是說知。說知是知識的應用，人們往往用舊經驗推知如何去做事。〈魯問〉篇有一段記載，有人向墨子說：「往者可知，來者不可知。」墨子打一個比喻說：「假如你的親人在百里之外遇難了，可救的時間只有一天，趕到了他就生，趕不到他就死。目前有固車良馬和駑馬劣車供你選擇，你會選擇那一種呢?」他回答：「選乘良馬固車，因為可以速至。」於是墨子就說：「那怎麼說來者不可知。」㉒可見未來的行為是可以從舊經驗推知的。

第三種親知是「身觀焉」。也就是人們由自己的五官經驗而得的知識，稱為親知。人們由眼看到形色的知識；由耳聽到五音的知識；由鼻聞到香臭的知識；由舌覺到五味的知識；由身感到冷、熱、堅、柔、粗、細、痛、癢的知識。親知建基於五官的感覺，是人們最直接也最真實的知識。親知是科學知識的起站，又是經驗知識的終站，因為科學知識從此逐步抽象化，而經驗知識要回到這裏來驗證。

總之，無論聞知、說知或親知，都是概念的知識和推論的知識。㉓而概念的知識和推論的知識，才是知識論所謂的知識。

㉒ 張純一，《墨子・魯問》，《墨子集解》，頁 610。

㉓ 「說知」，〈經上〉72 條：「說：所以明也。」〈小取〉：「以說出故。」「說知」是以其所知推其所不知，屬於推論的知識。「聞知」，依㉑是概念的知識。至於「親知」，是親自五官的經驗，那是「貌物」的「接知」（〈經上〉5 條）到「論物」的「恕明」（〈經上〉6 條），是概念的知識。因此，聞知、說知、親知三者不是概念的知識就是推論的知識。

第五節　知識的標準

知識的標準問題，就是知識的真假問題。

西洋哲學史上，探討知識的標準，有三種重要學說：㈠是相應說 (the correspondence theory)；㈡是配合說 (the coherence theory)；㈢是實用說 (the pragmatic theory)。其中相應說和實用說與墨子的觀點很接近。所謂相應說，就是主張：知識的真假應依其有沒有相同的外物與之相應為標準。這種相應說，也稱為代表說 (representative theory)。也就是說人們的觀念無異是一種代表，能代表外物的觀念才是真觀念，否則為假觀念。所謂實用說，是認為我們的知識標準，當以知識的實際應用或其實際後果作衡量。一個觀念或判斷的真假，主要特徵，在視其能否給我們以滿意的應用。能滿足我們的目的是真觀念，否則就是假觀念。美國哲學家詹姆士 (W. James, 1842～1910) 說：「真觀念是我們可以同化、可以證實、可以確定、可以證明的觀念。假觀念則不能。……真理發生於觀念。觀念變成真，由事情使之真。它的真在事實上是一件事情、一種歷程，即它自己證明的歷程。它的真乃是它的證實的歷程。」㉔又說：「真是善的一種，……真並且附屬於善。在信仰之途徑中，一切能證實其為善的都是真。」㉕簡單的說，實用論的要義，就在以經驗的實際效用來證明經驗的真假。

㉔　謝幼偉，《哲學講話》，第九章第五節。

㉕　威爾・杜蘭 (Will Durant) 著，許大成等譯，《西洋哲學史話》(*The Story of Philosophy*)（臺北：協志工業振興會，1957)，頁 475；羅素著，五南圖書出版公司譯，《西方哲學史》，頁 1040。

墨子主張的知識標準，可從他對名實關係的觀點，以及三表法的內容得到答案。我們先談他對名實關係的觀點。

墨子在〈小取〉篇說:「以名舉實」,「實」是存在的事物,「舉」是「擬實」㉖，名只是用來「擬實」，所以墨子才說:「名，若畫虎也」,「聲出口，俱有名」。㉗意思是所謂名就像描畫虎這種動物的形貌（實），而得「虎」這個字，作為虎這種動物的名。而且語言也是「擬實」的名。可見名是事物抽象之後所得概念的表式；或者說名是概念的語文化。甚至說名是事物的概念。那麼，名也就可用來指謂事物，因此說「所以謂，名也；所謂，實也。」㉘名的指謂實，就像姓名指謂人㉙，兩者必須相隨，所以墨子主張名與實要相配合㉚。也就是說概念必須與存在的事物相對應。概念與事物相對應才是真知，否則便是假知。〈經下〉47 條就說:「知其所不知，說在以名取。」「以名取」就是以名取實。本來以此名舉彼實，當然可以此名取彼實，所以說能以名取實才算知，否則為不知。〈貴義〉篇有一個例子說:「今瞽者曰:『皚者白也，黔者黑也。』雖明目者無以易之，兼白黑使瞽取焉，不能知也。故我曰:『瞽不能知白黑者，非以其名也，以其取也。』」瞽者不能以名取實，就是不能使名（所以謂）配合實（所謂)，換句話說，他不能從概念去認識相應的事物，所以說他「不能知」。墨子就用此觀點在〈非攻下〉批評當時的諸侯，他說:

㉖ 〈經上〉31 條:「舉：擬實也。」

㉗ 〈經說上〉32 條。

㉘ 〈經說上〉80 條。

㉙ 〈經說上〉78 條:「聲出口俱有名，若姓字麗。」李漁叔《墨辯新注》:「凡聲出於口必有名隨之，若姓字之與本人相附麗也。」

㉚ 〈經說上〉80 條:「名實耦（配)，合也。」

> 今天下之諸侯將猶多攻伐并兼，則是有譽義之名而不察其實也。此猶盲者之與人同命白黑之名，而不能分其物也。則豈謂有別哉？

其次，我們談三表法。墨子是中國哲學史上第一位提出標準意義的哲學家。他給標準的原名叫「法儀」。他曾置立「天志」作為法儀，以此去度王公大人行為、政治的好壞，去量士君子為文學出言談的善與不善。㉛所謂文學、言談，墨子是指著書立說和指理論觀點。他認為提出言談（理論、觀點）之前，必先設立一個客觀的標準以供衡量，不然，「是非利害之辨，不可得而明知」（〈非命上〉）。墨子說的「是非」，就是知識論說的真假。為了衡量言談的是非（真假）利害，除了「天志」之外，他更提出三表法。他說：

> 言必有三表。何謂三表？有本之者，有原之者，有用之者。於何本之？上本之於古者聖王之事。於何原之？下原察百姓耳目之實。於何用之？發以為刑政，觀其中國家百姓人民之利。此所謂言有三表也。（〈非命上〉篇，中下篇三表作三法。）

第一表為「上本之於古者聖王之事」。能被尊稱為「聖王」，他們的言談行事必然是足為楷模。所謂上本之於古者聖王之事，並非要人們事事法古，墨子的意思是要人們記取歷史的經驗，而且拿已證實有效的經驗作為思想、言論（有聲的思想）的標準。

㉛　〈天志上〉篇作「士君子之書不可勝載，言語不可勝記」，〈非命下〉篇作「今天下之君子之為文學出言談」。書即文學，言談即言語。

第二表為「下原察百姓耳目之實」。古者聖王之事，多記載於書中，那是屬於過去的經驗。而墨子認為人們的思想言論，不能單從書本去找根據，還要注意當前人民群眾的親身經驗，即所謂「下原察百姓耳目之實」。也就是說，要看看多數人民的親身感受如何，不能光憑少數統治者的想法就算數。從「上本之於聖王之事」，到「下原察百姓耳目之實」，不僅僅是聖王和百姓的身分不同，而且也將不同的時間因素考慮進去。

第三表為「發以為刑政，觀其中（合於）國家百姓人民之利。」這是說理論的真假應從實踐中去證實。（最近大陸流行的「實踐是檢驗真理的唯一標準」，可從第三表脫化而來的。）墨子的意思是建立一種理論，要把它付之實踐，看它能起什麼作用？發生什麼效果？如果一種理論有實際的效果，符合國家百姓人民的利益，那麼這種理論是真的。反之，如果一種理論在實際上發生壞的作用，對國家百姓人民有害，那麼這種理論就是邪說，不是真理。所以言論要有可行性和有效用，也就是要能合於國家人民的利益。

把三表法合起來看，言談（理論）（概念和概念的組合）的標準是從客觀的經驗出發（「上本之於古者聖王之事」，「下原察百姓人民耳目之實」），再回到經驗來實踐以證明言談（理論）的可行性和可用性（「發以為刑政，觀其中國家百姓人民之利。」）。

在〈兼愛下〉篇，墨子對言論的可用性有更明白的主張，他說：「用而不可，雖我亦將非之。且焉有善而不可用者。」前半段是說，不可用的言論，墨子也要否定它、排斥它。這如同羅素 (B. Russell, 1872～1970) 的老師懷海德所強調的，無用的知識為死知識㉜。後半段是說，善的就是可用的。（值得注意的是，墨子並沒有反過來

㉜ 謝幼偉，《現代哲學名著述評》（臺北：新天地書局，1974），頁 162。

說，可用的就是善的。）這也如同詹姆士說的「善的都是真」，「真理不過就是有用」㉝。

墨子在〈貴義〉篇也說：「言足以遷行者常之，不足以遷行者勿常。不足以遷行而常之，是蕩口也。」這也是說言論的可行性和可用性。「遷行」，是改善行事或行為。言論足夠改善行為或行事，可以常說。不能改善行為或行事而常說，那是「蕩口」。「蕩口」就是耍嘴皮子；就是無用的空話。

歸結的說，墨子主張的知識標準有兩個：第一個標準是名實相配合。就是知識要與客觀的存在事物相對應。這樣的知識才是真知識。第二個標準是經驗上可用的知識才是真知識。可用指的是合於國家人民的利益。

㉝ 威爾・杜蘭著，許大成等譯，《西洋哲學史話》，頁 475；卡普蘭 (A. Kaplan) 著，孟祥森譯，《哲學新世界》（臺北：牧童出版社，1978），頁 30～31。

第四章　墨子的方法論

大體來說，哲學方法論可分為普通方法論和特殊方法論兩種。特殊的哲學方法論，都見於開創性或獨創性的哲學思想體系之中。而且特殊的方法論與創造性的思想內容，往往結為一體，難以劃分。這種情形在西洋哲學之中，屢見不鮮：像黑格爾 (G. W. F. Hegel, 1770～1831) 的「辯證法」(dialectical method) 是他那絕對觀念論體系的特殊方法論；胡塞爾 (E. Husserl, 1859～1938) 的「現象學」(phenomenology) 是他那「第一哲學」的特殊方法論；現代英國語言分析學派主張的「日常語言分析」，就是這派特殊的哲學方法論。這些特殊方法論，也是他們各自哲學體系的實質骨架，若拆除骨架，整個哲學體系也就為之瓦解。就中國哲學來說，莊子（前 370～前 290）的「三言」（卮言、重言、寓言），是莊子哲學的特殊方法論❶。不了解「三言」，便無法透悟莊子思想的奧義。而墨子的「三表法」更是典型的獨特的哲學方法論，十論部分，幾乎無篇無之。

---

❶ 《莊子・天下》說：「以天下為沈濁，不可與莊語，以卮言為曼衍，以重言為真，以寓言為廣。」莊子用卮言、重言、寓言來表達自己哲學的方式，三言背後都有莊子本人的影子在。不懂三言的言外之意便無法深入莊學的堂室。三言正是莊子哲學的特殊方法論。這一認定，是與陳蕙娟同學討論的成果。特此附記。

「三表法」是十論的論證方法，也是十論思想的實質架構，方法與思想合成一體，無法分割。

至於普通的哲學方法論則不然，它是超出任何特定的哲學立場，不夾帶任何實質的思想內容，純為客觀、中性的方法論。它不但是哲學而且是社會科學、自然科學，都普遍在應用的思想方法。像邏輯和近幾十年發展成的語意學 (semantics) 就是這種普通的方法論。

先秦諸子之中，墨子是最講究方法的，他探討哲學也探討科學，因此《墨子》一書有哲學方法論，也有科學方法論。科學方法論方面，明白討論的有歸納法，也有不明講卻實際應用的，像觀察法和試驗法便是，《墨經》中有關數學和光學、力學的知識共有四十多條，都是使用這些方法獲得的成果。哲學方法論方面，墨子討論過普通方法論和特殊方法論，也有在他的理論中使用而未曾討論的，譬如〈兼愛〉篇應用的「兩而進之法」就是例子。普通方法論有：所得而後成律（因果律、充足理由律）、同異原則（同一律、矛盾律、排中律）、辯學（邏輯學）、名實原理（語意學、語言哲學）。至於法儀、三表法、類行原理，則是墨子的特殊方法論。底下分別詮說。

第一節　法儀與三表法

也許墨子是人類史上，第一位最有系統探討「標準」這一概念的哲學家。他有專篇討論這個問題，篇名叫〈法儀〉。「法儀」便是現代所說的「標準」。

〈法儀〉篇開頭就說：「天下從事者，不可以無法儀。無法儀，而其事能成者無有也。」墨子認為上至將相，下至百工，做事都要有個標準作依據，事情才能做得好。而且認為天下的父母、老師、君王三種人很少是個「仁者」，所以都不能作為人們效法的標準。那麼誰才能作為標準呢？墨子肯定「天」可以作標準。為什麼天可以作標準？他說：

天之行廣而無私。其施厚而不德。其明久而不衰。

「行廣」，含有普遍有效的意義。「無私」，含有客觀的意義。「施厚而不德」，是無私的表現，也含有客觀的性質。「明久而不衰」，表示明確而且長久有效。整個來說，「天」有普遍有效性、客觀性、明確性和長久性。這是墨子堅持「莫若法天」的理由。

以「天」為標準的講法也許不被現代人所接受，但墨子強調的「天」的象徵意義，即普遍有效性、客觀性、明確性和長久有效性，正是「標準」（法儀）這一概念所代表的精確界說。

兩千五百年前，墨子給「標準」這一概念訂下精確的定義，同時也提出人類思想、行為的標準。那就是「天志」和「三表法」。我們先談「天志」。

墨子認為只有「天」才是人類「動作有為」的標準（〈法儀〉篇）。〈天志中〉篇明白的說：「墨子之有天志也，上將以度天下之王公大人為刑政也；下將以量天下之萬民為文學出言談也。」「刑政」是實際的行為。「為文學出言談」，是著作言論，是思想。墨子要拿「天志」作標準來度量天下人的思想和行為。那麼「天志」是什麼？「天志」就是要人人「兼相愛交相利」。簡單的說「天志」就是要人人「相愛相利」❷。換句話說，「兼相愛交相利」或「相愛相利」就

❷　《墨子・法儀》說：「天必欲人之相愛相利，而不欲人之相惡相賊也。」

是人們思想和行為的標準。

其次談「三表法」。

墨子說:「凡出言談由（為）文學之為道也，則不可而（以）不先立儀法。」（〈非命中〉）思想、言論不可以沒有標準，假使沒有標準，就無從分辨是非利害了。所以他接著說:「言而毋儀……是非利害之辯，不可得而明知也。」基於此，墨子主張「言必有三表」，「表」也作「法」，合稱「三表法」。「三表法」見於〈非命〉上中下三篇，內容大同小異，今引上篇，其內容是:

> 有本之者: 上本之於古者聖王之事。
>
> 有原之者: 下原察百姓耳目之實。
>
> 有用之者: 發以為刑政，觀其中（合）國家百姓人民之利。

第一表是「上本之於古者聖王之事」。這不是泛指普通的歷史經驗，而是專指「古者聖王之事」。綜觀《墨子》一書，所謂「古者聖王」，指的是三代聖王堯、舜、禹、湯、文、武等人。至於桀、紂、幽、厲，則稱之為「暴王」。他只要我們效法聖王，所以才說「上本之於古者聖王之事」。所謂「聖王之事」，墨子是指三代聖王能「修身」，能「親士」，能「尚賢事能」，能「節用」、「節葬」，能「非樂」、「非命」，而且能尊天（尚同）敬鬼（明鬼），愛利（兼愛）萬民。最後一項含有上一段說的「天志」要人人「相愛相利」之義。概括的說，第一表是說要根據歷史上好的、有用的經驗作為思想的

〈天志上〉篇說:「順天意者，兼相愛交相利。」〈天志中〉篇說:「天之意……欲人之有力相營，有道相教，有財相分。」〈天志下〉篇說:「順天之意何若? 曰: 兼愛天下之人。」

標準。

第二表是「下原察百姓耳目之實」。「耳目之實」就是原手經驗，也就是由感官知覺得來的經驗。墨子不但強調原手經驗，還強調大多數人的原手經驗，所以在「耳目之實」上面還加「百姓」兩字。〈明鬼〉篇就說：「天下之所以察知有與無之道者，必以眾人之耳目之實知有與無為儀（法）也：誠或（有）聞之見之，則必以為有；莫之聞莫之見，則必以為無。」如此更強化了經驗的普遍性和客觀性。第一表是向上看過去統治者有用的經驗，第二表是向下看現在多數老百姓的感官經驗，由此作為思想的根據或起點，已大大的增加思想的公證力。

第三表是「發以為刑（行）政，觀其中（合）國家百姓人民之利」。這是說任何思想言論都要付之實踐，以驗證它的可行性。這就表示再高的理論也要回歸到經驗來證實。中國大陸近些年來高唱的「實踐是檢驗真理的標準」，這個口號是可從第三表脫化而來的。思想是有目的的，「合乎國家人民之利」是墨子的思想目的。也就是墨子提出的第三標準（表）。能達到這個標準，才是有用的思想言論；否則是無用的思想言論。無用的思想言論，墨子就要駁斥的。在〈兼愛下〉篇記載著，有人說兼愛的思想雖然很好，難道「可用」嗎？墨子就回答說：「用而不可，雖我亦將非之，且焉有善而不可用者。」「用而不可」意即不可用。「焉有善而不可用者」，這是反面的說法，正面的說法是：「所有善的，都是可用的。」但不可說成：「所有可用的，都是善的。」❸因為一來違反邏輯規則（全稱肯定句的主詞和賓

❸　鐘友聯，《墨家的哲學方法》，頁 12，把「用而不可，雖我亦將非之，焉有善而不可用者。」解作「凡是有用的，都是好的。」和「凡是好的，都是有用的。」兩句。甚至把這兩句合成一個恆真式為：「凡是好的都

詞不能位換，因為主詞普及，賓詞未普及)；二來墨子的話無此義；三來事實上「可用的」未必是「善的」，如果存有「可用的」就是「善的」思想，勢必淪於為達目的不擇手段的惡行。

從以上的解析，三表法強調正確思想的標準：在本於經驗，在能實踐，在善而有用（利國利民）。如果用一句話表達，墨子應該說：「經驗和實踐是到真理之路。」

墨子提出「法儀」和「三表法」加以討論，並在十論各篇之中實際應用。這是墨子哲學的特殊方法論。

值得注意的是，兩千五百年前，墨子已給「標準」（法儀）這一概念，下了精確的定義，這是思想史上劃時代的大事。

法儀的概念對法家的影響最大，法家尤其商鞅與韓非都拿法律當作人們言行的標準，正可看出它的影響力。

第二節　所得而後成律（因果律、理由律）

充足理由律 (the principle of sufficient reason)，簡稱理由律。首先闡述這一原理的是十七世紀後半葉的德國哲學家兼數學家萊布尼茲 (G. W. Leibniz, 1646～1716)。萊氏解釋理由律說：「一切事物的發生皆有理由。」從存在上說，所有現實事物的存在都有為什麼這樣而非那樣的充分理由；從邏輯上說，一切事實性命題（判斷）也都

是有用的，有用的都是好的。」並且說：「只要是好的東西，墨家就認定它一定能產生效用；只要它是有用的，那麼墨家就肯定它是善的，對的。」這是鐘先生對「焉有善而不可用者?」一句語意的誤解。該句為反詰語，正面的講法是「凡善者皆可用。」這是全稱肯定句，主詞（善者）普及，賓詞（可用）未普及，主詞與賓詞不能位換。

有為什麼這樣而非那樣的充分理由。依此，理由律是實在原理，又是邏輯原理。通過康德，直到 1813 年叔本華 (A. Schopenhauer, 1788～1860) 的博士論文，將充足理由律擴充為四種理由律。其中第一第二種已明白分別現象變化的因果關係；和命題之間的邏輯涵蘊，即理由與歸結的關係❹。前者為現象界的因果律，所以是實在原理；後者為邏輯的充足理由律，所以是邏輯原理。

因果律與充足理由律關係之所以密切，因為思想反映客觀的事物，事物之間有一定的關聯，所以思想之中也有一定的關聯。思想是由判斷（命題）所構成的，而判斷的成立雖然有賴理由來證明，但判斷的最後基礎仍然要回到客觀存在的現象界。西元前五世紀的墨子，對這種道理已有深切的了解。讓我們看墨子怎麼說。

一、因果律

〈經上〉1 條：「故：所得而後成也。」

〈經說上〉：「故：小故，有之不必然，無之必不然。體也，若有端。大故，有之必然，無之必不然。若見之成見也。」（從孫詒讓校）

〈經〉用「所得而後成也」來界定「故」，這個「故」義指原因，也指理由。

〈經說〉所解釋的「故」，意義偏重於原因。「有之不必然，無之必不然」的「小故」，是西方邏輯或方法論所說的「必要條件」(necessary condition)。「有之必然，無之必不然」的「大故」，是西

❹ 傅偉勳，《西洋哲學史》，頁 312、450。

方邏輯或方法論所說的「充要條件」(sufficient and necessary condition)。「必要條件」(小故)與「充要條件」(大故),是指事實上的衍遞關係 (entailment relation),或事件上的承續關係。我們說 A 與 B 有因果關聯時,等於說 A 衍遞 B。A 與 B 在事實上有衍遞關係,才能說 A 與 B 有因果關聯。也就是說因果關聯所依據的是衍遞關係。墨子用「小故」(必要條件)、「大故」(充要條件)這兩種衍遞關係來界定原因(故),所以我們說墨子的因果律非常嚴格。這在〈墨子的宇宙論〉第二節已有詳細的說明。

我們要強調的是,墨子提出因果律,不是經由玄想,而是基於科學的實踐得來的,這從《墨經》有關光學、力學諸條的記載,便可得到證明。這裏且舉一、兩個例子:

(1)〈經下〉21 條:「影之大小,說在斜正、遠近。」

〈經說下〉:「木斜,影短大。木正,影長小。火小於木,則影大於木。非獨小也,遠近亦然。」(從孫詒讓、陳孟麟校)

〈經〉義指出:影子有大小不同,原因在於物體有斜正和遠近的差異。〈經說〉解釋木棒的斜正可以影響影子的大小,另外光源(火)的大小、遠近也都是成影大小的因素。綜合〈經〉與〈說〉,影大小是結果,物體的斜正、光源的大小和遠近才是造成「影大小」的原因。

(2)〈經下〉27 條:「衡而必正,說在得。」(從曹耀湘校)

〈經說下〉:「衡:加重於其一旁,必捶(垂)。權、重相若也，相衡，則本短標長。兩加焉，重相若，則標必下，標得權也。」

這條是說明力學上的槓桿原理。「衡」是稱桿。「權」是稱錘。「本短標長」，是形容稱桿稱物時的形狀，「本」是稱頭的一邊，「標」是稱尾的一邊。〈經〉是說稱桿必定平正，因為稱錘位置適當。〈經說〉解釋在稱桿上加重一邊，或兩邊重量不平衡，就有一邊會下垂。可見衡的正或垂是結果，權在標上的位置是造成衡正或垂的原因。

墨子在自然科學上注重因果關係，在社會科學上也注重因果關係。他在「十論」中探討社會問題時，處處尋求問題的原因，再提出解決之道。例如〈兼愛〉篇，墨子察出天下亂的原因是「不相愛」，而人「不相愛」的原因是自私心。於是墨子提出一種能滿足彼此的自私，兼顧彼此利益的方案：即「兼相愛交相利」來治天下的亂。

以上所論是「所得而後成」的第一涵義，即因果律。下面談它的第二涵義，即充足理由律。

二、充足理由律

「故：所得而後成也。」（〈經上〉1 條）這個「故」也含有「理由」的意義。墨子主張立說持論必須提出理由（論據），才能曉悟別人，說服別人。他在〈大取〉篇說：「夫辭以故生……立辭而不明於其所生，妄也。」句中的「故」就是指理由或論據。言論必須有充足的理由或論據，才能成立；反之，理由不足或論據欠缺，那是不合邏輯，是亂說，所以稱之為「妄」。

用「所得而後成」界定「故」，在邏輯上說，「故」是作為前提而推出結論的充足理由。「所得」是前提，也就是「故」，「後成」是結論。一個推論或論證當中，前提的理由充足，結論必然跟隨而來，所以說「所得而後成」。充足理由律指的是命題之間的邏輯涵蘊 (logical implication)。前提、結論都是命題。邏輯涵蘊指的是一個論證當中，前提涵蘊結論。意思是說，我們若斷言它的前提，我們必然可以斷言它的結論。這等於說，前提必然的保證結論；或結論必然的從前提推衍出來。《墨經》的「故」，正有這種涵義。

「所得而後成」是指前提一經確定，結論也就跟隨著成立。這一定義說明一個推論或論證之中，前提和結論的關聯是必然的。「必然」的意思是指推論的有效性。因此「所得而後成」就是邏輯的充足理由律。不過，墨子不是從論證的形式結構去理解前提到結論的必然性，也沒有提出論證形式的規則去保證這種必然性❺。墨子注重概念的實質，語意的內容，而不重語法的關係。墨子的邏輯是實質推論，不是形式推論。這是墨子邏輯思想的基本特徵。

充足理由律是墨子立說、談辯的基本原則。他在〈經下〉採取論證的形式，每條都有「說在某某」。「說在某某」有的表示原因，有的表示理由。

儒家一向注重為樂，墨子就要問儒者為樂的理由是什麼?〈公孟〉篇有這樣一段記載：

> 子墨子問於儒者曰：「何故為樂?」曰：「樂以為樂。」子墨子曰：「子未我應也。今我問曰，何故為室? 曰，冬避寒焉，夏避暑焉，室以為男女之別也，則子告我為室之故。今我問曰，

❺　參見陳孟麟，《墨辯邏輯學》，頁 89～91。

何故為樂？曰，樂以為樂也，是猶曰，何故為室？曰，室以為室也。」

這段引文中的「故」字，都是指「理由」。墨子認為拿「樂以為樂」來回答「何故（理由）為樂?」，並沒有對「為樂」的主張提出理由（論據），這和拿「室以為室」回答「何故為室?」一樣胡說。墨子主張非樂，他提出「上考之不中聖王之事，下度之不中萬民之利」來作「為樂非也」的理由。

再以非攻的主張為例。墨子先提出竊人桃李，為何非之？理由是「虧人自利」；再提出偷人雞豚馬牛，為何應非？理由是「虧人愈多，不仁不義」；又提出殺沒罪的人，搶人衣裘戈劍，為何更應非？理由是「虧人愈多，更不仁不義」；至於率兵攻打無罪的國家，燒殺掠奪無數，虧人最多，是最大的不仁不義，可見攻國是最應非的。因此論證了非攻是有充足理由的。

〈經上〉72 條:「說：所以明也。」「說」是立論或推論。「說」有目的，有功用，所以定義是「所以明」。要明什麼呢?〈小取〉篇說:「以說出故」，可見「說」就是要明故。「所得而後成」的「故」，由上面的說明有兩個涵義：第一是現象的原因；第二是立論的理由。前者形成因果律；後者建立充足理由律。用墨子的話稱之為「所得而後成律」。這比休姆談因果律，萊布尼茲談理由律，要早兩千兩百多年。

第三節 同異原則（思想三律、必異律）

亞里斯多德認為演繹邏輯的前提（命題）本身也需要證明。但他知道要證明一個命題，必須使用其他的命題，如此無限的回逆，最後必然無法證明任一命題。因此亞氏預設一種「第一原理」(the first principles)，這種原理只憑直觀就能成立，不需任何論證。這種不證自明的原理就是所謂的思想三律：同一律 (the law of identity)、矛盾律 (the law of contradiction) 和排中律 (the law of excluded middle)。亞氏的論點是，如果不用這三個思想律，邏輯的推理根本上是不可能的，知識也無從產生。

早於亞氏一百年前的墨子卻從同異原則出發，他認為萬物非同則異（〈經說下〉34 條），而且萬物的同和異是相反而相成的。他在〈大取〉篇就說：「有其異也，為其同也，為其同也異。」意思是萬物所以有異，是因為有同，因為有同，才能顯出異來。萬物有同有異，反映到人的思想上也是有同有異。因為認知的方式是「以名舉實」(〈小取〉)，而且名（概念）必須與實（萬物）互相符應（〈經說上〉80 條：「名實耦，合也。」）才是真知❻。因此實（萬物）有同異之分，反映實的名（概念）當然也有同異之別。思想是依據名（概念）或名的組合進行的，作出的判斷或推理，同的歸同，異的歸異，同異有別。但無論是同是異，名能符實的，為真為是，名不符實的，

---

❻ 亞里斯多德認為當一個命題與事實相符時即為真。他是真理的對照論 (Mirror theory of truth) 之創始者。墨子主張名實耦合，正是真理的對照論，只是他比亞氏早約一百年前即已提出。參見波爾曼著，孟祥森譯，《西洋哲學思想史》，頁 78。

為假為非。誠如魯勝說的:「名者，所以別同異，明是非……同而有異，異而有同，是之謂辯同異，至同無不同，至異無不異，是謂辯同辯異，同異生是非。」(《晉書・隱逸傳・魯勝》) 墨子就是由此建立他的同異原則 (如〈經上〉86、87 兩條同異的種類，88 條同異交得的例子，〈經上〉93 條法同觀同、94 條法異觀宜，〈經下〉7 條異類不比)。與亞氏的「第一原理」一樣，墨子的同異原則也包含了同一律、矛盾律和排中律。除此之外，還有必異律，以下分別說明。

一、同一律

同一律的定義是:「A 是 A」; 或「任一事物是它本身」。譬如「一隻牛是一隻牛」，或「一朵荷花是一朵荷花」。當我們推理時，必須假定任何事物就是該事物，而不是別的東西，否則便無法判斷。就像我們說:「一朵荷花是一朵荷花」，意思是一朵荷花不是菊花，不是玫瑰，也不是別的，就是一朵荷花。當人們要證明「某事物是什麼或不是什麼」時，邏輯上就須假定同一律的使用。而且同一律要求意義固定，這樣可以使思想保持確定性。以上所談，是亞里斯多德到二十世紀邏輯學家對同一律的解說。

墨子在《墨經》上有幾條談到同一律。如:

> 〈經上〉39 條:「同: 異而俱於之一也。」
> 〈經說上〉:「同: 二人而俱見是楹也。若事君。」

「俱」，皆也，同也;「之」，此也。「異而俱於之一」，意思是相異的事物在「此一」卻都是相同的。〈經說〉用「二人」說明「異」，用「是楹」說明「此一」。「若事君」是舉例。一個人看，是這一根楹，二人看，也是這一根楹，不同的人（異）都看到同一根楹（此一）。也就是說，這一根楹就是這一根楹，不是別一根楹，也不是別的東西。就像事君的人很多（異），君還是同一位（此一）。也就是說，君就是君。由此可見，「異而俱於之一」，說出同一律的涵義。

另外，〈經說下〉34 條說：「所謂非同也，則異也。同，則或謂之狗，其或謂之犬也。異，則或謂之牛，其或謂之馬也。俱無勝，是不辯也。辯也者，或謂之是，或謂之非，當者勝也。」這段話的本義是，存在的現象不是同就是異，同的就該稱它為同，異的就該稱它為異。所謂「辯」，就是要稱謂符合事實。稱謂符合事實的就是「當」，也就是「名實耦」（〈經說上〉80 條）。同的稱謂為同；異的稱謂為異。同的就是同，不是異；異的就是異，不是同。這正是同一律的概念。

「同，則或謂之狗，其或謂之犬也。」墨子把狗和犬視為相同，所以就在〈經下〉53 條說：「狗，犬也。」狗與犬，在墨子看來是「二名一實」的「重同」（〈經說上〉86 條）。「重同」就是同義字。同義字是同一律的另一種方式。臺大名教授殷海光在他著的《邏輯新引》中說：「我們要精確表示同一概念，似乎衹有求助於同義字。」（頁 125）他說明了同義字對同一律的重要性。同一概念用語言表達有三種可能。第一種可能說，「狗等於狗」。這種說法固然是真的，但這種真煩而不足道。至少在日常用語上，這種說法沒味道。第二種可能說，「狗等於雞」。這告訴我們一個錯誤的消息。因為它是假的，假的語句必須去除。第三種可能說，「狗等於犬」。這句話告訴我們一個正確的消息；而且這消息又是真的。因為它藉聯繫兩個不同的名詞告訴我們一種事物；而且這兩個名詞都指謂著同一對象。

墨子用名（概念）區別同異，而且主張名實相符，這已意涵：

合理的討論（辯），用語需要有固定的意義（概念明確）。這正是現代許多邏輯家視同一律為語意原則 (semantical principle) 的理由。一篇文章、一段談話，前後用語沒有一致的意義，那只是一堆記號、一段聲音而已，沒有意謂可言。沒有意謂的語文，無法使人了解，也就不能作為交通情意的工具。在這點上，墨子比亞里斯多德說的深入而明確。在亞氏的理論中，同一律不是最基本的規律，矛盾律才是最高的第一原理。亞氏在說明矛盾律時才間接涉及同一律。

二、矛盾律

矛盾律被亞里斯多德提出時，就被視為第一原理（認識原理），也就是將它看作最基本的普遍原理。亞氏在《形上學》第四卷對矛盾律作了解釋，他說：「同一物不能以同一關係同時屬於又屬於同一事物。」不改亞氏的意思，換句話說，矛盾律是「沒有同時是 A，又不是 A 的事物。」這個原則乃奠基於存在 (being) 概念以及存在與不存在之間的相互矛盾性。這原理是要說明，任何存在的事物，既是存在，那麼它就不可能同時又是不存在。因此，正確的說，矛盾律應稱為不矛盾律。

矛盾律首先涉及存在本身，因此，它主要是屬於本體論 (ontology)，而非屬邏輯學。邏輯上的矛盾律是建立在本體論的基礎之上。它肯定的是兩個互相矛盾的命題不能同時為真，因此同一事物，不能同時被肯定又被否定。遵守這個第一原理，乃是一切有條理思想的首要條件。

墨子也不承認兩個相互矛盾的命題可以同真。他在〈經說上〉74 條說：

> 或謂之牛，或謂之非牛，是爭彼也。是不俱當。不俱當，必或不當，不當若犬。

「或謂之牛，或謂之非牛，是爭彼也。」意指，有人說「這是一隻牛。」另一人說「這不是一隻牛。」這是對異見的爭辯。「當」指符合客觀的真實，即真理。「這是一隻牛。」「這不是一隻牛。」這兩個相互矛盾的命題不能同時為真，只能一真一假。所以說「是（此）不俱當」。既然不能同真，必有一個不真，不真就像把牛說是犬。所以說「不俱當，必或不當，不當若犬。」可見這段話說的正是矛盾律。

《墨經》對直言判斷（命題）的矛盾關係，有明白的解釋。即全稱肯定命題和特稱否定命題；全稱否定命題和特稱肯定命題之間的關係是矛盾的。它們彼此之間只能一真一假，不能同時為真。《墨經》曾在批判某些思想像「言盡誖」、「學無益」、「非誹者」等謬誤時，就充分的說明了這一性質。

墨子斷言：「以言為盡誖」的主張是不能成立的（〈經下〉70條）。「言盡誖」用現代話說是「所有的話是假的」。「所有的話是假的。」這是所有的話中的一句話。可是如果這一句話是真的，那麼所有的話就不是全都假的，因為所有的話之中最少還有「所有的話是假的」這句話是真的。墨子的意思是，當你斷言：「所有的話是假的」（全稱否定命題）的同時，是以肯定「有些話不是假的」（特稱肯定命題）作為前提，這是互相矛盾的。所以他說：「以言為盡誖，誖。」

教導人們，使知「學無益」，也是自相矛盾的思想（〈經說下〉76條）。「學無益」，現代話是「沒有學習是有益的」。這是一個全稱否定命題。既「以學為無益」，還去教導別人使知「學無益」，那麼這個教導本身是以肯定「有些學習是有益的」當作前提。「有些學習是有益的。」是一個特稱肯定命題；它和全稱否定命題「沒有學習是有益的。」剛好互相矛盾。二者不能同真。也就是墨子說的「是不俱當」。

墨子還認為，反對批評的人是自相矛盾的。因為反對的本身也正是在批評（〈經下〉78 條）。墨子認為批評（誹）是為了「明惡」（〈經上〉30 條），因此可不可以批評，不在批評的多少，而是在其理可不可非❼。在這裏墨子強調的是，談辯的時候要有認知的態度。

三、排中律

排中律就是「任何東西不是 A 就是非 A」。「不是 A 就是非 A」，也就是「A 或非 A」。它不包含任何其他可能的中間餘地，只有兩種可能，而且二者選其一，就是「某一東西或不是該東西」。如：水不是有毒就是無毒。

殷海光教授認為排中律不是事物律，因而不排斥事物有中間的情形。在一系列事物之中，它並不是說只有陰與陽，而沒有中性。殷先生把排中律看作一個語意原則：「指與被指之間，必須有所指定。一個文字或符號，要麼指謂 X，要麼不指謂，不可以既指謂又不指謂的。」排中律是從另一方面來固定文字的指涉。❽

❼ 〈經下〉77 條：「誹之可否，不以眾寡，說在可非。」
〈經說下〉：「誹：論誹之可不可，以理之可非，雖多誹，其誹是也。其理不可誹，雖少誹，非也。今也謂多誹者不可，是猶以長論短。」

❽ 殷海光，《邏輯新引》（香港：亞洲出版社，1965，7 版），頁 129。

〈經下〉34 條有一段話正表明排中律。原文是:

「辯也者，或謂之是，或謂之非，當者勝也。」

辯論時辯辭有兩種可能，即肯定命題的「或謂之是」(A) 和否定命題的「或謂之非」(–A)。肯定命題和否定命題各有「當」(A) 或「不當」(–A) 兩種可能。「當」就是辯辭符合事實;「不當」就是辯辭不合事實。辯辭符合事實的一方勝利。所以說:「當者勝也」。反之，「不當」者不勝。因此，辯也有勝 (A) 或不勝 (–A) 兩種可能。以上都合乎「A 或非 A」的排中律原則。墨子以辯勝為當❾，這是追求真理的精神。墨子說的「當」，正是殷海光教授說的「指（辯辭）與被指（事實）之間，必須有所指定。」如此辯辭才不會只是一堆空話。

另外如〈經說上〉51 條的「一然者，一不然者，必不必也」，〈經說上〉88 條的「去就、是非、成未、存亡」，〈小取〉篇的「中效; 不中效」，「是而然; 是而不然」，「一周而一不周」，「一是而一非」等等都屬窮盡而排斥的關係，也就是只有 A 與 –A，而無第三者。這些都是排中律的應用。

四、必異律

十七世紀後半葉，萊布尼茲提出「不可分辨原則」(principle of indiscernibles) 認定不能分辨的兩種東西，必然是同一物，因此不可能有兩樣完全相同的東西同時並存。為了避免完全同一，兩者必須有所不同。

墨子在〈經說上〉87 條說:「二必異，二也。」意思是兩樣東西

❾〈經上〉74 條:「辯: 爭彼也。辯勝，當也。」

必然不同，因為是兩個，而不是一個。「二必異」，已認定宇宙間沒有完全相同的兩種事物同時存在。〈經說下〉有一句話說：「遺者，巧弗能兩也。」「遺者」指丟掉的東西。「巧弗能兩」，是說巧匠不能做出兩件完全相同的東西。換句話說，再巧的人也無法做出一個與丟掉的東西完全一模一樣的東西來。這正是「二必異」的最好注解。可見「不可分辨原則」與「二必異」意旨相同，然而，比起墨子，萊氏之說畢竟是晚了兩千一百多年的「後見之明」。

「二必異」，已肯定每一事皆自我相同。如此必異律已使得同一律更為堅固。墨子提出同一律和必異律的目的，就是為了分別同異，以明辨是非。

綜上所述，《墨經》已明白探討思想三律和必異律的內容，而且也在應用，只是它沒有思想三律和必異律的名稱。

傳統邏輯都討論思想三律，不過它對形上學和知識論更為重要。《墨經》在同異原則之上表現思想三律和必異律的內容，是屬於方法論的領域。

第四節　類行原則（推論原理）

「類」概念在墨子邏輯思想中佔有極重要的地位。它是思想的基本形式，又是邏輯推論的依據。墨子要人們能「明類」、「知類」，進而能「推類」。

〈大取〉篇說：「夫辭以類行者也。立辭而不明其類，則必困矣。」「以類行」就是〈小取〉篇說的「以類取，以類予」，也就是〈經下〉2 條說的「推類」。要能「推類」必先「明類」或「知類」。

墨子給「類名」的定義是：「馬，類也。若實也者，必以是名也命之。」(〈經說上〉78 條)「實」是指客觀存在的事物。存在的事物，必有其原因，也就是有其特性或本質。以馬為例，像馬的本質或特性的事物（若實），必以馬（是名）稱呼它（命之)。馬類稱為「馬」，一匹一匹的馬也稱為「馬」。雖然一匹一匹的馬有各別的特性（別相)，但我們可以依據牠們彼此之間共同的本質（共相)，合為一類。馬如此歸類，其他事物的歸類也相同。簡單的說，事物的本質或特性是類的標準。這個標準稱為「法」。〈經下〉64 條就說:「一法者之相與也盡類，若方之相合也。說在方。」「一法」就是同法，也就是同一標準。〈經〉義是說，標準相同的都屬於同類，比如方的東西都因為有「方」這個共同標準（本質)，才合成方類。但組成方類的東西像方木、方石，除了方之外，它們還有木、石等各自的特性在，所以〈經說〉解作「方盡類，俱有法而異。」這句「俱有法而異」正說明了「法」是類的標準，也說明了「異」是同類之中各組成分子的差異性。

墨子在辨別同異的種類時，對「類」的同異也有所界定。他說「有以同，類同也。」「不有同，不類也。」(〈經說上〉86、87 條) 意思是，有相同本質的事物（「遍有」)，稱它們為「類同」。沒有相同本質的事物（「遍無有」)，則稱之為「不類」。把相同本質的事物歸為一「類」，因此一類之中的所有事物都是「同類」。不是同類的事物則是「不類」。「不類」就是「異類」。「同類」是本質相同;「異類」是本質不同。「明類」就是要「別同異」(〈小取〉)。也就是能看透表面現象，認清客觀事物本質上的同異，這就是墨子要求的「明類」或「知類」。

先要「明類」、「知類」，而後才能「推類」。「辭以類行」，意思是所有的推論都是以類推演的，也就是以「推類」來進行的。而「推類」所依據的是事物之間的「類同」，因為「同類」的事物才有共同的性質，彼此之間才能比較，才能推廣（類推）。所以〈經下〉1條說：「類以行之，說在同。」也就是同類相推。反之，「異類」便沒有相同的性質，各別事物之間無從比較，無法推廣。所以〈經下〉7條說：「異類不比，說在量。」「量」是指衡量的標準。標準不一，如何比較？〈經說下〉就舉出一些不能比較的例子：「木與夜孰長」，木長是空間，夜長是時間；「智與粟孰多」，智多是心，粟多是物，前者抽象，後者具體；「麋與鶴孰高」，麋是獸，鶴是禽。時、空不能比長短，心、物不能比多少，禽、獸不能比高低。因為衡量的標準不同，本質不同。再如「爵、親、行、價，四者孰貴」，爵是官位，屬於朝廷；親是血緣，屬於家庭；行是德行，屬於社會；價是價格，屬於市場。雖然這四者都是可貴的，但彼此分屬異類，無從相比。總之，墨子主張：「同類相推」；「異類不比」。這是墨子的「類行原則」。

墨子立說持論總不離「明類」與「推類」，《墨子》一書幾乎無篇不有。這裏且舉幾個例子說明如下：

> 〈非攻下〉說：「好攻伐之君又飾其說以非子墨子曰：『子以攻伐為不義，非利物與？昔者禹征有苗，湯伐桀，武王伐紂，此皆列為聖王，是何故也？』子墨子曰：『子未察吾言之類，未明其故者也。彼非所謂攻，所謂誅也。』」

「攻」和「誅」表面上看都是戰爭，其本質卻是不同的，「攻」是攻城掠地，殺無罪的人；「誅」則是弔民伐罪。二者異類，混而相比，就是「不明類」。

〈公輸〉篇:「公輸般為楚造雲梯之械成，將以攻宋。子墨子聞之，自魯往。裂裳裹足，日夜不休，十日十夜而至於郢。見公輸般。公輸般曰:『夫子何命焉為?』子墨子曰:『北方有侮臣者，願藉子殺之。』……公輸般曰:『吾義固不殺人。』子墨子起，再拜。曰:『請說之，吾從北方聞子為梯，將以攻宋。宋何罪之有?荊國有餘於地，而不足於民。殺所不足而爭所有餘，不可謂智。宋無罪而攻之，不可謂仁。知而不爭，不可謂忠。爭而不得，不可謂強。義不殺少而殺眾，不可謂知類。』公輸般服。」

「吾義固不殺人」，意思是我堅持不殺人是義。從這句話可以看出，公輸般是以不殺人為義，以殺人為不義。義是一類，不義是另一類，二者互為異類。公輸般不肯殺一人，這是義;卻贊成攻宋，攻宋會殺眾人，這是不義。這是「義不殺少而殺眾」，分不清義與不義。所以墨子說他「不知類」。

再舉〈非攻上〉說明「辭以故生」,「辭以類行」。原文有脫落，為易於了解，今分辭條列，並依上下文義，在括號中加字或注解如下:

甲、今有一人，入人園圃，竊其桃李，(其不義)眾聞則非之，上為政者得則罰之，此何(故)也?以虧人自利也。(其不仁，有罪。)

乙、至攘人犬豕雞豚者，其不義又甚入人園圃竊桃李。是何故也?以虧人(自利)愈多。其不仁茲甚。罪益厚。

丙、至入人欄廄，取人馬牛者，其不義又甚攘人犬豕雞豚。

此何故也？以其虧人（自利）愈多。苟虧人（自利）愈多，其不仁茲甚。罪益厚。

丁、至殺不辜人，扡（奪）其衣裘，取（其）戈劍者，其不義又甚入人欄廄取人馬牛。此何故也？以其虧人（自利）愈多。苟虧人（自利）愈多，其不仁茲甚矣。罪益厚。當此天下之君子，皆知而非之。謂之不（仁）義。

戊、今至大為不（仁）義攻國（〈非攻下〉：「攻伐無罪之國，入其國家邊境，芟刈其禾稼，斬其樹木，墮其城郭，以湮其溝池，攘殺其牲牷，燔燎其祖廟，勁（刺）殺其萬民，覆（滅）其老弱，遷其重器。」）（此何故也？以虧人自利愈多，其不仁茲甚。罪益厚。）

（當此天下之君子），則弗知非，從而譽之，謂之（仁）義。此可謂知（仁）義與不（仁）義之別乎？

以上甲乙丙丁各辭：「竊人桃李是不仁不義有罪」；「攘人犬豕雞豚是不仁不義有罪」；「取人馬牛是不仁不義有罪」；「殺不辜人是不仁不義有罪」；「攻國殺其萬民是大為不仁義有罪」。這些辭說（判斷）都有一個共同的「故」或理由，就是「虧人自利」。而「虧人自利」是不仁不義的行為，因此以上這些辭說得以成立。這就是〈大取〉篇說的「辭以故生」。「故」是辭歸類的標準。同故同類，異故殊類。同類的辭才能相推，「異類不比」。所以〈大取〉篇說：「立辭而不明其類，則必困矣。」

「竊人桃李」、「攘人犬豕雞豚」、「取人馬牛」、「殺不辜人」都是「虧人自利」的行為。「天下之君子，皆知而非之。謂之不仁義。」這就是說，「這些虧人自利的行為是不仁義」，為天下之君子的「所取」(已歸納)。而「大為不仁義攻國」,天下之君子「則弗知非,從而譽之,謂之仁義。」不「謂之不仁義」。這是說,「攻國是不仁義」,為天下之君子的「所不取」(未歸納)。然而墨子認為,「攻國」與「竊人桃李……殺不辜人」等行為,本質上同樣都是「虧人自利」。因此,「攻國」與「竊人桃李……殺不辜人」,應依「虧人自利」這個共同的理由(故)歸為同一類。對同類的事物,應當採取相同的辭說(判斷)。這就是〈小取〉篇說的「以類取」(歸納推理或類比推理)。對同類的事物,有人採取不同的辭說時,則舉例明示,使人依類而推,採取相同的辭說。這就是〈小取〉篇說的「以類予」(演繹推理)。既然「攻國虧人自利的不仁義」,乃與「竊人桃李……殺不辜人等虧人自利的不仁義」是同類,那麼天下之君子「所不取」的「攻國的不仁義」,同於其「所取」的「竊人桃李……殺不辜人等的不仁義」。由此墨子的論辯是:這二者既同為不仁義,為什麼於「竊人桃李……殺不辜人等」,謂之不仁義(以類取),而於「攻國殺其萬民」,反「謂之仁義」,不謂之不仁義(不以類取)?「此可謂知仁義與不仁義之別乎?」

天下之君子不知類。面對不知類的天下之君子,墨子在〈非攻〉篇列舉「攻伐無罪之國」,其虧人自利愈多,罪益厚,明白說出「攻國是大為非」、「攻國是大不仁義」。要他們知所類推,本其「所取」,採取相同的辭說。也就是根據「虧人自利」這一共同的標準或理由,既斷言:「竊人桃李……殺不辜人等是不仁義」,同樣要推斷:「攻國是不仁義」。這正是〈小取〉篇說的「推也者,以其所不取之,同於其所取者,予之也。」所謂「予之」,就是「以類予」。就是本其「所取」(已歸納),於其「所不取」(未歸納),以同類相推,採取相同的辭說,或給予相同的推斷。

由以上〈非攻〉篇的例釋，可見「辭以類行」或「推類」或是「以類取，以類予」，必須遵守「同類相推」和「異類不比」。因此「同類相推」、「異類不比」就是墨子的類行原則（或類取類予原則或推類原則）。而類行原則乃推論或推理的基礎。歸納法 (induction)、演繹法 (deduction)、類比法 (analogy) 等都建立在這個基礎之上。這些方法在《墨子》書中都有實際的應用。而對方法本身提出討論的，則只有類比法和歸納法。〈小取〉篇討論的辟（事物的類比）、侔（命題形式的類比）、援（理由或論式的類比），就是類比法的三種形式。這在鐘友聯先生著的《墨家的哲學方法》一書，有明白的分析。至於歸納法則明載於〈經上〉，我們在下一節提出說明。

第五節　別同異與歸納法

西洋哲學要到十七世紀初葉，培根 (F. Bacon, 1561～1626) 的《新工具》(*Novum Organum*) 一書才開始提出科學歸納法的理論，來和亞里斯多德的《工具》(*Organon*) 倡導的演繹法相抗衡。十九世紀英國經驗論巨擘穆勒，更在因果律的基礎之上創立了五種歸納方法 (induction)，也就是聞名的穆勒方法 (Mill's methods)，在一般邏輯書或科學方法論中都有介紹。穆勒方法的功用在幫助我們了解事件之間的因果關係。墨子是中國古代的科學家，他做過許多科學實驗，自然發明了歸納法。墨子的歸納法是從「別同異」出發的，這與穆勒方法兩相一致。穆勒的五種歸納法是：⑴求同法 (the method of agreement)；⑵求異法 (the method of difference)；⑶同異聯用法 (the joint method of agreement and difference)；⑷剩餘法 (the method of residues)；(5)共變法 (the method of concomitant variation)。這五種方法都可以在《墨子》書中一一找到例子。不過討論方法本身或提出界定的，則只有求同法、求異法和同異聯用法三種。梁任公的《墨子學案》首先提出這種看法，惟稍嫌簡略。下面我們重新舉例。

一、求同法

穆勒在他的重要著作《邏輯的系統》(*A System of Logic*) 中，提出他的五種歸納方法。首先他討論求同法。有人稱它為合同法或同一法。他說:「假若某一現象發生在兩個或兩個以上的事例之中，而這些事例只有一種情況相同，那麼這一相同的情況，就是該現象的原因或結果。」例如：鐵生鏽，木頭燃燒，動物呼吸，這些事件之間，只有氧化是唯一相同的情況。因此說，氧化是這些現象的共同原因。

《墨經》所立求同法的原則見於:

〈經上〉39 條:「同：異而俱於之一也。」

〈經上〉93 條:「法同，則觀其同。」

〈經說上〉:「法：法取同……。」

以上三條所論都是異中求同的意思。「異而俱於之一」，就是眾異而「一」同。「觀其同」也就是〈經說〉的「取同」。「取」有擇取或選取之義。從這個「取」字就可以看出歸納的意思。把「法取同」和「異而俱於之（此）一」合起來，正與穆勒求同法的意義相符合。我們舉〈兼愛上〉篇來看墨子如何應用求同法作推論。

聖人以治天下為事者也。必知亂之所以自起，焉（才）能治之；不知亂之所自起，則不能治。……當（嘗）察亂何自起？起不相愛。

臣子之不孝君父，所謂亂也。

⑴子自愛，不愛父，故虧父而自利。

⑵弟自愛，不愛兄，故虧兄而自利。

⑶臣自愛，不愛君，故虧君而自利。

此所謂亂也。

雖父之不慈子，兄之不慈弟，君之不慈臣，此亦天下之所謂亂也。

⑷父自愛也，不愛子，故虧子而自利。

⑸兄自愛也，不愛弟，故虧弟而自利。

⑹君自愛也，不愛臣，故虧臣而自利。

是何也？皆起不相愛。

雖至天下之為盜賊者亦然。

⑺盜愛其室，不愛異室，故竊異室以利其室。

⑻賊愛其身，不愛人身，故賊人身以利其身。

此何也？皆起不相愛。

雖至大夫之相亂家，諸侯之相攻國者亦然。

⑼大夫各愛其家，不愛異家，故亂異家以利其家。

⑽諸侯各愛其國，不愛異國，故攻異國以利其國。

天下之亂物，具此而已矣。

察此何自起？皆起不相愛。

以上這段文字，墨子先提出他歸納的結果，再一一列舉歸納來的事例，最後再重複提出歸納的結論，即天下亂物的原因為「不相愛」。

「亂」這種現象出現在⑴到⑽這些不同的事例之中，這些不同的事例就是〈經上〉39 條說的「異」。而這些事例只有一個共同的情況，就是「不相愛」,「不相愛」這個唯一共同的情況，也就是〈經上〉39 條說的「俱於之（此）一」。事物的本質就是類的標準，也就是「法」。因此「法同」就是標準相同。「法同」的各種事物可歸成一類。⑴到⑽就是「法同」的各種事例。「法同，則觀其同」，「其」指的就是這些不同的事例，「觀其同」，就是統合這些不同事例（亂物），觀察或尋找其共同點：「不相愛」。這個共同點：「不相愛」，就是亂物的原因。所以墨子下結論說：「天下之亂物，皆起不相愛。」

二、求異法

穆勒的求異法，或稱為差異法，或稱為差別法，或稱為別異法。這與求同法剛好相反。穆氏說：「假如有一個現象在某一事例出現，在另一事例不出現，而這兩個事例除了一個情況不同之外（即有一個情況見於某一事例，不見於另一事例），其餘的情況都相同。那麼，這個唯一不同的情況，是該現象的原因或結果，或原因之不可少的部分。」

物理學家用實驗證明空氣是傳聲的媒介。這一實驗所依據的原理就是求異法。他們把一座鐘放在一個玻璃盒裏，盒外可以聽到鐘擺的聲音；再抽去玻璃盒裏的空氣，則盒外只看見鐘擺搖動，聽不到鐘擺的聲音。前一事例中包含：鐘、玻璃盒、空氣。後一事例中包含：鐘、玻璃盒，但無空氣。前後兩個事例之間唯一不同的情況是空氣。前者有空氣，可聽到鐘擺聲；後者無空氣，聽不到鐘擺聲。由此可見空氣是可聽到鐘聲的原因。換句話說，空氣是傳聲的媒介。

《墨經》規定求異法的原則是：

> 〈經上〉94 條：「法異，則觀其宜。」
>
> 〈經說上〉：「取此擇彼，問故觀宜。以人之有黑者，有不黑者也，止黑人；與以有愛於人，有不愛於人，止愛人：是孰宜?」

所謂「法異」是標準不同。標準不同的事物（異類）其本質不同。像〈經說〉舉的例子：黑人和不黑人；愛於人和不愛於人。兩兩本質不同，是「法異」。所謂「取此擇彼，問故觀宜」，就是對本質不同的事物，比較其差異，或「取此」，或「擇彼」，要問明擇取的原因，並觀察其宜不宜。以「止黑人」為例，〈貴義〉篇有段文字說：「子墨子北之齊，遇日者（占卦擇日者），日者曰：『帝以今日殺黑龍於北方，而先生色黑，不可以北。』墨子不聽，遂北，至淄水，不遂而反焉。日者曰：『我謂先生不可以北。』子墨子曰：『南之人不得北，北之人不得南，其色有黑有白者，何故皆不遂?』」在這個事例中，色黑者不得北，色白者也不得北。日者只有擇取「色黑」作為「不可以北」的原因是「不宜」的。因為「色黑」並非「不可以北」的真正原因。日者的錯誤就在不能分別同異。因此，「法異」就要「取此擇彼，問故觀宜」，也就是要在不同的事物之中，分別同異，作適當的選擇或歸納。這與穆勒的求異法，在兩個事例中擇取那唯一不同的情況，正好相類。

《墨子》書中也有應用求異法的例子。例如〈非命中〉說：

> 昔者桀之所亂，湯治之。紂之所亂，武王治之。此世不渝而民不改，上變政而民易教。其在湯武則治。其在桀紂則亂。安危治亂，在上之發政也。

這段文字有兩個事例。上（湯武）發政（奮發為政），則安治；上（桀紂）不發政，則不安治。世事、人民是兩者相同的，「發政」則是兩者唯一的不同點（法異）。因此，墨子認為「上之發政」才是安治的原因。整個思考過程是經過觀察、比較、判斷、選擇。也就是「取此擇彼，問故觀宜」。

三、同異聯用法

穆勒的同異聯用法，又稱為正負合併法。它的原則是：「某一現象發生在一組事例之中，這些事例只有一個因素相同。另外的一組事例，該現象不發生，但這組事例除了『沒有該因素』一點相同外，再沒有其他共同點。那麼這兩組事例唯一不同的因素（一同有，一同無），就是該現象的原因或結果，或原因不可少的部分。」

「同異聯用法」是「求同法」和「求異法」的聯合使用。這兩種方法的聯合使用，可使結論的蓋然程度 (degree of probability) 提高。這種方法比較適用於研究大量的現象。例如我們把已婚的男女分成快樂和不快樂兩組。如果快樂的夫妻除了快樂之外，只有一種條件相同：性情相投。而所有不快樂的夫妻缺少該種條件。那麼兩組相異的條件（性情相投）就是婚姻快樂的原因，或婚姻快樂不可少的條件。

同異聯用法，在《墨經》則稱為「同異交得法」。它的規則是：

同異交得，放有無。(〈經上〉88 條)

「放」，〈法儀〉篇作「放依」❿。放依二字同義，就是依據。「放有無」，是依據或有某因素，或無某因素。交互比驗現象變化的同異，以尋得現象的原因或結果，是依據有無先前的因素而定。有因必有果；無因必無果。所以說：「有之必然；無之必不然。」(〈經說上〉1 條) 這就是「同異交得，放有無。」假設有甲乙兩組事例，某一因素為甲組各事例所「同有」，而為乙組各事例所「同無」，那麼這兩組唯一不同的 (一有一無)「某一因素」，就是某現象的原因或結果。依此解說，「同異交得，放有無」與穆勒的「同異聯用法」極相符合。

我們舉〈非樂上〉一則同異交得的例子來看，就更明白：

甲組事例：

⑴王公大人說樂而聽之，即必不能早朝晏退，聽獄治政，是故國家亂而社稷危矣。

⑵士君子說樂而聽之，即必不能竭股肱之力……以實倉廩府庫，是故倉廩府庫不實。

⑶農夫說樂而聽之，即必不能早出暮入，耕稼樹藝……是故叔粟不足。

---

❿ 〈法儀〉：「百工為方以矩，為圓以規，直以繩，正以縣，平以水。無巧工不巧工，皆以五者為法。巧者能中之，不巧者雖不能中，放依以從事，猶逾己。故曰百工從事皆有法度。」

⑷婦人說樂而聽之，即必不能夙興夜寐，紡績織絍……是故布縿不興。

乙組事例：

⑴王公大人早朝晏退，聽獄治政，此其分事也。

⑵士君子竭股肱之力，亶（盡）其思慮之智……以實倉廩府庫，此其分事也。

⑶農夫早出暮入，耕稼樹藝，多聚叔粟，此其分事也。

⑷婦人夙興夜寐，紡績織絍，多治麻絲葛緒，綑（織）布縿，此其分事也。

歸納以上來看，「說（悅）樂」這一情況是甲組各事例所同有；而為乙組各事例所同無。

依據有無，比較兩組事例現象的同異，因而求得「說樂」是廢事的原因。所以墨子說：「為樂非也。」

有人說墨家推求因果方式，「其觀察僅由於經驗，非由於實驗。」⓫這一認定是錯誤的。我們在前面說過：「墨子是中國古代的科學家，他做過許多科學的實驗，自然發明了歸納法。」這從《墨經》所載有關力學、光學的實驗成果，便足以證明。這裏且舉一條有關光學的〈經〉文為例：

〈經下〉21條：「景之大小，說在斜正遠近。」

〈經說下〉：「景：木斜，景短大。木正，景長小。光小於木，則景大於木。非獨小也。遠近。」（從孫詒讓、畢沅校）

⓫ 黃建中，〈墨家哲學及其名理〉，《師大學報》（臺北，1959），4期，頁17。

這條〈經〉文指出光源和成影大小的關係。木斜，影短而大。木正，影長而小。木的斜正是因，影的長短大小是果。光源小於木，則其影大於木。反之，光源大於木，則其影小於木。不只大小如此，光源的遠近亦然。光源離木愈遠，則其影愈大；愈近，則其影愈小。光源的大小、遠近是因，其影的大小是果。本條〈經〉文正是科學實驗的紀錄，同時也是「共變法」的實例說明。

共變法，又稱為同變法。依穆勒的解說：「若有某一現象發生變化時，另一現象也跟隨它遞變，則某現象必為另一現象的原因或結果。或兩種現象之間，必有間接的因果關係。」拿這個規則與本條〈經〉文相對照，兩相符合，不言可喻。

這一節我們指出，墨子從科學的實驗中，自然發明了歸納法。他的歸納法是建立在「別同異」的基礎之上，這與穆勒方法相一致。墨子只討論求同法、求異法和同異交得法，如與現代的科學方法相比較，他的歸納法顯得質樸不完全。但遠在培根、穆勒兩千幾百年之前，墨子已提出這種科學方法，我們實在佩服他那驚人的創造力，真是難能可貴！

第六節　名實原理（語意學、語言哲學）

二十世紀西方哲學界興起了兩門新的學科：其一是語意學；另一是語言哲學 (philosophy of language)。

語意學，是專門分析語言（符號）與其所指稱事物之間的關係。語言哲學，則是對日常語言與抽象語言，作有系統的哲學和邏輯研究的學問。

十七世紀中葉，也就是笛卡爾 (R. Descartes, 1596～1650) 之後，

知識論被公認為是西方哲學的基礎。然而，到了十九世紀末期，被稱為「第一位現代哲學家」⓬的弗列格 (G. Frege, 1848～1925)，他拒絕笛卡爾的觀點，認為邏輯和意義理論才是所有哲學的起點。假如不把邏輯和語言的意義弄清楚，就不能把別的任何思想弄清楚。因此，自弗列格以來，許多哲學家認定：語言哲學才真正是哲學的基礎。

雖然，語言哲學創立得很晚，但是，自弗列格之後，這門學問很快就已發展成為當代哲學上的顯學。

人類研究語文的意義，也許與語文的歷史同樣久長。但是，嚴格的說，具有現代觀念的語意學，則與一個學派和一位數理邏輯專家最有關聯。那就是維也納學派 (Vienna circle) 和塔斯基 (A. Tarski, 1901～1983)⓭。1930 年，維也納學派高唱邏輯實證論 (logical positivism)，為語意學奠下了學術基礎⓮。而塔氏在二次世界大戰期間，將語意學引進美國。他的學說不但促使邏輯實證論轉向語意學，也成為今日語意學的重要理論。

學者不斷的努力，有的把語意學研究帶出哲學的門限，進入比

⓬ 譚美 (M. Dummett) 著 "Gottlob Frege" 條，*The Encyclopaedia of Philosophy*, 1967。

⓭ 塔斯基是華沙學派的學者。他的〈語意學上真的概念〉、〈科學語意學的基礎〉二文，為語意學奠下了基礎。前文由胡秋原先生譯成中文，收入《邏輯實證論與語意學》一書。塔氏另一本名著：《邏輯概論》(*Introduction to Logic and to the Methodology of Deductive Sciences*)，有九種語文譯本。1966 年，臺灣商務印書館出版吳定遠的中譯本。

⓮ 邏輯實證論對現代語意學有多項重要的貢獻，如：解開文字魔術的謎；指出文字的工具性；分析語言的要素；分別語言的功能；提出語言的可檢真性等等。

較實際的範圍。有的將語意學推廣到社會學、心理學等行為科學的領域。柯布斯基 (A. Korzybsky, 1879～1950) 和他的學生早川 (S. I. Hayakawa, 1906～1992) 倡導的「一般語意學」(general semantics)⑮，更拓展到人們的思想和言行上。今日語意學的研究成果，已可幫助各種學科澄清其思想，而且有其社會化、大眾化的功能。

語意學和語言哲學的交點在語意問題，墨子用心「察名實之理」(〈小取〉)，探討的正是語意問題。在這裏，「名實之理」涉及語意學，也涉及語言哲學。因此我們應用現代語意學和語言哲學的知識，來比較墨子的名實理論，更可看清他的名實原理。

一、通意後對

語意學家認為，人世間的糾紛、衝突往往起因於語言。不良的溝通，不是說者有毛病，就是聽者有毛病，不然就是兩者都有毛病。其中的問題就出在語言的意義之上。

墨子很早就注意到語意問題。他認為聽話的人要能聽懂說話者的意思（「循所聞而得其意」），才叫「耳聰」；說話的人要能把意思表達清楚（「執所言而意得見」），才叫「口利」⑯。人們在討論或溝通之前，必先弄懂對方的意思，才提出自己的意見或思想。所以他在〈經下〉40 條說：

⑮ 早川 (S. I. Hayakawa) 著，柳之元譯，《語言與人生》(*Language in Thought and Action*)（臺北：文史哲出版社，1989）。這是一本「一般語意學」的名著，深入淺出，著、譯俱佳。

⑯ 「聞：耳之聰也。」「循所聞而得其意，心之察也。」「言：口之利也。」「執所言而意得見，心之辯也。」以上四段原皆為〈經〉文而無說，張純一、譚戒甫以為「循所聞……」是「聞：耳之聰也。」的〈說〉文；「執所言……」是「言：口之利也。」的〈說〉文。

通意後對，說在不知其誰謂也。

「說在」，意思為「理由是」。這條〈經〉是說，了解對方的意思（語意）之後才回答，理由是當你不知道對方說的是什麼，你無從應對。這一觀點，十八世紀英國經驗派哲學家巴克萊 (G. Berkeley, 1685～1753) 在他的名著《人類知識原理》首章說：「我只希望人們在說話和釐定語辭的意義之前，好好思考一番。」又說：「我的重要工作就是除去語辭上的雲霧或面紗。」二十世紀影響羅素的英國哲學家莫爾 (G. E. Moore, 1873～1958) 也有類似的看法，他認為哲學不可脫離語言的日常意義，並且主張對哲學的語詞及語句要作詳細的分析，切不可在意義未釐清之前就冒然思考⓱。巴克萊和莫爾強調說話或思考之前要把意義先弄清楚的說法，簡直是墨子所說「通意後對」的現代詮釋。

一般語意學或通俗語意學家早川博士，他要人們熟背一些「外向觀點的規則」⓲，如：

⑴一張地圖並不就是它所代表的地域；言辭並不就是物件。

⑵言辭的意義不在言辭中，而在我們的腦筋裏。

⑶認清指示和說明之間的差別。

⑷小心定義，它是用言辭解釋言辭。如果可能，思想時盡力設法用實例而不用定義。（即〈經說下〉52 條的「以實示

⓱ Norman Malcolm, Moore and Ordinary Language, in: Richard Rorty (ed.), *The Linguistic Turn, Recent Essays in Philosophical Method* (Chicago: University of Chicago Press, 1967), pp. 111～124.

⓲ 同⓯，頁 224～227。

人」)

(5)用數字和日期來提醒自己，沒有一個字能有兩次意思完全相同的。(這與〈經下〉52 條的說法相當。52 條意思是，堯的義，今天有聲名而事實發生在古代。時代不同，當時所謂義，和今天所謂義的意思不完全相同。)

母牛$_1$不是母牛$_2$，母牛$_2$不是母牛$_3$……

史密斯在 1949 年不是史密斯在 1950 年，史密斯 1950 年不是史密斯 1951 年。

早川請讀者至少要記住這一條：

母牛$_1$不是母牛$_2$，母牛$_2$不是母牛$_3$。

這是最簡單、最普通的一條外向觀點規則。「母牛」這名詞給我們內向的說明性和感動性的含義；它使我們記得這隻「母牛」和別的「母牛」相同的地方(共相或類名)。但是那數字卻提醒我們，這一隻母牛是不同的(自相或個物)；它提醒我們，「母牛」這字(概念)並沒有把這事件各方面都說出來，它提醒我們，在抽象的過程中，許多特質都被略去了；它使我們不致把名詞(概念)和物件當作一樣東西，換句話說，使我們不致把抽象的「母牛」(概念)當作外向的母牛(物件)。

早川博士以上這段話有三個重點：1.共相與自相的不同；2.概念的抽象性；3.名詞(概念)不是物件。這三點墨子都有清楚的討論。且看他的說法：

〈小取〉篇說：「以名舉實」。〈經上〉31 條說：「舉：擬實也。」

「擬實」，是模擬或摹寫存在的事物，也就是事物的抽象化。〈經說〉解釋為：「舉：告以文名，舉彼實也。」這是說，用「文名」去模擬或摹寫對象事物。可見「名」是對象事物的概念。〈經說上〉32 條就有：「名若畫虎也」。意思是，名就像描畫虎這種動物的形狀而得「虎」名。這正說明「名」就是概念。〈經說上〉78 條有：「聲出口俱有名。」這是概念的語言化。〈經說上〉80 條有：「所以謂，名也；所謂，實也。」這說明名與實的關係。「以名舉實」，用現代語意學來說，就是用符號（名，概念）去指謂它所代表的事物。墨子的理論，名與實之不同，朗若日月，正如早川博士說的「使我們不致把名詞和物件當作一樣東西。」

概念是事物特性的抽象化。既然是抽象，只是抽選事物性質的一部分，遺棄其他部分，但被抽選的部分有其代表性或可識別性。〈經下〉8 條說：「偏去，莫加少，說在故。」正說明這個道理。「偏去」是從總體中去其一部分，「莫加少」即無增減。「說在故」的「故」，就是「辭以故生」的「故」（〈大取〉），也就是「所得而後成」的「故」（〈經上〉1 條）。換句話說，這個「故」是指事物的本質屬性。〈經〉意是說，從總體中去掉一部分的性質，對原物的認識並無增減，理由是事物的本質屬性仍在。所以〈經說〉解釋為「俱一無變」。這條〈經〉意，豈不是早川博士說的「在抽象的過程中，許多特質都被略去了。」

自相與共相的分別，《墨經》有很明確的說明。〈經下〉13 條說：「區物一體也。說在俱一惟是。」「俱一」即共相，也就是「一體」；「惟是」即自相，也就是「區物」。〈經〉意是說，不同之物可以合為一體的類。因為或依共相或依自相的差別。〈經說〉解釋「俱一」像牛馬俱屬於「四足」這一類（共相），「惟是」則獨指牛或馬

（自相）。數牛數馬，則牛馬二，是「區物」，是自相；數牛馬，則牛馬一，是「一體」，是共相。又拿「數指」作比，手指頭有五個，是「區物」，是自相，五指合為一手，是「一體」，是共相。再看下面這條〈經〉文：

〈經下〉64 條：「一法者之相與也盡類，若方之相合也。說在方。」

〈經說下〉：「一：方盡類，俱有法而異。或木或石，不害其方之相合也。盡類猶方也，物俱然。」

〈經〉意是，標準相同（一法）的事物都是同類。就像方的東西都歸方類。因為方是它們共同的標準。

〈經說〉解釋為，凡是有方的屬性都歸方類（共相），方類之中，所有東西方的標準都相同（俱有法），但彼此之間仍有差異。或方木，或方石，其質雖異，並不妨害同屬於方類。以方為例，所有事物的歸類都是如此。

這條〈經〉文，拿方類說明一切類概念的共相和自相的不同。方木、方石同有方這個共相，木、石則是類分子的自相。這就是早川博士說的「『母牛』這名詞給我們內向的說明性和感動性的含義（概念）；它使我們記得這隻『母牛』和別的『母牛』相同的地方（共相）。但是那數字卻提醒我們，這一隻母牛是不同的（自相）。」

以上所論，可知語意並非很容易明白，所以「通意後對」是一條語意理論的重要原則。不遵守這條原則而討論，不但會引起不必要的糾紛或衝突，更是浪費生命的行為。

二、名謂與意義

號稱「現代最偉大的邏輯家」⓳、「語言哲學之父」⓴的弗列格，1892 年發表〈論意義與指稱〉(*Über Sinn und Bedeutung*) 一文。這篇著名的學說，對二十世紀意義理論的開展產生過重大的影響力。這篇學說的基本內容㉑，與墨子的名謂理論有不少雷同之處。

弗列格認為一個對象（事物）總有它的名稱。對象的名稱叫專名。專名所指的那個東西或人物，叫做該專名的稱目 (referent)。例如，漢朝那個開國的皇帝便是「劉邦」這個專名的稱目。專名除了有稱目之外，還具有意義或意涵。一個專名之所以能夠指稱它的對象（稱目），就是因為具有這個對象的意義。專名、意義和稱目三者之間的正常關聯是，每一個專名，有一個確定的意義和它對應，而每一個專名的意義，也有一個確定的稱目和它對應。我們拿專名表示其意義，並拿它去代表或指稱其稱目（事物）。

弗列格使用「指稱」(bedeutung，英譯一般作 reference）這個字有三種意義：⑴指一個字與其所代表的東西（或人物）之間的關係；⑵指這一字代表某一特定東西這一事實；⑶指這一字所代表的東西本身。

⓳ 美國加州大學邏輯教授丘崎 (A. Church, 1903～) 著 Logic 條，1956 年版《大英百科全書》。

⓴ 牛津大學哲學教授譚美著 *Frege: Philosophy of Language* (New York: Harper & Row, 1973), p. 683.

㉑ 弗列格用德文發表，現有兩種英譯，布拉克 (M. Black) 譯為 "On Sense and Reference"，菲格 (H. Feigl) 譯為 "On Sense and Nominatum"。本文介紹的部分，參見劉福增，〈弗列格論意思與稱指〉，《語言哲學》（臺北：東大圖書公司，1981）。

有人把弗列格的語意學說歸入三大意義理論類型中的指涉論(referential) 是很適當的㉒。指涉論把專名作為意義的基本單位。一個詞有意義就在於它能命名，指涉一個不同於詞自身以外的東西。羅素就說:「凡字皆有意義，簡單的說它們是代表它們以外的某事物的符號。」㉓指涉論者都主張，一個詞（符號）具有意義是來自它所指涉的東西（對象)。指出一個詞的意義就是：要麼說出它的指涉對象；要麼說出詞與其指涉對象的關係。弗列格強調一個語詞有其稱目（對象）也有其意義，正是這個意思。

接著我們來看墨子的說法。墨子給「名」和「實」的定義是「所以謂，名也；所謂，實也。」(〈經說上〉80 條)〈經說上〉78 條載「聲出口俱有名」，32 條載「名若畫虎也」，可見「名」是語言和文字。「實」是客觀存在的事物。「所以謂，名也」，是說「名」是用來稱謂存在事物（實）的語文符號。換句話說，「名」是事物（實）的名稱（符號)。「所謂，實也」，是說存在事物（實）是被稱謂的對象。也就是說，事物（實）是名稱的對象。〈經說下〉4 條載：「有其實也，而後謂之；無其實也，則無謂也。」這句話已表示了弗列格所說的「一個對象（實）總有它的名稱」。「所以謂，名也；所謂，實也」，這句話也表示了指涉論所說的「一個詞有意義就在於它能命名，指涉一個不同於詞自身的東西」，以及羅素所說字（名）的意義

㉒ 有人把近、現代哲學家的意義理論分為三種類型。即：指涉論（指示論)、意念論（觀念論）和行為論（刺激反應論)。見 W. P. Alston 著，何秀煌譯，《語言哲學》(臺北：三民書局，1967)，第一章；涂紀亮，〈意義理論的興起和發展〉，《現代外國哲學》，第 5 期（人民出版社，1984)。

㉓ B. Russell, *Principles of Mathematics* (London, 1903), p. 47.

是「代表事物的符號」。可見墨子認為語文（名）能給事物（實）命名，指涉事物，也是代表事物的符號。

弗列格主張專名有稱目有意義之外，他認為述詞 (predicate) 和語句 (sentence) 也是如此。墨子在〈經上〉78 條把名分為達名、類名、私名三種。「物」，是達名，達名是萬物的通名，要綜括多種物質之後才有的名稱，所以說「必待文多也命之」。像「馬」是類名，類名是同類事物的共名，凡有馬類的性徵的事物必用「馬」這個名去稱呼它，所以說「若實也者，必以是名也命之」。這句話豈不是弗列格所說的「一個專名之所以能夠指稱它的對象（事物），就是因為具有這個對象的意義（性徵）。」像「臧」是私名，私名就是一物一人的專名，臧是古代僕人的名，此名是此人的專有，他人不能用，所以說「是名也，止於是實也。」㉔除了名之外，墨子也談到語句（辭），他說「以辭抒意」(〈小取〉)，這類似弗列格說的「語句所表達的思想是語句的意義」㉕。

弗列格的「指稱」，墨子叫做「謂」。「指稱」有三種意義，「謂」也有三種意義。二者極為類似。

〈經上〉79 條：「謂：命、舉、加。」

〈經說上〉：「謂：狗、犬，命也。狗，犬，舉也。叱狗，加

㉔ 〈經上〉78 條：「名：達、類、私。」
〈經說上〉：「名：物，達也，有實必待文多也命之。馬，類也，若實也者，必以是名也命之。臧，私也，是名也，止於是實也。聲出口俱有名，若姓宇麗。」

㉕ 見劉福增，《語言哲學》，頁 10；張全新，《邏輯哲學引論》(濟南：山東教育出版社，1989)，頁 163。

也。」

〈經〉指出「謂」的三義為：一是命謂；二是舉謂；三是加謂。〈說〉則依次舉例。「狗、犬，命也。」是說用「狗、犬」這種字（符號）來稱呼狗這種動物，「狗、犬」是我們所命的名。這種以名命實的方式就是「命謂」。命謂的以名命實，正是指涉論主張的「一個詞有意義在於它能命名，指涉一個不同於詞自身以外的東西（實）。」命謂的以名命實可以說出指涉的對象，這是「名」的第一種意義。

「狗，犬，舉也。」〈經上〉31 條給「舉」的定義是「擬實也」。〈經說〉解作「告以文名，舉彼實也。」可見「舉謂」就是「以名舉實」、「以名擬實」。前面考察過，「名」是語文，「實」是客觀存在的事物。「舉」就是「擬」。擬即《周易・繫辭》所說「擬諸形容，象其物宜」的「擬」，意即抽象㉖。「以名擬實」即用名模擬實（事物）相，也就是用名對事物作抽象。換句話說，名就是實的抽象、就是實的概念。這從「名，若畫虎」（〈經說上〉32 條）來看就更明白。此句的意思是，名就像描畫虎這種動物的形狀或性徵（實）而得「虎」字，而「虎」字就作為虎這種動物的「名」。可見「虎」名就是虎實的抽象概念，表示虎實的性徵。同樣，「狗」名「犬」名就是狗實的抽象概念，表示狗實的性徵。可見墨子說的「名」，是對象（實）的概念，同時又是語詞（符號）。而「實」就是概念相應的對象，也是語詞（符號）所代表的事物。因此，「舉謂」的「以名舉實」，就是用名（概念）去表示它所指謂的事物的性徵。這是「名」的第二義。「舉謂」指的名實關係，正是弗列格論「指稱」的第一種

㉖　陳孟麟先生解「擬實」的擬為抽象，正合我心。見《墨辯邏輯學》，頁19。

意義，即「指一個字（名）與其所代表的東西或人物（實）之間的關係。」「以名舉實」的名是概念，實是對象。概念與對象之間有其固定的相應關係，像「虎」名代表虎實。就此來說，「舉謂」含有弗列格「指稱」第二義所說的「指這一字代表某一特定東西這一事實。」另外，從「以名擬實」和「名若畫虎」了解名的具體意義是由實而來。這也就是指涉論所主張的「一個詞（名）具有意義是來自它指涉的東西（實）。」簡單說，意義就是指涉，指涉就是意義。

「叱狗，加也。」這是說，有狗在旁，對著牠大聲呼叫「狗」，意思在把牠趕開。可見「加謂」是以名加實。這是「名」的第三種意義。「加謂」，類似牛津哲學家奧斯丁 (J. L. Austin, 1911～1960) 的「做言」(performative)。做言是指履行某種行動的講話。也就是在說什麼我們就在做什麼。㉗

「謂」分做命謂、舉謂、加謂三種，這是墨子論「名」的應用範圍。命謂的以名命實，舉謂的以名擬實，加謂的以名加實，這是墨子論「名」的意義。他的學說大抵與現代意義理論的基本思想類同。如蕭勒士 (R. H. Thouless) 在他的《如何使思想正確》(*How to Tink Straight*) 第一章說：「當我們在說話或寫作時，使用某一個字，最明顯的目的乃是指出某些事物，或說明某種關係，或表明某些性質。這就是該字的『意義』。」㉘命謂就在「指出事物」，舉謂就在「說明關係，表明性質」。至於加謂，一般語意學家則很少論及。

《墨經》所論名謂和意義，還有以下幾點值得注意：

一種是「異名同實」。「狗」與「犬」是異名，卻同指一實。所

㉗ 見劉福增，〈奥斯丁論敘言與做言〉，《語言哲學》，頁 107～115。

㉘ 蕭勒士著，林炳錚譯，《如何使思想正確》（臺北：協志工業叢書，1973，9 版）。

謂「二名一實，重同也。」（〈經說上〉86 條）〈經下〉53 條說：「狗，犬也。而殺狗非殺犬也？說在重。」注家大多誤釋或增字為訓，不足取。這句「而殺狗非殺犬也（耶）?」是設辭疑問，非肯定判斷，所以才有「說在重」作結。「重」是重同。因此〈經說〉才作正面解釋為「狗，犬也。謂之殺犬，可，若兩膍。」李漁叔教授說得最好，他說：「若兩膍者，乃借喻明之，亦全條大旨所在。膍當與瘣（木腫旁出處）同，此言如木上之兩瘣，仍是一實，正如狗與犬然，亦是二名一實，皆所謂重同也。」㉙〈經下〉39 條就說得很明確，原文是「知狗而自謂不知犬，過（錯）也，說在重。」異名同實，就是弗列格說的「對每一所予稱目（事物）並不是只有單一個專名和它對應。」㉚這就是語意學說的同義語。

另一種是「同名異實」。即一個字（名）含有幾種意義。〈經說下〉3 條舉例說：「為麗不必麗，為暴不必暴。為非以人，是不為非，若為夫以勇不為夫。」上一麗字為附麗，下一麗字為美麗，所以說附麗未必美麗。上一暴字，惡也，下一暴字，暴露也，所以說為惡未必暴露出來。被迫（以人）「為非」和自覺「為非」是不同的。以勇敢被稱為「夫」，那就不是夫婦的「夫」。這些同名異實就是語意學所稱的歧義 (ambiguity)。語意學家認為歧義是溝通失敗的一個主因。

還有一種是「有名無實」。語意學家認為有些語詞是只有意義（事物性徵），而無實物。像「天使」、「美人魚」、「孫悟空」等便是。〈經下〉38 條就是討論這一問題。原文說：「所知而弗能指，說在春也、逃臣、狗犬、遺者。」「所知而弗能指」，是說知道名的意義

㉙ 李漁叔，《墨辯新注》，頁 195。

㉚ 劉福增，《語言哲學》，頁 6。

但不能指出該名代表的對象事物。〈經說〉給例子的解釋為「春也，其勢固不可指也。逃臣，不知其處。狗犬，不知其名。遺者，巧弗能兩也。」「遺者」是丟掉的東西，「巧弗能兩」是說再巧的人也不能做出完全相同的兩樣東西來（〈經說上〉87條：「二必異，二也。」），因此遺者是「弗能指」的。這是「遺者，巧弗能兩也」的意思。另外〈經下〉48條說：「無不必待有，說在所謂。」所以謂是名，所謂是實（〈經說上〉80條），實就是名指稱的對象。無「實」有兩種，一種是原來有的（存在），後來消失了，像焉鳥；另一種是本來就不存在的東西，像「天陷」。所以〈經說〉解釋為：「無：若無焉，則有之而後無；無天陷，則無之而無。」弗列格的意義和指稱理論也提出有名無實的命題。他說：「一個詞組（專名、述詞、語句）可具有意義，但缺少稱目。」㉛

無實的名，可具有意義，像「天陷」的意義是由「天」和「陷」二者的意義合成的；「美人魚」的意義是由「美人」和「魚」二者的意義合成的。這是人類舊經驗的推廣。「名」固然要有「實」可指，不然說的往往是一些空話。不過弔詭的是，無實的「名」，卻是想像力的泉源，尤其表現在文學藝術所用的詞句，像「境界」、「氣韻生動」等；而且無實的「名」也往往是創造性思想的動力，尤其哲學、科學所用的語詞。像哲學用的「本質」、「道」、「美」、「價值」等抽象名詞。科學用的「飛機」、「飛碟」、「以太」等名詞都是先有名而後創造出實來的。「無不必待有」，這是墨子肯定無實也可以有「名」的命題。從發揮人類的想像力和創造力來看，墨子這一觀念實在精彩而重要，因為那是人類文化、文明的一條主要的源頭活水。

再有一種是名謂的「約定俗成」。語意學家通常認為符號的意義

㉛　同㉚，頁12。

是約定俗成的 (conventional)。賀斯波 (J. Hospers) 說:「在一個人或一群人決定使用一個符號代表那個東西之後，其他的人也決定照樣做，於是應用日廣。也就是說，這些符號是由大家約定俗成而加以採納的。」㉜拉比 (L. Ruby) 教授也說:「像字這樣的符號是依約定來指稱某一指涉項的。必須有人們的決定才能建立符號的意義，而這類的決定是任意的……。名稱是起源於人們約定的結果。」㉝他們所說的正是〈經下〉71 條的意思。原文是「唯吾謂非名也，則不可，說在反。」「唯」是回應的辭，是人的應允。〈經〉意是說，堅持我的稱謂，如果不是正名（名符實），則將不被人所認可，因為相反的情形一樣，別人的稱謂不是正名，那麼我也不贊同。像我把鶴稱為非鶴，別人也可把非鶴稱為鶴，那就沒有公認的意義了。所以這條〈經說〉解釋為「謂者，唯乎其謂」㉞和「彼若不唯其謂，則不行也。」前句是指，一切稱謂必須得到人們的認許；後句是指，一切稱謂如果不得人們的認許，是不能溝通的。（若非正名，則不可。）這是墨子所說稱謂（語意）的「約定俗成」。這一觀念後來被荀子所接受。

三、以名取實

西洋哲學史上，哲學家們大多認為，敘說 (statements) 的唯一任務是在描述事態或敘說事實，因此，它們必須不是真的就是假的。可是這種假定到了二十世紀初葉開始受到質疑。這個質疑是來自意

㉜ J. Hospers, *An Introduction to Philosophical Analysis* (Englewood Cliffs, 1953), p. 2.

㉝ L. Ruby, *Logic, Philadelphia* (1950), p. 20.

㉞ 原文作「謂者毋惟乎其謂」，毋字，應依《墨辯新注》解作發語詞，《墨子》書中此例甚多。

義理論的發展。我們可以從所謂「檢真」(verification) 運動和「語言使用」(use of language) 運動兩個階段來說。這兩個運動被稱為「哲學史上最有益的革命」。很巧這兩個運動的基本主張，在墨子的名實理論之中已有論及，我們正可以作為比較說明。

㈠檢真運動

1921 年，維根斯坦 (L. Wittgenstein, 1889～1951) 在他的《邏輯哲學論說》中道：

> 在哲學著作中看到的大多數命題和問題，並非錯誤的，而是意義空洞的。因此我們不能回答這類問題，而只能指出它們的非意義性。哲學家們的大多數命題和問題都由於不懂語言的邏輯。㉟

維根斯坦對「意義空洞」(nonsense) 的聲稱，震動了整個西方哲學界，尤其大大的影響了維也納學派的邏輯實徵論者。邏輯實徵論的基本命題是：可檢真的 (verifiable) 敘說才有意義 (meaningful)。這是他們著名的「可檢真意義理論」(verifiability theory of meaning) 的要旨。說明白一點，實徵論者要求：一個敘說要有可能用經驗來檢驗為真 (verifiable) 或者檢驗為假 (falsifiable)，才有意義。它的重點不在於已被檢驗出來，而在於「檢證的可能性」這一點上。

維根斯坦的《邏輯哲學論說》和實徵論者一致認定，語言的主

㉟ 見《邏輯哲學論說》。這是維根斯坦生前出版的唯一著作，也是他的成名作。寫於 1913～1918 年，1921 年德文發表於《自然哲學年鑑》，次年德文、英文同時出版，莫爾 (E. G. Moore) 給英譯本取名為：*Tractatus Logico-Philosophicus*。哲學文獻上都採英譯書名。

要目的，是在敘說或報告事實。語言之中真正算數的部分是「認知的意義」(cognitive meaning)。這與墨子的名實理論相當的吻合。這從底下兩條經文可以看出來：

〈經上〉32 條：「言：出舉也。」

〈經說上〉：「言：言也者，諸口能之，出名者也。名若畫虎也。言，謂也。言猶（由）名致也。」

〈經上〉72 條：「說：所以明也。」

「舉」是擬實也（〈經上〉31 條）。也就是以名擬實。語言是口中說出擬實的名（「諸口能出名」）。名代表事物（「名若畫虎」），語言是由名組成的（「言猶名致」）。所以用語言來稱謂（報告）事物（「言，謂也」）。前文說過稱謂有三：即以名命實；以名舉實；以名加實。「說：所以明也。」指語言是用來說明（事物、性質、關係）的。

另外，〈小取〉篇有三句話：「以名舉實，以辭抒意，以說出故。」「以名舉實」，就是用名代表事物。「以辭抒意」，就是用命題表達思想。「以說出故」，就是用論說指明原因或理由（〈經上〉1 條：「故：所得而後成也。」）。

〈經下〉69 條：「聞所不知若所知，則兩知之，說在告。」告，就是報告事實。因有人報告事實，聽者才能從不知轉為知。所以〈經說〉解釋為「夫名，以所明正所不知。」

從以上的引述顯然可以看出，墨子認定語言是用來敘說或報告事實。這種語言是有「認知意義」的。

在墨子的知識論裏，主張名實要相配合（〈經說上〉80 條：「名實耦，合也。」)。又認為論辯勝利的一方，辯辭要「當」，「當」即符合事實（〈經上〉74 條：「辯勝，當也。」)。反之，說「辯無勝，必不當」(〈經下〉34 條)。「不當」即不合事實。不合事實的話，會令人迷惑。所以〈經下〉32 條說：「或（惑），過名也，說在實。」「過名」就是不合事實的話。「說在實」，意即理由在不合事實。〈經說〉解釋為「知是（此）之非此也……過而以為然。」不合事實的話卻認為合乎事實就是「過而以為然」，這樣當然是迷惑。墨子認為不合事實的話就是假話，所以〈經下〉10 條就說：「假必誖（違背），說在不然。」〈小取〉篇也說：「假也者，今不然也。」「不然」就是不合事實。墨子認為合於事實的話就是真話，所以〈經上〉96 條就說：「正：無非。」

「可檢真意義理論」，只要求敘說在經驗上有被檢驗為真或假的可能上，並不要求檢驗已被做出來。而墨子不但主張名實要相配（真），還強調要由檢驗結果來判定真假。〈經下〉47 條說：「知其所不知，說在以名取。」意思是，用「以名取實」的方法，便可判定一個人不知道的地方。「以名取實」是經驗上的檢證，這在〈貴義〉篇有進一步的說明。原文是：「今瞽者（瞎子）曰：皚者白也。黔者黑也。雖明目者，無以易之。兼白黑使瞽取焉，不能知也。非以其名也，以其取也。」這段話指出，瞽者不能分辨黑白，並非他不知黑白的名，而是他不能以名取實。墨子認為，天下之君子，嘴巴都會說仁，卻分不清什麼事是仁，什麼事不是仁，因此說天下君子之所以不知仁，「非以其名也，亦以其取也」。也就是說，他們不能以名取實。瞽者和天下之君子不能以名取實，所以判定他們「不能知」、「不知仁」。換句話說，他們所知非真。

墨子認為著書立說之前要先提出法儀，因此他在〈非命〉篇提出「三表法」，作為檢驗言論真假利害的標準。第一表「上本之於古者聖王之事」，第二表「下原察百姓耳目之實」，這是在古代和現代的經驗上，付之檢驗。至於第三表「發以為刑政，觀其中（合）國家百姓人民之利」，這已付之行為的實踐結果來做檢驗了。墨子一再強調：「言足以遷行者常之，不是以遷行者勿常。不足遷行而常之，是蕩口也。」常之，即可以常說。遷行，即使行為遷於善。把不能改善行為的話常掛在嘴上說，就是蕩口。墨子用「蕩口」來形容無效的言論，真是傳神極了！

西方哲學史，由宇宙論出發，進而到知識論，由知識論進展到現代的實踐論。在宇宙論時期，人們注意的主要是語言與對象的同構。在知識論時期，人們注意到思維如何實現與對象、語言同構的問題。到了實踐論時期，人們已清楚注意到：思維要與對象、語言同構，同時還應與行為同構。所謂同構，是指事物的關係和信息的交流。㊱

維根斯坦的《論說》和邏輯實徵論者，他們只把語言的元素：語詞、語句和命題，當作代表事物，或可為真假的東西來處理，卻忽視說者或聽者的行為或意圖。可見他們注意的只是在語言與對象的同構問題上。

至於墨子的名實理論，則顯然注意思維與對象、語言的同構之外，同時也與行為同構。

㈡語言使用運動

維根斯坦的《論說》和檢真運動都只注意語言元素的真假問題，卻忽視人為的因素。他們的認定，在二次大戰以後受到強烈的挑戰。這個挑戰以語言使用運動最有建設性。說來有趣，其中挑戰最烈的

㊱ 參見張全新，《邏輯哲學引論》。

居然是維根斯坦本人。

1945 年，維氏在他的《哲學探究》中說：「文法上結構相同的句子，實際表達的意義可能完全不同。……同樣的意義可以用不同的文法結構來表示。」㊲「大多數情況，一個語詞的意義就是它在語言中的使用。」㊳後一句話可以約成：「意義即使用」或「使用決定意義」。這句話已說出後期維根斯坦意義說的中心思想。甚至人們認為了解這個句子就是了解他的《哲學探究》。

維氏又說：「語句有數不盡的種類。我們所謂的『符號』、『語詞』、『語句』，有數不盡的不同種類的使用。而這種多樣情形並不是一次就固定了，新類型的語言仍會產生出來，而其他的會被廢棄和遺忘。」㊴

二次大戰之後，有關語言使用的論說，蜂湧而起。他們的觀點固然有差別存在，但有一個共同的認定是：語言的意義和該語言在實際的使用中的情境，以及說者和聽者的行動與意圖，有著密切的關聯。這正是他們強調「使用」的理由。㊵

現在我們來敘述墨子的觀點。

墨子主張「諸聖人所先，效（考）名實」（〈大取〉），「以名取實」（〈經下〉47 條、〈貴義〉），「察名實」（〈非攻下〉、〈小取〉），用三表法辨明「為文學出言談」的「是非利害」（〈非命〉）。這些表示探討語言的意義，必須涉及「說者和聽者的行動或意圖」。《墨經》

㊲ 維根斯坦著，與 G. E. M. Anscombe 和 R. Rhees 合編，《哲學探究》(*Philosophical Investigations*) (Oxford, 1958)。

㊳ 同㊲，43 段。

㊴ 同㊲，23 段。

㊵ 同㉘，頁 112。

有三條說明意義與人的因素有關：

〈經上〉91 條：「循所聞而得其意，心之察也。」

〈經上〉93 條：「執所言而意得見，心之辯也。」

〈經下〉40 條：「通意後對，說在不知其誰謂也。」

「通意後對」，前面第一節已有詳說。這裏我們要點出的是，語言的意義與說者、聽者有其關聯性。91 條涉及聽者與語言意義的關係。「執所言而意得見」，是指說話要能把思想表示清楚。這涉及說者和語言意義的關係。三條合觀，墨子已注意到思維（心之察辯）、語言、對象的同構關係，也論及意義和使用的問題。

〈小取〉篇對語言的使用與意義的關係，有明白的探討。〈小取〉說：「故言多方、殊類、異故。」這與維根斯坦說的「數不盡的語言使用」，「意義即使用」極其類似。〈小取〉篇這段話後面舉出五大類的例子。唐君毅先生在〈墨子小取篇論「辯」辨義〉一文對此有正確的解說。唐先生指出，語言不同的使用，就有不同的意義：

> 吾人之心理上對事物如何取故之分別，亦即同時是：吾人心理上對所用之語言之意義，或重此一方面，或重彼一方面之別（自此而言，亦可謂〈小取〉篇為今日語意學或內包邏輯 Intentional Logic 之前驅）。[41]

〈大取〉篇說：「夫辭以故生」，辭就是判斷或命題。故就是理

[41] 唐君毅，〈墨子小取篇論「辯」辨義〉，《新亞學報》，四卷二期（香港，1960），頁 91。

由或原因。人們對事物做一判斷，必有其根據的理由或原因。所以說「辭以故生」。但事物的性質（故）複雜，事物所以如此的原因（故）也複雜，語言又無法將複雜的性質全部表達，只能選擇代表性的特徵來表示，這就是有「如何取故」的原因。像「人是理性的動物」，這一判斷是取「理性」這個故，我們也可以另外取「會說話」這個故，下判斷說「人是會說話的動物」。而人們在對事物分別取故（特徵）的同時，心理上對所用語言的意義有所決定或有所偏重。也就是說人們在取故的同時就想使用適當的語言表達它的意義。這就是語言的使用決定語言的意義。這正是唐先生這段話的意思。語意學家說，字的意義是人給的，人賦給字什麼意義，字就有什麼意義。早川博士在《語言與人生》說:「言辭的意義不在言辭中，而在我們的腦筋裏。」㊷這正可做唐先生那段話的注解，也正是〈小取〉篇的涵義。我們再舉〈小取〉篇的例子來說明。

⑴白馬，馬也；乘白馬，乘馬也。
獲，人也；愛獲，愛人也。
⑵車，木也；乘車，非乘木也。
船，木也；入船，非入木也。

為什麼乘白馬是乘馬?因為我們乘白馬是依牠是馬這個緣故(理由）才乘牠，同時是因我們在說「乘白馬」時，我們偏重的是「白馬是馬」這個意義，而不是「白馬是白」的意義，所以說「乘白馬，乘馬也」。我們愛獲只因為他是人這個緣故，同時是因我們在說「愛獲」時，我們偏重「獲是人」這個意義，所以說「愛獲，愛人也」。

㊷ 早川著，柳之元譯，《語言與人生》，頁225。

但為何乘車非乘木？入船非入木？因為車船固然是木，但我們乘車入船，乃因為取車船的構形能載人的緣故，不是取木這個緣故，所以說「乘車，非乘木也」，「入船，非入木也」。第一類為「是而然」，第二類為「是而不然」，可是其形式結構是相同的。這是人們取故不同，同時賦給文字的意義不同使然。

又如「問人之病，問人也；惡人之病，非惡人也。」兩句話的邏輯形式完全相同，其中並無「一是一非」可說。然而〈小取〉篇卻說它「一是一非」，這是因為在問人之病時，人們關心的是在人（故）不在病；在惡人之病時，人們厭惡的是在病（故）不在人。因此拿「問人之病」為前提（故或理由），所生的結論（辭）是「問人也」；而拿「惡人之病」為前提（故或理由），所生的結論（辭）是「非惡人也」。這也是人們取故不同，同時賦予文字的意義不同使然。

人們取故或所依的理由（或原因）不同，心理賦給語言的意義有所偏重，因此所生辭的意義也不同。所以外表形式上相類的辭，實際上並非真正相類。這就說明「言多方殊類異故」的道理。「言多方」，猶如維根斯坦說的「數不盡的語言使用」。形式相類的辭，並非真正相類，因為所重意義不同。這也如維根斯坦說的「文法上結構相同的句子，實際表達的意義可能完全不同。」

四、語意分析

哲學家向來注重根本概念的分析。在柏拉圖的《對話錄》裏，蘇格拉底就一再發問：「什麼是公正?」「什麼是知識?」亞里斯多德的大部分著作用心想對「原因」、「善良」、「運動」、「知道」等語詞下一個確當的界說。現代發展成立的英倫分析學派，更以語意分析為其特有的哲學方法論。綜觀《墨子》一書，往往訴之語意分析，來闡揚學說，而〈經〉四篇大部分是概念的界說，或概念的分析。因此，我們認為語意分析是墨子思想中一個重要的方法，也是他名實原理的應用。底下且舉幾個例子說明。

〈經上〉33 條：「且：言然也。」

〈經說〉：「且：自前曰且，自後曰已，方然亦且。」

這一條〈經〉在分析「且」字。梁任公的解釋很對。他說這是論「語法」中過去現在將來的用字。從事前說或從臨事時說，都可用「且」字；但從事後說，則是已然，和且義相反。〈小取〉篇也有一段話分析「且」字的意義。原文是：「且入井，非入井也；止且入井，止入井也。」前一個且，是事前的且；後一個且，是臨事的且，也就是「方然亦且」。

〈經下〉10 條：「物之所以然，與所以知之，與所以使人知之，不必同，說在病。」

〈經說〉：「物，或傷之，然也。見之，知也。告之，使知也。」

〈小取〉篇說：「其然也，有所以然也。其然也同，其所以然不必同。」「其然」是成事的結果；「所以然」是成事的原因。結果相同，原因未必相同。因此說「其然也同，其所以然不必同」。本條〈經〉文在分析成事的原因，即「物之所以然」；知的原因，即「所以知之」；使人知的原因，即「所以使人知之」三者的不同。「說在病」，是說：理由像病的原因很多，成事的原因也很多。〈公孟〉篇就說:「人之所得於病者多方,有得之寒暑,有得之勞苦。」多方,即多因。「物或傷之」,即身體有受傷,指出病的原因。「見之」,即見其病,指出知的原因。「告之」,即告訴病情,指出使人知的原因。這條〈經〉文整個在分析「所以然」(即原因)的多樣性。

底下這條〈經〉在分析「無」字:

〈經下〉48 條:「無不必待有,說在所謂。」

〈經說下〉:「無:若無焉,則有之而後無,無天陷,則無之而無。」

「所謂,實也。」(〈經說上〉80 條)實,就是客觀存在的事物。「無不必待有,說在所謂。」意指:「無」不必等待「有」來對比才說「無」。理由是事實不存在就是「無」。〈說〉舉「無焉」和「無天陷」來說明兩種無。焉鳥本來是有(存在),後來絕種滅亡,所以說「有之而後無」;天本來就無陷(不存在),所以說「無之而無」。因有原本不存在的「無」,所以說「無不必待有」。這種對「無」的界定,含有絕對的意義。

以下我們舉非〈經〉部分語意分析的例子:

㈠「攻」與「誅」的分析

〈非攻下〉說:「好攻伐之君,又飾其說以非子墨子曰:『子以攻伐為不義,非利物與?昔者禹征有苗,湯伐桀,武王伐紂,此皆立為聖王,是何故也(耶)?』子墨子曰:『子未察吾言之類,未明其故者也。彼非所謂攻,所謂誅也。』」

從〈非攻〉篇看，墨子認為「攻伐無罪之國」才是「攻」。至於禹征有苗，湯伐桀，武王伐紂，那是「征伐有罪的暴王」，所以稱「誅」。這是對「攻」和「誅」二字的語意分析。《孟子・梁惠王下》說：「聞誅一夫紂矣，未聞弒君也」，「誅其君而弔其民」。《荀子・議兵》說：「王者有誅而無戰」。二者都承襲墨子的語意界定。

㈡「若之何」的分析

> 〈耕柱〉篇說：「葉公子高問政於仲尼曰：『善為政者若之何?』仲尼對曰：『善為政者，遠者近之，而舊者新之。』子墨子聞之曰：『葉公子高未得其問也，仲尼亦未得其所以對也。葉公子高豈不知善為政者之遠者近之，而舊者新之哉？問所以為之若之何也。不以人之所不知告人，而以所知告之，故葉公子高未得其問也，而仲尼亦未得其所以對也。』」

從「問所以為之若之何也」來看，墨子認為「若之何」是指所以為之而言，用現代話說，就是做事的方法。

㈢「毀」與「告聞」的分析

墨子認為儒者「以天為不明，以鬼為不神」；「厚葬久喪」；「弦歌鼓舞，習為聲樂」；「以命為有」，足以喪天下。程子曰：「甚矣！先生之毀儒也。」子墨子曰：「儒固無此若四政者，而我言之，則是毀也。今儒固有此四政者，而我言之，則非毀也，告聞也。」(〈公孟〉)

無其事而言，是「毀」；有其事而言，是「告聞」。這是墨子對「毀」與「告聞」的語意分析。

第七節　墨子的邏輯

西方學者，還有不少中國學者都認為中華傳統文化之中沒有邏輯這門學問㊸。然而自從沈有鼎的《墨經的邏輯學》㊹，詹劍峰的《墨家的形式邏輯》㊺，劉韜的〈亞氏理則學與墨子辯學之比較研究〉㊻，鐘友聯的《墨家的哲學方法》㊼，以及陳孟麟的《墨辯邏輯學》、《墨辯邏輯學新探》㊽相繼出版以後，學者專家們一致認為墨辯就是邏輯學，雖然它的內容與西方傳統邏輯不完全相同。而且還肯定墨子的辯學與亞里斯多德的邏輯學㊾，印度的因明學，在人類邏輯史上鼎足而立，相互媲美。墨辯邏輯學與亞氏邏輯學一樣，不論在古代或現代，都是邏輯學的寶庫。這已是墨辯專家們的共識。

㊸ 許多學者認為中國文化中沒有邏輯，但他們本身並非真正懂得邏輯。臺灣大學劉福增教授受過邏輯專業訓練，也從事邏輯教學和研究。他著有《語言哲學》一書（臺北：東大圖書公司出版），其中〈中華文明傳統中有沒有邏輯學?〉一文以「沒有系統的研究命題的一般結構和有效的推論形式。」判定《墨辯》不是邏輯學。他講的是狹義邏輯。

㊹ 沈有鼎，《墨經的邏輯學》，1955 年發表於《光明日報》的「哲學研究」副刊；1980 年，北京，中國社會科學出版社出版單行本。

㊺ 詹劍峰，《墨家的形式邏輯》，湖北：人民出版社，1956；1979，2 版。

㊻ 劉韜，〈亞氏理則學與墨子辯學之比較研究〉，《中華文化復興月刊》，四卷，10、11 期（臺北，1971）。

㊼ 鐘友聯，《墨家的哲學方法》，臺北：東大圖書公司，1976。

㊽ 陳孟麟，《墨辯邏輯學》，濟南：齊魯書社，1979 年出版，1983 年修訂本；《墨辯邏輯學新探》，臺北：五南圖書公司，1996。

㊾ 亞里斯多德的邏輯學著作，收在他的論文集《工具》一書中。亞氏把邏輯學稱作「解析學」(analytics)。「邏輯學」一名是亞氏身後才被使用。

《墨子》一書有沒有邏輯學，這是定義廣狹的問題。如果說邏輯學是有系統的研究命題（判斷）的一般結構和有效的推論形式，這是狹義或形式邏輯的定義。在這個定義之下，《墨子》顯得簡略而貧乏。因為墨子只對命題的結構作過分析，卻沒有抽象的提出有效的推論形式。但以長期發展成的學術來衡量古人，則有失公平。

由布魯格等三十多位學家編著的《西洋哲學辭典》「邏輯」條：

> 邏輯普通分為三大部分：概念（其語言符號：字），判斷（其語言符號：語句或命題）及推論。邏輯科學的創始者亞里斯多德，在闡述推論時，也討論了科學及方法。㊿

而《大辭典》對「傳統邏輯」的定義是：

> 也稱亞里斯多德式邏輯。此一邏輯傳統是由希臘哲學家亞里斯多德所開創，經過中世紀的因襲繼承，流傳至今。這種邏輯理論主要集中於主賓命題的考察和分析，以及三段論的大力開發。傳統邏輯往往將思想三律看作是一切推理的基本根據。51

如果拿這兩條定義來審核《墨子》是否有邏輯，那麼答案是明顯的，是肯定的。我們只要看看陳孟麟的《墨辯邏輯學》一書的目錄，便可瞭然。該書共分七章，依次為：一、導言；二、認識論；三、名（概念）；四、辭（判斷）；五、說（推論）；六、思維規律；七、結束語。再看留歐的邏輯教授詹劍峰著《墨家的形式邏輯》一

㊿ 布魯格編著，項退結編譯，《西洋哲學辭典》，頁241。

51 《大辭典》（臺北：三民書局，1985）上冊，頁315。

書的目錄，該書前有弁言，後有結論，中間採取現代邏輯大綱的次第，主要分作六大部分：一、明辯；二、言法；三、立名；四、立辭；五、立說；六、辭過。用現代術語說：第一是邏輯的對象與意義；第二是思維規律；第三是概念論；第四是判斷論；第五是推理論；第六是謬誤論（或詭辯）。

也許有人會問，《墨子》一書講究的邏輯有這般嚴謹嗎？我們的答覆是：它在形式上沒有這樣完整，但實質上它是含有這樣的體系。就像亞里斯多德的《工具》，原來也只是幾篇邏輯的論文，後來經過他的學生整理編排，才成為現在的樣子。今天學者研究《墨子》，如此的整理編排，在學術上是應該的，也是正確的。

墨子分析命題（辭）的結構，不像亞氏僅止於直言判斷或主賓命題，他也分析假言命題及選言命題，同時也討論這些論證結構[52]。墨子對概念（名）的劃分和同異的分辨比亞氏還要精密[53]。除了亞氏「思想三律」（同一律、非矛盾律、排中律）之外，墨子還提出「必異律」。西洋哲學要到十七世紀的萊布尼茲才提出類似的「不可分辨原則」(principle of indiscernibles)[54]。墨子提出「當」與「不當」作為爭辯勝或不勝的標準，顯示他對邏輯論證有效性的注重。所謂「當」就是判斷符合事實。這與他批駁和預防謬誤（辭過）一樣，目的都在追求真理，終於實踐。所以他把「知」分為知名、知實、知合、知為四種（〈經上〉），所以在〈小取〉篇說辯論的目的是要明是非、審治亂、明同異、察名實、處利害和決嫌疑。也許這就

---

[52] 同[4]，第四章、第五章；同[7]，第四章、第五章。

[53] 同[7]，第三章第四節；同[5]，四卷十期，頁 43、44。

[54] 同[4]，頁 58；同[9]，頁 212；威柏爾 (A. Weber)、柏雷 (R. B. Perry) 著，詹文滸譯，《西洋哲學史》（北京：世界書局），頁 288。

是墨子寧走實質推論，不走邏輯形式化的原因。

鐘友聯、陳孟麟兩位學者也先後看出墨子邏輯已經有類似西方的邏輯方法，但兩者的著眼點不同：墨子不注重推理形式結構的邏輯分析，卻用心於推論中概念實質的分析。換句話說，墨子邏輯有反對形式化的傾向，重視語意關係，甚於重視語法關係[55]。受過邏輯專業訓練的學人羅業宏，他有一篇研究報告，名為：《墨子小取篇中所見的普通語言分析》，他指出墨子對普通語言分析的成果，多能和現代學說吻合。他在結論中說：

> 西方哲學界對語言分析給予重視，可說始於1926–1935年間的維也納學派。其後經過維根斯坦 (Wittgenstein, 1889～1951) 的宣揚，在當代英國哲學界中，語言分析成為哲學家的唯一職務。他們提出兩個新的口號，一個是「不要追問意義，要追問用法」，另一個是「每個詞語都有它自己的邏輯」。如果我們把〈小取〉篇的精神和第一個口號相比，把「故言多方，殊類異故，則不可偏觀也」和第二個口號相比，我們會驚奇於墨家和當代英國牛津學派多麼的吻合！[56]

墨子曾說：「以其言非吾言者，是猶以卵投石也，盡天下之卵，其石猶是（存在）也，不可毀也。」(〈貴義〉) 乍看之下會覺得這口氣好大，但研究了墨子的方法論之後，我們認為墨老這句話並非吹噓。

---

[55] 同[6]，頁178；同[7]，頁102、103。

[56] 國家長期發展科學委員會，研究補助費研究報告，五十五年度。「意義即用法」的主張，參看舒光，《維根斯坦哲學》(臺北：水牛出版社，1986)，第十五章。又參看劉福增，《語言哲學》，頁112。

第五章　墨子的治國理論之一：天志明鬼

墨子的治國理論，有很清楚的綱領。這些綱領明白載於〈魯問〉篇。他說：

> 凡入國必擇務而從事焉：
> 國家昏亂，則語之尚賢尚同。
> 國家貧，則語之節用節葬。
> 國家憙音湛湎，則語之非樂非命。
> 國家淫僻無禮，則語之尊天事鬼。
> 國家務奪侵凌，則語之兼愛非攻。
> 故曰擇務而從事焉。

「憙音湛湎」，指熱中音樂，沈迷於酒。這是意志頹靡的表現。「淫僻無禮」，指恣意放縱，行事無禮。這是心無忌憚的表現。以上綱領包括政治、經濟、宗教、倫理及人生哲學等問題。所謂「擇務而從事焉」，是說從這些問題之中，先選擇急需的事務去解決。可見墨子的治國思想很全面，有重點，很能針對時弊，對症下藥。以下我們依據墨子的理論系統，分別討論。

第一節　尊天事鬼的主張

「國家淫僻無禮，則語之尊天事鬼。」可見尊天事鬼是墨子用來醫治國家淫僻無禮的藥方。

國家淫僻無禮，墨子指的是：

> 大則攻小也，強則侮弱也，眾則賊寡也，詐則欺愚也，貴則傲賤也，富則驕貧也，壯則奪老也。是以天下之庶國，方以水火毒藥兵刃以相賊害也。（〈天志下〉）

〈明鬼下〉也說：

> 三代聖王既沒，天下失義，諸侯力正（政）。是以存夫為人君臣上下者之不惠忠也，父子弟兄之不慈孝弟長貞良也。正長之不強於聽治，賤人之不強於從事也。民之為淫暴寇亂盜賊，以兵刃毒藥水火，退（吳毓江作追）無罪人乎道路率徑（四字一義），奪人車馬衣裘以自利者，並由此作。是以天下亂。此其故何以然也？則皆以疑惑鬼神之有與無之別，不明乎鬼神之能賞賢罰暴也。今若使天下之人皆信鬼神之能賞賢而罰暴也，則夫天下豈亂哉！

墨子以為，凡從事淫暴、寇亂、盜賊的勾當，不仁不義、不忠不惠、不慈不孝的無禮行為，都是心中沒有天、沒有鬼神的存在，不明白天與鬼神能行賞罰禍福的結果。若使天下人都相信鬼神能行賞罰，天下就不會亂。因此墨子提倡「天志」、「明鬼」，進而尊天事鬼，以解決「國家淫僻無禮」。其主張見於現存《墨子》一書的〈法儀〉、〈天志〉、〈明鬼〉諸篇之中。

第二節　天志為最高法儀

墨子認為人們做事必須有標準可循，才能把事情做好。思想言論，著書立說也必須先立下標準，才能分辨是非利害。也許墨子是歷史上第一位最有系統探討「標準」這一概念的哲學家。他有專章研究這一問題，篇名叫〈法儀〉。法儀，現代人稱為標準。墨子的法儀就是做事的標準。墨子在〈法儀〉篇開頭就說：「天下從事者，不可以無法儀。無法儀，而其事能成者無有也。」他認為上至將相，下至百工，做事都先要有個標準，方能有成。可是他強調天下的父母、老師、君王都不足以當作標準。那麼誰才能作為標準呢？墨子肯定的說：「莫若法天」。為什麼天可以作標準？他說：

> 天之行廣而無私，
> 其施厚而不德，
> 其明久而不衰。

「行廣」，含有普遍有效的意義。「無私」，含有客觀、公平的意義。「施厚而不德」，是無私的表現，也含有客觀、公平之義。「明久而不衰」，表示明確而且長久有效。整個來說，「天」之被當作法儀（標準），是因為它是道德的，而且含有普遍有效性、客觀性、公平性、明確性和長久性。

墨子以「天」為標準的論點，或許有人不贊同，然而他所強調的「天」的象徵意義，即道德性、普遍有效性、客觀性、公平性、明確性和長久性，正是「標準」這一概念的精確意義或內涵。規、矩、準、繩，是人類自古以來的標準。墨子認為「天」就是人類行為的規矩。他在〈法儀〉篇就說：「既以天為法，動作有為必度於天，天之所欲則為之，天之所不欲則止。」天的所欲與不欲，就是天意或天志。所以他在〈天志上〉更明白的說：「我有天志，譬如輪人之有規，匠人之有矩。輪匠執其規矩，以度天下之方圜，曰：中者是也，不中者非也。」

墨子就是拿天志當規矩，去度量人類的行為。請看〈天志中〉的記載：

> 子墨子之有天之（志）也，上將以度天下之王公大人為刑政也，下將以量天下之萬民為文學出言談也。觀其意行，順天之意，謂之善意行，反天之意，謂之不善意行。觀其言談，順天之意，謂之善言談，反天之意，謂之不善言談。觀其刑政，順天之意，謂之善刑政，反天之意，謂之不善刑政。故置此以為法，立此以為儀，將以量度天下之王公大人卿大夫之仁與不仁，譬之猶分黑白也。

墨子置立「天志」來度量王公大人的刑政，天下萬民為文學、出言談的善與不善。可見墨子是要以「天志」作為人類言行的最高法儀。人類依「天志」（兼相愛交相利）行事，就不至於淫僻無禮。

第三節　天的性體與活動

許多西方的漢學家認為，中國古代沒有神學，也沒有神學家。然而，如果他們好好研究墨子的「天志」、「明鬼」學說，相信他們會改變原來的看法。

所謂「神學」，顧名思義，凡是討論有關神的學問，或研究有關宗教信仰的學問，都可稱之為神學。由德人布魯格主編的《西洋哲學辭典》對「自然神學」的定義是：「專門探討存有物之超越一切經驗的最後根源，而以神之存在、本質及其活動為對象。」❶1985 年，臺北三民書局出版的《大辭典》「神學」條說：「廣義之神學：對於神（上帝）的問題，以及神與世界（包括人）的關係之哲學性探討。狹義之神學：各宗教信仰之理論研究。」（中冊，頁 3398）西元前五世紀的墨子，顯然不是狹義的神學家，但實際上他探討了存在物的最後根源，神（天或上帝）的存在、本質及其活動，或神與世界的關係。他以此教導他的學生，並且遊說當時的王公大人。我們說墨子是中國歷史上第一位自然的神學家，應不為過。

有些人拿西方宗教哲學中上帝是「全知全能」的概念，來形容墨子的天，這是很有問題的。殊不知「全能」是一個矛盾的概念。假如有一個全能的天或上帝，那我們應該可以要求祂做一件事，就是請祂自己在未來的一分鐘之內變成不是全能。這件事如果成立，那麼天或上帝在那一分鐘之後就不是全能了。如果不成立，那麼天或上帝便有一件事辦不到。因此，「全能」這個概念是自相矛盾的。

---

❶ 布魯格編著，項退結編譯，《西洋哲學辭典》，「神學」條，頁 417。該書由美國、西德、日本、奧地利、義大利、瑞士六國學家合撰。

因為這是一個自相矛盾的概念，那我們就沒有理由來要求一件東西是全能的。再從事實層面看，人有意志，可以「順天之意」，也可以「反天之意」，不聽從天的話。天雖能賞罰禍福，但人有自由意志，寧可毀滅，也不順從天意，而與天對抗。如此，則天並非全能。更何況墨子從未說天是全能的。

一、天的性體

墨子的天其性體或本質，可歸納為下列數項：

㈠天是創造宇宙萬物的最高神明

墨子在〈尚同下〉說，人是由天創生的（「古者天之始生民」）。在〈天志中〉說，天為了厚愛人民，創造宇宙萬物。這段話照抄如下：

> 吾所以知天之愛民之厚者有矣，曰：以磿（離）為日月星辰，以昭道之（即照明引導人民）。制為四時春秋冬夏，以紀綱之（即作為人民作息常規）。隕降雪霜雨露，以長遂（生長）五穀麻絲，使民得而財利之。列為（分列）山川谿谷，播賦百事（廣布各種事業）。為（置立）王公侯伯❷，以臨司（監

❷ 梁啟超認為天子是人民選立的（《墨子學案》第五章，《子墨子學說》第四章，《先秦政治思想史》第十二章）。陳顧遠：《墨子政治哲學》第四章，也說是由人民商量選立的。而蕭公權：《中國政治思想史》第一編第四章，則反對天子民選之說。陳啟天：《中國政治哲學概論》第五章，也持相同看法。然而，考察《墨子》一書，墨子明白說，天子是天所置立的。如：〈法儀〉說：「昔之聖王禹湯文武兼愛天下之百姓，率以尊天事鬼，其利人多，故天福之，使立為天子。」〈尚同中〉說：「古者上帝鬼神之建國、設都、立正長也，非高其爵，厚其祿，富貴

察）民之善否，使之賞賢而罰暴。賊（整治）金木鳥獸，從事乎五穀麻絲，以為民衣食之財。自古及今，未嘗不有此也。

墨子的天，不但創生人類，而且制定自然的結構與秩序，廣利產業，設置官職，安治人事。所以我們說：天是創造宇宙萬物的最高神明。

㈡天是道德性的神明

〈法儀〉篇說：

天之行廣而無私，其施厚而不德，其明久而不衰。

天德廣大無私，明久不衰。墨子認為這就是天可以作為法儀的理由。

〈天志中〉又說：

今夫天兼天下而愛之，交萬物以利之，若豪之末，莫非天之所為也，而民得而利之，則可謂厚矣。（依俞樾、李漁叔校）

天兼愛萬民，交利萬物，而愛利正是道德的實質表現。因此，

遊佚而錯（置）之也。」〈尚同下〉說：「天之欲一同天下之義也，是故選擇賢者立為天子。」〈天志上〉說禹湯文武，其事上尊天，中事鬼神，下愛人。故天意「使貴為天子，富有天下。」〈天志下〉也說堯舜禹湯文武能兼愛天下，天「於是加其賞焉，使之處上位，立為天子。」〈尚賢中〉也說堯舜禹湯文武，其為政愛利萬民，尊天事鬼，「是故天鬼賞之，立為天子，以為民父母。」

我們說：天是道德性的神明。

㈢天是有意志的神明

墨子的天是有意志的，《墨子》一書有專篇探討，篇名即〈天志〉。「天志」有時稱「天意」，有時也稱作「天之意」或稱「天之」（之為志的借字）。其實相同。天的意志，表現在欲惡之上。〈法儀〉說：

> 天何欲何惡者也？天必欲人之相愛相利，而不欲人之相惡相賊也。奚以知天之欲人之相愛相利，而不欲人之相惡相賊也？以其兼而愛之，兼而利之也。

天的欲惡是什麼？天欲人相愛相利，惡人相惡相賊。為何如此呢？因為天兼愛、兼利天下之人。既然天兼愛兼利天下人，當然不欲見他們相惡相賊，而欲見他們相愛相利。如此推論，理由充足。再看〈天志上〉說：

> 然則天亦何欲何惡？天欲義而惡不義。……然則何以知天之欲義而惡不義？曰：天下有義則生，無義則死，有義則富，無義則貧，有義則治，無義則亂。然則天欲其生而惡其死，欲其富而惡其貧，欲其治而惡其亂。此我所以知天欲義而惡不義也。

由於天的欲義而惡不義，欲人之相愛相利，不欲人之相惡相賊。所以我們說：天是有意志的神明。

㈣天是義的本源

墨子認為義是「天下之良寶」(〈耕柱〉)，是「天下之大器」(〈公孟〉)，所以他主張「貴義」，然而，為什麼說義是天下的良寶、天下的大器呢？墨子的解釋是：

> 義者，正也。(〈天志下〉)
> 義，利也。(〈經上〉)

義包括「正」和「利」兩個意思。正利就是公正的利，這對私人與公眾都是好的，合乎道德的。因此，墨子進一層說：「義者，善政也。」(〈天志中〉) 墨子在〈耕柱〉篇說得更明白，他說：

> 今用義為政於國，人民必眾，刑政必治，社稷必安，所為貴良寶者，可以利民也。而義可以利人，故曰：義，天下之良寶也。

墨子的意思是，義可以公正的利國利民，所以尊貴義為天下的良寶。而且他認為，欲行仁義的君子，不可不察義之所從出。然則義何從出？墨子的回答是：

> 義不從愚且賤者出，必自貴且知者出。何以知義之不從愚且賤者出，而必自貴且知者出也？……夫愚且賤者，不得為政乎貴且知者。貴且知者，然後得為政乎愚且賤者。此吾所以知義之不從愚且賤者出，而必自貴且知者出也。然則孰為貴孰為知？曰：天為貴天為知而已矣。然則義果自天出矣。

墨子說義從貴者知者出，而天最貴天最知，故義果自天出。義自天出，而且天欲義而惡不義，墨子才說：「天之意，義之經也。」（〈天志下〉）又說：「順天之意，義之法也。」（〈天志中〉）基於此，我們說：天是義的本源。

㈤天是政治的最高統治者

一般人都以為，天子為政於天下，是政治最高的掌權人。墨子卻說，天子受政於天，天方為政治的最高權源。〈天志上〉說：

> 義者政也，無從下之政上，必從上之政下。是故庶人竭力從事，未得恣己（任由己意）而為政，有士政之。士竭力從事，未得恣己而為政，有將軍大夫政之。將軍大夫竭力從事，未得恣己而為政，有三公諸侯政之。三公諸侯竭力聽治，未得恣己而為政，有天子政之。天子未得恣己而為政，有天政之。

這段內容與〈尚同〉篇說的政治組織一致，即由庶民、里長、鄉長、國君，以至天子，層層向上看齊，而「天子又總天下之義，以尚同於天。」（〈尚同下〉）也就是天子為政於天下，而天又為政於天子。誠如〈法儀〉說：「天下無（論）大小國，皆天之邑也。人無（論）長幼貴賤，皆天之臣也。」由此可知，墨子的天是政治的最高統治者，也是政治的最高權源。

㈥天能賞罰禍福

墨子的天是能賞罰禍福的。墨子說：

> 愛人利人者，天必福之；惡人賊人者，天必禍之。（〈法儀〉）
> 殺不辜（不辜即無罪）者，天予不祥。殺不辜者誰也？曰：

> 人也，予之不祥者誰也？曰：天也。（〈天志中〉）

「天予不祥」，即天降禍。天能賜福降禍，也就是天能行賞罰。〈天志中〉說：

> 天子為善，天能賞之；天子為暴，天能罰之。

〈天志上〉也說：

> 順天意者兼相愛交相利，必得賞；反天意者別相惡交相賊，必得罰。

墨子不但認為天能賞罰禍福，而且強調天的賞罰禍福是無從逃避的（〈天志下〉）。

依墨子的學說看，天的賞罰禍福是絕對的強制力，天志的能否落實，就以這個強制力為關鍵了。

二、天的活動

以上所說天的性體或本質為：天是宇宙萬物的創造者；天是道德性的神明；天是有意志的神明；天是義的本源；天是政治的最高統治者；天能賞罰禍福。而天即依此性體或本質行其活動，或是說表現天與世界的關係。

天是道德性的神明，表現在天兼愛兼利天下人（〈法儀〉），或天兼愛天下之百姓（〈天志上〉）。天為了厚愛人民，所以創造了宇宙萬物以利人民。天之厚愛人民，還表現在：人濫殺無辜，天會給予不祥（〈天志中〉）。

墨子的天是有明確的意志，所以說成「天志」或「天意」。天志表現在欲、惡。〈法儀〉說：「天必欲人之相愛相利，而不欲人之相惡相賊也。」〈天志上下〉兩篇都說：「天欲義而惡不義」。「相愛相利」，就是「兼相愛交相利」，這是義。「相惡相賊」，就是「別相惡交相賊」，這是不義。墨子對天志的內容有更具體的說明：

> 天之意不欲大國之攻小國也，大家之亂小家也，強之暴寡，詐之謀愚，貴之傲賤，此天之所不欲也。不止此而已，欲人之有力相營，有道相教，有財相分也。又欲上之強聽治也，下之強從事也。（〈天志中〉）
>
> 順天之意者，兼也。反天之意者，別也。兼之為道也義政；別之為道也力政。曰義政者何若？曰：大不攻小也，強不侮弱也，眾不賊寡也，詐不欺愚也，貴不傲賤也，富不驕貧也，壯不奪老也。是以天下之庶國，莫以水火毒藥兵刃以相害也。若事上利天，中利鬼，下利人，三利而無所不利，是謂天德。故凡從事此者，聖知也、仁義也、忠惠也、慈孝也。（〈天志下〉）

墨子說「順天之意者，兼也」，而「兼之為道也義政」，「兼」就是「兼愛」，因此，簡單的說，「天志」最大的理念就是要人「行義」，要人「兼愛」。而天能行賞罰，這就使得天志有了著落。所以〈天志上〉說：

> 當天意不可不順，順天意者，兼相愛、交相利，必得賞。反

天意者，別相惡、交相賊，必得罰。

而且又說：

我為天之所欲，天亦為我所欲。
然有不為天之所欲，而為天之所不欲，則夫天亦且不為人之所欲，而為人之所不欲矣。（〈天志中〉）

所以墨子說：

戒之！慎之！必為天之所欲，而去天之所惡。（〈天志下〉）

又說：

古者聖王明知天鬼之所福，而避天鬼之所憎，以求興天下之利，而除天下之害。……子墨子曰，今天下之君子，中（心）實將欲遵道利民，本察仁義之本，天之意不可不順也。（〈天志中〉）

天的活動也表現在人間的政治之上。天是政治最高的統治者。雖然天子為政於三公、諸侯、將軍、大夫、士庶人，但「天子未得次（恣）己而為政，有天政之」（〈天志上〉）。天為政於天子，天子為善，天能賞之，天子為暴，天能罰之。而〈尚同上〉說，天下之百姓皆上同於天子，而不上同於天，則天將降災加以處罰他們。

第四節　鬼神的性體與活動

中國人向來是相信鬼神的，商朝人尚鬼，更是眾所皆知。但是到了春秋以後，許多人，尤其士階級的讀書人也開始懷疑鬼神的有無。就連孔老夫子都說：「敬鬼神而遠之，可謂知矣」(《論語．雍也》)。儒家末流更是重形式，尚虛文，不相信鬼神，卻講求喪禮祭祀。難怪墨子批評他們說：「執無鬼而學祭禮，是猶無客而學客禮也，是猶無魚而為魚罟（魚網）也。」(〈公孟〉) 甚至墨子認為，懷疑鬼神的存在正是天下混亂的原因。

墨子不但相信鬼神，而且認為相信鬼神可以「敬畏取祥」，可以「治國家，利萬民」，可以作為對治「國家淫僻無禮」的藥方。這是墨子所以要「明鬼」的理由。

墨子將鬼神分作三類。他說：「古今之為鬼非他也，有天鬼，亦有山水鬼神，亦有人死而為鬼者。」(〈明鬼下〉) 這是墨子肯定鬼神的存在。而且他應用「三表法」一一證明鬼神為實有。他說：「今天下之王公大人、士君子，中實將欲求興天下之利，除天下之害，當若鬼神之有也，將不可不尊明也。聖王之道也。」

依墨子的看法，鬼神比人類明智，甚至比聖人還明智。〈耕柱〉載墨子的話說：「夏后殷周之相受也，數百歲矣。使聖人聚其良臣，與其桀相（傑出的相國）而謀，豈能知數百歲之後哉？而鬼神知之。是故曰，鬼神之明智於聖人也，猶聰耳明目之與聾瞽也。」

這與《聖經》所載聖．保羅的名言，頗為類似。其言曰：「神的愚拙總比人智慧，神的軟弱總比人強壯。」❸

❸　《新約全書．哥林多前書》(香港：香港聖經公會，1960)，第一章第

鬼神最重要的性體，是監視甚明、能賞賢罰暴。這是鬼神活動的憑藉。墨子在〈明鬼〉篇說：

> 「鬼神之明不可為幽間廣澤山林深谷，鬼神之明必知之。」
> 「鬼神之所賞，無小必賞之；鬼神之所罰，無大必罰之。」
> 「鬼神之罰，不可為富貴、眾強、勇力、強武、堅甲、利兵，鬼神之罰必勝之。」

墨子認為，鬼神的監視與天相同，無所不在，無所隱避，鬼神的賞罰無論大小，該賞則賞，該罰則罰，而且鬼神的降罰是人力無能抗拒的。如此才能使得人們「施行不可不董（正），見有鬼神視之。」「見有鬼神視之」這一句，張純一的詮釋最好，他說：「謂心意中常覺有鬼神臨視之，戒慎恐懼，無時不然。」❹這就如同俗話說的「舉頭三尺有神明」，勸人不可胡作妄為。這正是墨子「明鬼」的用意所在。

至於鬼神與天的關係，墨子雖未明說，但從〈明鬼〉的記載，夏桀、商紂的武力雖強，都不能抵禦「鬼神之誅」。不過，墨子指出，要懲罰桀、紂的不是鬼神，而是天意，所以說：「天乃使湯至（致）明罰焉」，「天乃使武王至明罰焉」。由此可知，鬼神的行事，是聽從天意的，鬼神的賞罰，也就是天的賞罰了。

二十五節。

❹ 張純一，《墨子集解·明鬼下》，「見有鬼神視之」注，頁285。

第五節　天志與精神信仰

學術界對於墨子的「天志」、「明鬼」有不少爭論。有人認為那是迷信，也有人認為那是宗教信仰。

梁啟超說，墨子之所以主張「天志」、「明鬼」，「是借宗教的迷信來推行兼愛主義」。又說，墨子這種宗教思想，乃是獎勵「非理智的迷信」❺。

胡適卻認為墨子「他是真信有鬼神的」❻。馮友蘭肯定墨子是「一個有神論的宣傳者」❼。李紹崑教授也堅持的說：「無疑地，墨子是個有神論的宗教信仰者」。然而，他認為梁啟超的說法「未免顛倒了因果：因為墨子堅信『兼愛』出於『天志』……換句話說，他之主張『天志』和『明鬼』，是出於誠心的宗教信仰，並非由於他的『迷信』，更非由於他利用別人的迷信心理。再換句話說，墨子之所以反對無神論，純粹是發自他對天的忠誠信仰，是由於他信仰有神論，才不能不反對無神論。」❽

我們認為，「墨子是個有神論的信仰者」是可以肯定的，不過想借宗教信仰改善政治社會風氣，也是他的用意。因為墨子言談之中一再表示：信鬼神足以致祥，不信鬼神則將遭禍。墨子說：「古聖王皆以鬼神為神明，能為禍福，執有祥不祥，是以政治而國安也。自

❺ 梁啟超，《墨子學案》，頁 8、23。

❻ 胡適，《中國哲學史大綱》(臺北：里仁書局，1982)，頁 170。

❼ 馮友蘭，《中國哲學史新編》(臺北：藍燈文化公司，1991)，第一冊，頁 238。

❽ 李紹崑，《墨學十講》(臺北：水牛出版公司，1990)，頁 51。

桀紂以下皆以鬼神為不神明，不能為禍福，執無祥不祥，是以政亂而國危也。」(〈公孟〉) 政治國安是致祥，政亂國危就是遭禍了。他又說:「當若鬼神之能賞賢而罰暴也，蓋本施之國家，施之萬民，實所以治國家、利萬民之道也。」在〈大取〉篇更明白的說:「治人有為鬼焉」。這些話表明墨子有意借重宗教的力量，達到改善政治的目的。然而，說墨子提倡「尊天」、「事鬼」，就是在獎勵「非理性的迷信」，倒也未必。且看〈魯問〉篇的記載:

第一則故事是，墨子有個學生，做官致富之後，謹慎祭祀鬼神，然而人徒多死，六畜不生，身染疾病，於是懷疑起墨子的主張。墨子告訴他說:

> 不然，夫鬼神之所欲人者多，欲人之處高爵祿則以讓賢也，多財則以分貧也，夫鬼神豈惟擢黍拑肺之為欲哉？今子處高爵祿而不以讓賢，一不祥也。多財而不以分貧，二不祥也。今子事鬼神，唯祭而已矣。而曰病何自至哉？是猶百門而閉一門焉，曰盜何從入？若是而求百福於有怪（靈）之鬼神，豈可哉？

擢，取也。拑，夾取也。「鬼神豈惟擢黍拑肺之為欲哉」，意思是，鬼神那裏只想取你的祭品（黍、肺）呢！這段大意是說，鬼神是要人懂得讓賢、濟貧，並不在乎祭品。你不知讓賢、濟貧是不祥。敬事鬼神的正義主要在讓賢、濟貧，光憑祭祀就想不生病，想求得百福，那是得不到的。換句話說，墨子要人尊天事鬼，就是要人兼愛、行義，不是要人迷信求福。

第二則故事是，魯國有個專司主祭的人，用一豚祭祀，就想向

鬼神求得百福。墨子很不以為然的說:

> 是不可。今施人薄而望人厚，則人唯恐其有賜於己也。今以一豚祭，而求百福於鬼神，鬼神唯恐其以牛羊祀也。古者聖王事鬼神，祭而已矣。今以豚祭而求百福，則其富不如其貧也。

施薄而望厚，表現人性的貪欲，這是世俗化宗教的迷信，古今皆然。墨子最反對如此。所以他說，用一豚祭，就向鬼神要求百福，那鬼神害怕你用更好的牛羊祀，因為你要求的會更多。「古者聖王事鬼神，祭而已矣」，這一句話很重要。「事鬼神，祭而已矣」，就是說，敬事鬼神，只用祭祀表示虔誠之心而別無所求。墨子說這話雖然在敘述古代聖王，其實也在表明自己的心態。因此我們說，墨子是在提倡宗教信仰，不是在獎勵宗教迷信。

人需要宗教。時無論古今，地無分中外，任何不同的人種，都有宗教活動的存在這一事實可以得到證明。說「人是理性的動物」，一樣可以說「人是宗教的動物」。今天科學的進步，能夠把人類送上月球，也能夠發射人造衛星，不僅此也，科學知識的累積，也促使經濟、社會的空前繁榮。然而，生活富裕的現代人並未捨棄宗教，反而有賴宗教來慰藉他們那空虛、恐懼、焦慮、徬徨、無助的心靈，極力尋找精神的依靠，這從臺灣、日本、美國佛教徒的日益增加，以及戰後日本新興二千多種宗教可以理解。二十年來，臺灣經濟奇蹟似的發達，人民生活富足，史無前例，不過生活品質的低俗、奢華，社會充滿自私、貪婪、驕縱、暴戾及缺乏公德心，也是有目共睹。臺灣的主政者已一再呼籲宗教界要發揚宗教的力量，導正社會的不良風氣。試想想，這與兩千五百年前，墨子提倡「天志」、「明鬼」以對治「國家淫僻無禮」的情況，豈不類似？今天我們發覺，人類需要科學，也需要宗教。科學知識可以澄清或糾正宗教的迷信，但是科學無法取代宗教，宗教也不能代替科學。科學與宗教之對於人生，各有其獨立的領域與貢獻。科學研究與宗教活動可以並行而不悖。基於此，有人說《墨經》是科學，沒有宗教色彩，比「十論」進步，一定是後期墨家的作品。面對這種無稽之談，只好付之一笑。

一般而言，宗教信仰可以分兩個層次看，一個層次是世俗化或制度化的宗教。另一個層次是高度精神性的信仰。前者為了廣招信徒，難免於偏執、迷信、形式化等壞處，這是宗教遭受反對的因素。但一味反對宗教的本身，也是一種宗教。學術界肯定的是後者。高度精神信仰可以導引人們去做一些有意義的事，使人性提升。今天看來，墨子的「天志」、「明鬼」，其最主要的理念就是「兼相愛交相利」，就是「貴義」。它可作為人們高度的精神信仰，指導人們去踐行愛心，維護正義。

目前，有些人反對宗教，當然也有些人反對墨子的宗教思想。佛洛姆 (E. Fromm, 1900～1980) 是現代聞名的心理學家兼社會學家，他的思想傾向社會主義，但他對宗教的見解很值得大家省思。他在《心理分析與宗教》的最後結論說：

> 無論我們是否宗教信徒，我們都會相信宗教的重要性，縱然我們相信不是宗教的宗教，而或繼續相信猶太——基督教的傳統，只要我們關心的是其本質而不是外殼，是經驗而不是說辭，是人類而不是教會，我們就能聯合起來，一致堅決地否定偶像崇拜，這樣我們也許會發現，在此否定中有更多的

> 共同信仰，較之在任何肯定上帝信念還要多。不錯，我們將會找到更多的人性，更多兄弟般的友愛！❾

我們可仿照佛氏的意思說，不管「天志」、「明鬼」是否宗教，我們關心它的本質就是「愛人利人」，就是「兼相愛交相利」，就是「貴義」，這可以當作人類共同的信仰，我們將會找到更多的人性，更多的友愛。

---

❾ 佛洛姆，《心理分析與宗教》，1950 年出版，1992 年二十三版，引文見❽，頁 67。

第六章　墨子的治國理論之二：尚賢尚同

墨子說：「國家昏亂，則語之尚賢尚同。」（〈魯問〉）

「尚賢」，意指為政者必須敬重、任用賢能的人。「尚同」，也作「上同」，即向上學習、向上認同。「尚同」理論主張，人民的思想都要向他們的長官認同學習，下級的主管必須向上級的主管認同學習，建立起上下的共識，而最高的統治者（天子）要能統一天下的思想。尚賢是尚同的基礎。因政府各級長官都必須由賢人、仁人來擔任。

依墨子的觀察，當時的王公大人，不知任賢使能，卻專用骨肉之親、故舊之人、或面目美好之人，因此引起老百姓的不滿，造成「上下不同義」（義，議之初文，即議論、思想、價值觀）。上下不同義，於是上不能治其下，下不能事其上，上下相賊害。王公大人也不能「一同天下之義」，使得人各異義，「是以人是其義，以非人之義，故交相非也」。父子兄弟成怨讎，離散不能相和合，天下百姓皆以水火毒藥相虧害，「天下之亂，若禽獸然」。墨子認為，執政者昏庸，不知重用賢能，不能統一天下思想，致使天下動亂。所以他想提出尚賢尚同這一帖藥方，來拯治國家的昏亂。因此他說：「國家昏亂，則語之尚賢尚同。」

尚賢、尚同是墨子的政治理論，也是他的政治理想。從動態

（時、空）的觀點看，墨子的尚賢主張，內容比儒家詳盡。為政必須尚賢，其正確性，古今無別。而尚同理論主張，政治必須由賢人在位，統一思想，消除一人一義，百人百義交相非的紛亂局面，以建立強而有力的中央政府。面對天下諸侯多攻伐兼并，及處士橫議的戰國時代，尚同理論的確有其相應性。秦王朝的統一天下，正走上這條路線。不過，從歷史經驗考察，尚同政治路線，正是一條通往極權專制之路。這在後文說明。

第一節　政府組織

尚同的政治理論，主要可分為四個部分：第一是政府組織；第二是賢人在位；第三是行政命令；第四是尚同之功。先看政府組織。〈尚同中〉說：

> 天下之人異義（議），是以一人一義，十人十義，百人百義，其人數兹眾，其所謂義者亦兹眾，是以人是其義，而非人之義，故交相非也。內之父子兄弟作怨讎，皆有離散之心，不能相和合。天下之百姓，皆以水火毒藥相虧害（十四字依上篇補）。……天下之亂，至如禽獸然。無君臣上下長幼之節，父子兄弟之禮，是以天下亂焉。明乎民之無正長，以一同天下之教，而天下亂也。是故選擇天下賢良、聖知、辯慧之人，立以為天子，使從事乎一同天下之義。天子既已立矣，以為唯其耳目之請（情），不能獨一同天下之義，是故選擇天下贊閱（有經驗）、賢良、聖知、辯慧之人，置以為三公，與從事乎一同天下之義。天子三公既已立矣，以為天下博大，山林

> 遠土之民，不可得而一也，是故靡（細）分天下，設以為萬國諸侯，使從事乎一同其國之義。國君既已立矣，又以為唯其耳目之請（情），不能一同其國之義，是故擇其國之賢者，置以為左右將軍大夫，以逮（及）至乎鄉里之長，與從事乎一同其國之義。

這段文字，〈尚同〉上、中、下三篇都有記載，內容大同小異，只是天子之上還有一個「天」。〈尚同下〉說：「天之欲一同天下之義也。是故選擇賢者立為天子。」又說：「然計天下之所以治者何也？唯而（能）以尚同一義為政故也。天下既已治，天子又總天下之義以尚同於天。」如此，我們可以看出尚同的政府組織，由上而下是：最高的是天；其次是天子，三公是天子的輔弼大臣；其次是諸侯國君，將軍大夫是國君的輔佐；其次是鄉長；其次是里長。這是層層向下統治的系統，也是層層向上認同、學習的順序。圖示如下：（→指揮；--→尚同）

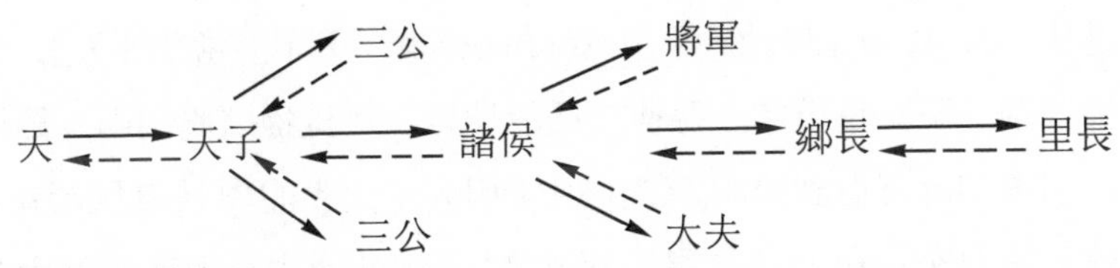

此外，有幾點應加以說明：

㈠「天下之人異義（議）」，是天下的亂因。治亂的方策便是「一同天下之義」。置正長，設政治組織，就是為了要「一同天下之義」，也就是要統一天下的思想。

㈡「一同天下之義」是「天之欲」。

㈢天子必須順「天之欲」，率領各級正長，以「一同天下之義」。

㈣各級正長率領其管區人民，逐級向上認同學習，一直尚同於「天」。

㈤包括天子的各級正長，都選天下賢者擔任。

㈥三公、國君，由天子所選立；左右將軍、大夫、鄉長、里長，均由國君選立。而天子則由「天」選立（有些學者對此持異見，須加辯明）。

天子由誰來選，學界有兩種不同的看法：有的認為天子是天所選立的；有的認為天子是由人民選出的。我們贊成前者，反對後者。我們認為，主張天子民選的說法，缺乏證據，理由不足。他們並無綜觀《墨子》全文，或沒能貫通墨子原意，甚至沒有考慮時代背景，只是嚮往民主，輕率傅會而已。

我們認為：墨子是主張天子由天選立的。理由如下：

第一，墨子在〈尚同〉篇中已明白說出，天子是天選立的。〈尚同下〉說：「是故天之欲一同天下之義也，是故選擇賢者立為天子。」「是故天」，舊作「是故天下」，孫詒讓懷疑「天下」當作「天」，曹耀湘懷疑「下」是衍字。孫曹二氏的懷疑，可以從〈尚同中〉篇墨子的引書和解釋得到證明。〈尚同中〉引先王之書說：「夫建國設都，乃作后王君公……」接著墨子解釋道：「則此語古者上帝鬼神之建國、設都、立正長也。」「上帝」指天，「正長」指「后王君公」，「后王」即天子，「君公」即諸侯國君。墨子之意，天子就是天所立的正長。

第二，〈尚同〉三篇所說的各級正長，都是由其上級正長選立的，即天子選立三公、諸侯，諸侯選立左右將軍大夫，以至於鄉長里長。而天是天子的上級，當然天子由天來選立，不可能由最下層的人民來選舉。

第三，各級正長都是賢者，而尚賢使能是天和王公大人的事，不是由人民選舉的。〈尚賢中〉就說：「古聖王能審以尚賢使能為政，而取法於天。雖天亦不辯（分）貧富貴賤遠邇親疏，賢者舉而尚之，不肖者抑而廢之。」「取法於天」，這句話很重要，它說明聖王的「尚賢使能」或舉賢抑不肖，都是向天效法的。而天所舉所尚的賢者，就是天子。〈尚賢中〉就說，堯舜禹湯文武，就因為「尊天事鬼，愛利萬民」，表現賢者的行徑，所以「天鬼賞之，立為天子」。

第四，墨子屢次說古代的聖王都由「天」立為天子：

㈠〈法儀〉說：「昔之聖王禹湯文武，兼愛天下之百姓，率以尊天事鬼，其利人多，故天福之，使立為天子。」

㈡〈尚賢中〉說：「昔三代聖王堯舜禹湯文武……其為政乎天下也，兼而愛之，從而利之，又率天下之萬民以尊天事鬼，愛利萬民，是故天鬼賞之，立為天子。」

㈢〈天志下〉說：「昔也三代之聖王堯舜禹湯文武之兼愛天下也……天以為從其所愛而愛之，從其所利而利之，於是加其賞焉，使之處上位，立為天子。」〈天志上〉則說：「使貴為天子，富有天下。」

第五，墨子處在「以攻伐兼併為政」的時代，不可能產生民選天子的思想。墨子生當春秋末年戰國初年的人。這時封建崩潰，王權式微，天子無能綱紀天下，諸侯稱霸稱雄，所以墨子說：「聖王既沒，天下失義，諸侯力征。」（〈節葬下〉）這時諸侯國君「以攻伐兼併為政」，窮兵黷武，專制獨裁，那會有人民選立天子的條件，當然激不出民選天子的思想。墨子主張「天」選立天子，更屢次舉出古聖王堯舜禹湯文武，「天鬼賞之，立為天子」以為證據。這是承繼周朝以來「天命靡常」、「天命有德」的歷史文化傳統❶。也就是說，「天選立天子」這一思想，是有其背景存在著的。

〈經上〉：「君：臣萌（民）通約也。」梁啟超在他的《墨經校釋》說：「言國家之起原，由於人民相約置君，君乃命臣，與西方近世民約說頗相類。」有些學者附和梁氏之說。唯物論學者甚至認為：由臣民約定選立君王，乃是後期墨家的思想突破。這一詮釋，顯然違背唯物論所堅持的原則而不自知。他們的原則是「存在決定意識」。意思是說，思想的產生，不是從天空降，而是有其產生思想的存在因素。如歷史、文化、政治、經濟等，甚至思想家個人的生活背景、個性都是。上文已指出，以攻伐兼并為政的時代，諸侯窮兵黷武、獨裁專制，這種存在因素，怎能產生「人民相約置君」的思想？更不可能想出由屬下的臣子和人民約定選立君王。他們認為《墨經》是後期墨家作的。《墨經》並非後期墨家作的，也無所謂後期墨家，詹劍峰已有專論駁斥❷，而本書第一章《墨經》作者部分也有明白辯正。姑且就算有所謂後期墨家，他們都絕對服從墨團領袖巨子，但是巨子並非由後期墨家選舉的，新巨子是由舊巨子指定的，這從孟勝把巨子之位傳給田襄子，可得證明（《呂氏春秋・上德》）。墨家注重言行一致，講究實踐，他們的領袖巨子不是選舉產生，卻主張君王由臣民共同選立，豈非自相矛盾？其實，這是學者誤解經

❶ 這方面的資料不少，散見於彝銘、《尚書》、《詩經》，這裏只舉出一、二，以為代表。《詩經・大雅・文王》說：「侯（般）服于周，天命靡常。」〈師訇毀〉說：「丕顯文武，孚受天命。」〈毛公鼎〉說：「丕顯文武，皇天弘猒（足）其德，配我有周，膺受大命。」《尚書・康誥》也有類似的文句。

❷ 見詹劍峰，《墨家的形式邏輯・讀墨餘論》（湖北人民出版社，1979，2版）。

文，或傅會民主造成的。

〈經〉文「君：臣萌通約也」的「約」字，不作約定，應作約束，是動詞。「通」，全也、總也，是副詞，修飾動詞「約」。「萌」，古文同氓，即民。「臣民通約」，句法與「大小通吃」相同。意即：約束（治理）所有的臣民。整句的意思是：君是統治臣民的人。這與「尚同」思想符合，那有民約、民選的意謂。

以上這個問題，是海峽兩岸共有的異議，不得不辯明。

第二節　賢人政治

尚同理論的政府組織中，各級正長都是賢人在位，賢人在位才能一同天下之義，使天下國家得到安治。也可以說，尚同理論的基礎是尚賢，因此墨子有〈尚賢〉三篇專論尚賢的精神，賢者的條件，賢者的作為，以及如何尚賢。

墨子的尚賢思想，可以說是唯賢主義。他主張唯賢是用，不分出身，雖然是農、工、商之人，只要是賢能，就舉用他們。他說：「官無常貴，而民無終賤，有能則舉之，無能則下之。」(〈尚賢上〉）這就是墨子的尚賢精神。這種精神是針對貴族政治及官爵世襲傳統的挑戰。

孔墨一樣尚賢，然而孔子偏重品德，主張木訥；墨子卻把口才也視作賢者的條件。墨子認為一位賢良之士，必須是：「厚乎德行，辯乎言談，博乎道術」(〈尚賢上〉)。德行厚是賢者的先決條件，厚德才能感人、才能愛人利人。言談辯，辯是明辯，言談明辯不只是口才好，也是指頭腦清楚，有利談判與溝通，政治人物須要這種能力，今天民主政治更是如此。道術博，指懂得很多道理和技術，這是做事的能力。德行深厚，言談明辯，道術廣博，當然是人才。墨子對賢良的界定相當完備。

一個賢者要有實際的表現才算數，所以墨子認定為賢之道是：「有力者疾於助人；有財者勉於分人；有道者勸（勤）於教人。」（〈尚賢下〉）在位者能「為賢」如此，那麼百姓就有福了。

賢者的條件，賢者的作為，這兩者屬於知人，知人之後就是善任，也就是如何尚賢。墨子的尚賢可分兩點：其一是因才任用。所謂「可使治國者使治國；可使長官者使長官；可使治邑者使治邑。」（〈尚賢中〉）其二是使之富、貴，給與敬、譽。這是「眾賢之術」。實際的作法為「高予之爵，重予之祿，任之以事，斷予之令。」「任之以事，斷予之令」，即委任職務，充分授權，也就是授予職權，同屬一件事。因為爵位不高，則人民不敬；蓄祿（薪水）不厚，則人民不信；職權不夠，則人民不畏。高爵、重祿，可以滿足名利心。充分授予職權，可以辦事，獲得成就感。可見墨子的尚賢能滿足人性的需求，以今日管理學觀之，那就是人性的管理。

第三節　行政命令

各級正長都舉用賢人之後，天子就發布行政命令。

〈尚同上〉說：

> 正長既已具，天子發政於天下之百姓，言曰：聞善而（與）不善，皆以告其上；上之所是必皆是之，所非必皆非之；上有過則規諫之，下有善則傍（徧）薦之；上同而不下比者。此上之所賞，而下之所譽也。意（抑）若聞善而不善，不以

告其上；上之所是弗能是，上之所非弗能非；上有過弗規諫，下有善弗傍薦；下比不能上同者。此上之所罰，而百姓之所毀也。上以此為賞罰，甚明察以審信。

這段文字，〈尚同下〉記載較略，〈尚同中〉文字略異，大意無別。合三篇所言，可歸納其行政命令為：

㈠聞見善與不善，必以告其上。

㈡上之所是必皆是之，上之所非必皆非之。

㈢規諫上過，傍薦下善。

㈣上同而不下比。

第二點依上之是非為是非，就是第四點向上認同的「尚同」，所以二、四兩點，其實為一點。第三點後半「傍薦下善」，與第一點見善必告其上相合。故四點可合為三點看。其中最主要的還是「上之所是必皆是之，上之所非必皆非之」一項。「上」是誰呢？依順序說是「天」，但實際上就是天子。以天子的是非為是非，才能「一同天下之義」。而「聞見善與不善，必以告其上」，「規諫上過」都只不過用來輔助第二點罷了。於是各級正長就根據這三項命令來行政，率領著百姓逐級向上認同、學習。他們做得好，就給賞；做不好，就給罰。所謂「上以此為賞罰」便是。可見整個政治的運作，就靠賞罰的強制力來推動。誠如墨子自己說的：「富貴以道（導）其前，明罰以率其後，為政若此，唯（雖）欲毋與我同，將不可得也。」（〈尚同下〉）

第四節　尚同的功效

挾著賞罰的強制力，透過各級正長，來推行尚同的行政命令，依墨子看是能發揮很大的政治功效的。歸納〈尚同〉三篇，可得如下的功效：

㈠使上下同義。

㈡天子之視聽也神。

㈢得下之情。

㈣賞當賢，罰當暴。

㈤安治天下國家。

「上之所是必皆是之，上之所非必皆非之」，這是天子「發政施教」中的一項規定，各級正長必須率領其人民逐級向上級認同學習，也就是「尚同義其上」。這樣才能「一同天下之義」，自然形成上下同義。天子規定凡聞見善或不善必以告其上，又厲行連坐法——「見淫僻不以告者，其罪亦猶淫僻者」——使天下人之耳目，助天子視聽；使天下人之脣吻，助天子言談；使天下之心，助天子思慮；使天下人之股肱，助天子動作。所以數千萬里之外有為善者，有為不善者，旁人不聞不知，天子得而賞之罰之。「是以舉天下之人，皆恐懼振動惕慄，不敢為淫暴」(〈尚同中〉)。這就是「天子之視聽也神」。天子之視聽神明，當然可以「得下之情」。這個「下情」，有的學者誤以為民意。然依〈尚同下〉說，所謂「下情」就是「民之善非」。那「善非」又是什麼呢？那是從「尚同一義」來的。所謂「尚同一義」，就是上同天子之義（議），也就是以天子的是非為天下人的是非。凡合乎天子的是非的就是「善」；不合乎天子的是非的就是

「非」。天下只有這個判斷標準，以此衡量，當然「上下情通」，以此「得下之情」也就不難。能「尚同一義」的人，就合於這個標準，他就是善人，給賞；反之，就是暴人，給罰。因此，尚同政治下的賞罰，一定是「賞當賢，罰當暴」。而賞當賢，則受賞者懷百姓之譽，故賞譽可以勸善；罰當暴，則受罰者懷百姓之毀，故刑罰足以沮暴。可以勸善沮暴，天下國家才得以安治。這是尚同理論的最終目的。〈尚同下〉就說：「尚同之為說也，上用之天子，可以治天下矣；中用之諸侯，可以治其國矣；下用之家君，可以治其家矣。」墨子認為尚同政治就是有此五項功效，所以他接著說：「尚同為政之本而治之要也。」

第五節　尚同與極權

評斷一種學說可以從理論的層次看，也可以從實踐的層次看。理論方面，尚同論頗具人道主義，但實質上是屬於極權思想。實踐方面，尚同論必然走上極權政治。

墨子的尚同學說，是站在人民的立場，要求天所選立既賢且仁的天子，率領由他選置的賢能的各級政府官長，尚同天志（天志是愛利天下之人，而且欲義而惡不義），以一同天下之義，消除一人一義，百人百義交相非的局面，達到「安危治亂」，「興天下之利，除天下之害」的理想。在此頗具人道主義的色彩。然而，其「上之所是必皆是之，上之所非必皆非之」，「尚同而不下比」，並藉告密連坐的制度，以達成「一同天下之義」，這是極權專制的本質。民主政治，是容許、尊重不同思想、意見的存在。而政治是管理眾人的事，眾人的需要，眾人最清楚，事情做不做，怎麼做，應聽聽他們的意見，而不是由統治者獨自決定眾人的需要。可見民主是「下比」，專制才是「尚同」。

從實踐的層次看，注重的是理論的可行性。一個理論行不行得通，不僅在於良好的動機和目的，更重要的是在它的方法適不適當。方法不適當，非但達不到目的，很可能走向反目的。墨子的尚同理論便是一個例子，他的方法是無效的，不當的。尚同理論是否行得通，關鍵在「天」對天子的約束力。但事實上，墨子所說的「天」並不存在，以不存在的「天」來選立天子，來「正」天子，乃客觀上的不可能，這是他的無效性。在政治的運作上，天子掌握最高而且絕對的權力，卻無有效控制權力的制度，又規定百姓要「上之所是必皆是之，上之所非必皆非之」，勢必成為天子以一人的是非為天下人的是非而鋪路；而所謂「天欲」，正好是天子遂私心、行無德的擋箭牌；告姦、連坐更迫使老百姓不得不成為被「牧」的一群羊。這就是他的不當處。基於這種無效、不當的方法，我們認為尚同理論是一條通往極權專制之路。或許有人要問：人有了權力就一定會做壞事嗎？英哲艾克通 (Lord Acton) 的話是最好的答案，他說：「一切的權力使人腐化，絕對的權力，絕對的腐化。」因為執行權力的樂趣是和執行權力的經驗相對增加的。明朝黃宗羲 (1610～1695) 在〈原君〉也說，歷史上的人君都「以為天下利害之權皆出于我……以我之大私為天下之公，始而慚焉，久而安焉。」❸這已指出權力的腐化是漸進的，習慣成自然。這從中國大陸的毛澤東政權可以得到印證。最近臺灣出版一本《毛澤東私人醫生回憶錄》，作者是曾任毛澤東私人醫生達二十二年之久的李志綏先生。《中國時報》對李先生做了一次專訪，我們且聽聽他怎麼說：

❸ 黃宗羲，《明夷待訪錄》。

> 我認為毛是一個十足的暴君……毛是逐漸變成專制皇帝的。他在五〇年代的時候還好，但三反五反以後就變了，不能接納異議，不能接受批評，喜歡聽「萬歲！萬萬歲！」憑自己的思維方式和好惡作事，對民生疾苦渾然不知……老百姓過苦日子，毛卻在中南海享受，完全違背共產主義的理想。把每一個人當草芥，以及充斥清算、鬥爭與陰謀的政治。❹

李先生在《回憶錄》也說：

> 毛澤東在 1970 年 12 月 10 日會見美國記者斯諾時，引用一句歇後語：「我是和尚打傘」以說明自己是「無髮（法）無天」。❺

雖然尚同理論有以上的弊病，但其中已論及行政效率與共識的關係（上下同義，賞足以勸善，罰可以沮暴）；並且注意到政治權力須要制衡的問題（天子不得恣己而為政，有天正之。當然以天制衡天子其實無效，那是另一問題）；更基本的是，墨子認為政治是為人民服務的，領導者的職責就在「興天下之利，除天下之害」。這些觀點，今天看來仍然有其積極的意義。

---

❹ 專訪《毛澤東私人醫生回憶錄》作者李志綏，《中國時報》人間副刊，1994 年 10 月 21 日。

❺ 《毛澤東私人醫生回憶錄》摘要之二，《中國時報》34 版面，1994 年 10 月 17 日。

第七章　墨子的治國理論之三：兼愛非攻

墨子說：「國家務奪侵淩，則語之兼愛非攻。」（〈魯問〉）

墨子處於春秋戰國之際，正是攻伐兼併的時代。於是提出「兼愛」、「非攻」，作為對治侵淩掠奪的方策。

墨子認為醫病要先知道病因，治亂要先知道亂因。天下之所以亂，在他看是因為「不相愛」。那為什麼不相愛？因為人人只知自愛，不愛別人。只知自愛不愛別人，故虧人自利，所以天下亂。他在〈兼愛〉中就說：「今諸侯獨知愛其國，不愛人之國，是以不憚舉其國以攻人之國。今家主獨知愛其家，不愛人之家，是以不憚舉其家以篡人之家。今人獨知愛其身，不愛人之身，是以不憚舉其身以賊人之身。是故諸侯不相愛則必野戰；家主不相愛則必相篡；人與人不相愛則必相賊。……凡天下禍篡怨恨其所以起者，以不相愛生也。」

國家務奪侵淩，因不相愛而生。於是墨子提倡「兼相愛」來解決。他說：「若使天下兼相愛，愛人若愛其身」「視人之國若視其國；視人之家若視其家；視人之身若視其身。是故諸侯相愛則不野戰；家主相愛則不相篡；人與人相愛則不相賊。……凡天下禍篡怨恨可使毋起者，以相愛生也。」（〈兼愛上中〉）

面對好戰之君，墨子除了向他們推銷「兼愛」之外，同時還規勸他們「非攻」。非攻是兼愛的實踐。〈天志中〉就說:「兼者,處大國不攻小國,處大家不亂小家,強不劫弱,眾不暴寡。」

非攻,就是反對侵略,更要制止侵略。墨子的非攻,是以實力作後盾的和平主義。

墨子的非攻理論,主要有兩項理由:第一是侵略的行為不仁不義;第二是戰爭雙方有害無利。依他的觀察,諸侯國君專務攻伐兼并,是為了「貪伐勝之名及得地之利」(〈非攻中〉)。可是攻伐無罪的國家,殺害無辜的人民,是最大的不仁不義。而戰爭的結果卻是「計其所得(土地),反不如所喪者(人民、財物)之多」,發動戰爭者甚至自我亡國(如吳、智伯),所以說,發動侵略是不道德的,攻戰是「不吉而凶」的。

墨子除了用「不仁不義」和「有害無利」去遊說諸侯非攻,他還勸勉國君積極的勵精圖治,所謂「易攻伐以治國,功必倍。」(〈非攻下〉)而且,平時多儲備軍力,做好防禦工作,一旦遭遇攻擊,才有抵抗能力。他在〈七患〉說:「庫無備兵,雖有義不能征無義(侵略者)。城郭不備全,不可以守。……故備者,國之重(軍力)也。」另外,墨子更建議各國君王要互相援助,聯合起來抵抗侵略。〈非攻下〉說:「大國之攻小國也,則同救之。小國城郭之不全也,必使修之。布粟乏絕,則委(輸)之。幣帛不足,則共之。」從這段話可以看出,非攻是兼愛的具體展現。

墨子不僅提倡非攻的理論,還具有卓越有效的防衛知識,現存《墨子》五十三篇之中,〈備城門〉以下十一篇就是專論防守技術的。他一生帶領著一批紀律如鋼的學生,到處宣導和平主義,更實際制止了三次侵略戰爭。〈魯問〉篇有兩處記載:一次是勸止齊國攻伐魯國;另一次是勸止魯陽文君攻打鄭國。而〈公輸〉篇更是全篇記載著墨子如何憑本事壓住公輸般，說服楚王放棄侵略宋國的精彩故事。如果當時就有諾貝爾獎的話，墨子確實是有資格獲頒和平獎的人。

第一節　兼愛的涵義

兼愛是墨子的代表思想，已成為墨子思想的標誌。《孟子・滕文公下》說：「墨氏兼愛」；《莊子・天下》說：「墨子氾愛兼利」；《呂氏春秋・不二》及《尸子・廣澤》都說：「墨子貴兼」。

孫中山先生說：「古時最講『愛』字的莫過於墨子。」的確，先秦諸子之中墨子論愛最為精深。然而，在中國歷史上，兼愛卻是長久深受誤解的一個觀念。其主要因素，一個是受孟子的影響，另一個是讀書不求甚解的結果。

一般學者只從〈兼愛〉三篇去了解兼愛的內容，尚嫌不足的。三篇〈兼愛〉只是門人記述的通論，不能精深。兼愛的根源出於天，而天又是墨子的法儀，因此〈天志〉、〈法儀〉是研究兼愛必看的篇章。〈大取〉、〈小取〉也論愛，尤其〈大取〉更是以愛利為歸。至於《墨經》四篇是墨徒俱誦的教科書，其中對兼愛的闡述最精微。我們認為必須綜合《墨經》、〈兼愛〉、〈法儀〉、〈天志〉、〈大取〉、〈小取〉諸篇一併研究，才能了解兼愛的涵義。兼愛的涵義可分幾項說明如下：

一、兼愛是廣愛全體人類

墨子用「兼」字，是指全部或整體的意思。

〈經上〉：「體：分於兼也。」

〈經說上〉：「若二之一，尺之端也。」

〈經〉義指「體」是部分，「兼」是整體，所以說體（部分）由兼（整體）分出。〈經說〉打比方解釋，一是二的部分，點（端）是線（尺）的部分。另外，〈經說〉在解釋「損」字時說：「偏也者，兼之體也。」也可看出「體」是「偏」，是「兼」的部分，而「兼」是整體或全部。

墨子的兼愛出於天志，而天是兼愛天下之百姓的（〈天志上〉）。因為天底下無論大小國都是「天之邑」，人無論長幼貴賤都是「天之臣」，天兼而愛之，所以說：「天之行廣而無私」（〈法儀〉）。人須順天意而行。〈天志下〉說：「順天之意何若？曰，兼愛天下之人。」墨子的意思是，我們要順天意，廣（博）愛天下所有的人。

〈大取〉：「愛人不外己，己在所愛之中。」

這裏的「人」，是指整體人類，自己是人類中的一分子，愛人類整體，當然也包括自己在內。

〈小取〉：「愛人，待周愛人，而後為愛人。」

第一和第三個「人」字，是指人類。第二個「人」字，是指每一個人。「周愛人」就是愛遍所有的人。

從以上兼字的定義，「兼愛天下之人」，「愛人不外己」，以及「周愛人」，可以歸納出兼愛是以人類全體為對象。因此說，兼愛是廣愛全體人類。

二、兼愛是人與人相愛相利

墨子認為天下之所以亂，是因為「不相愛」。〈兼愛中〉說：「凡天下禍篡怨恨其所以起者，以不相愛生也。」人為什麼不相愛？因為人獨知自愛不愛別人。墨子為了解決這個問題，於是提出「兼相愛交相利」來替代「不相愛」。從文意看，「兼相愛交相利」的「兼」與「交」同義，都是相互的意思。所以〈兼愛上〉說：「天下兼相愛則治，交相惡則亂。」而〈兼愛下〉更說：「交兼者，果生天下之大利者與。」這個「交兼」是同義複詞。可證「兼」即「交」；「交」即「兼」。「兼相」也等於「交相」，都指相互而言。〈兼愛下〉引《詩經・大雅》說：「投我以桃，報之以李。」正用來說明兼愛是人與人以愛互相對待，彼此有利。所以〈兼愛中〉說：「愛人者人必從而愛之，利人者人必從而利之。」所以〈魯問〉說：「交相愛、交相恭，猶若相利也。」

墨子有時把「兼愛」簡稱為「兼」，也說成「兼相愛」、「兼相愛交相利」、「人與人相愛」(〈天志〉、〈兼愛〉)，有時也說「相愛相利」(〈法儀〉)。墨子的「兼愛」是用來對治「人與人不相愛」的方策。兼愛是人與人「有力相營，有道相教，有財相分」(〈天志中〉)。因此說，兼愛是人與人相愛相利。這是對人與人的關係說的。

三、兼愛即愛人利人

〈天志中〉說：「兼者……此仁也義也。」〈兼愛下〉也說：「兼即仁矣義矣。」〈經說下〉解釋仁義為：「仁，愛也。義，利也。」兼即仁義，兼就是愛利。所以墨子常常愛利連言。

以愛釋仁，與儒家相同，大家熟悉。以利釋義，相當特別，因與儒家解釋不同，容易引起誤解。但這正是墨子思想的精彩處。孔子說：「君子喻於義，小人喻於利。」又說：「放於利而行，多怨。」（《論語・里仁》）孟子對梁惠王說：「王何必曰利？亦有仁義而已矣……上下交征（取）利，而國危矣。」（《孟子・梁惠王上》）孔孟認為義利相反，一好一壞。很明顯的，孔孟了解的「利」只是私利，他們不了解「義」有公利或眾利的一面，這是他們不如墨子高明的地方。〈天志下〉說：「義者，正也。」正是公正（有客觀義），公正之事必然合理，人們應該遵循。因此義除「公正」的意思之外，還作「合理」、「應當」解。孔孟甚至後來整個儒家對義的了解，僅止於此。然而公正合理的事，必然對大家有利，所以墨子才說：「義，利也。」墨子說的義就是公正合理的利，主要是「利民」或「利人」，這已深化了義的道德價值。他在〈耕柱〉就說：「今用義為政於國，人民必眾，刑政必治，社稷必安。所為貴良寶者，可以利民也，而義可以利人，故曰：義，天下之良寶也。」就因為義可以利民，墨子才肯定的說：「萬事莫貴於義」（〈貴義〉）。也因此他一生急於行義，放射出偉大的人格光輝。

〈天志中〉說：「兼者……此仁也義也，愛人利人，順天之意。」〈兼愛下〉說：「分名（分辨）乎天下愛人而利人者，別與兼與？即必曰兼也。」墨子認為能愛人利人的是「兼士」、「兼君」；僅自愛自利的稱為「別士」、「別君」。他以兼為是，以別為非。墨子以仁義釋兼，仁者愛人，義者利人，所以說，兼愛即愛人利人。這是從個人說的，也就是說每個人要去愛人利人。

四、兼愛既是無差等又是有差等的愛

「兼愛既是無差等又是有差等的愛」，這句話看似弔詭，其實是不同層次的問題。說「兼愛是無差等的愛」，是指精神上、心量上、形而上的層次；說「兼愛是有差等的愛」，是指實踐上、事實上、形而下的層次。大多數學者分不清這兩個不同的層次，因而誤解兼愛的可行性，令人遺憾！

墨子的兼愛根源於天，而天兼愛天下之人，一視同仁，沒有偏私。因為「天下無（論）大小國皆天之邑也。人無（論）長幼貴賤皆天之臣也。」公正、公平是天的本質，所以〈法儀〉說：「天之行廣而無私。」墨子認定這一天性並依此詮釋《尚書・泰誓》的話說：「即此言文王之兼愛天下之博大也，譬之日月兼照天下之無有私也。」（〈兼愛下〉）依墨子之意，天的兼愛天下人是普遍而沒有差等的，而人民由天所生（〈尚同下〉），必須順天意兼相愛交相利。如此人們秉天性、順天意兼愛天下之人，也應該是普遍而沒有差等的。這是理論的必然。所以他在〈大取〉明白的說：「厚人不外己，愛無厚薄。」這種無厚薄、無差等的愛出於天志，這是兼愛的形上層次。這一層次的兼愛只能表現在人的精神上或心量上，落實到現實的生活中必然是愛有差等、有厚薄。這一點墨子很清楚。先看〈大取〉的兩句話：

> 志功為辯。
> 志功不可以相從。

「志」是心願、動機，心願是可以無窮，志存兼愛天下之人，並無困難。「功」就是事功、效果（《墨經上》），事功乃具體的事務，對象有限，必有先後厚薄之分。「志」屬理想，「功」是現實。墨子要大家分辨理想與現實的差距，所以特別強調說，志功不可能相同。他在〈大取〉打一個比喻加以說明。他說：

> 二子事親，或遇熟，或遇兇，其愛親也相若。

意思是說，有兩個兒子，一個遇到豐年，收成多，事奉父母較厚，另一個遇到荒年，收成少，事奉父母較薄，雖然有厚薄之分，那是受限於現實的物質條件的不同，然而他們對父母親的愛心卻是相似的。愛心沒有厚薄，但實利有厚薄，這是「志」與「功」的不同。愛是心量，是無形的精神，可以不分厚薄，沒有差等，但落實到生活行為上，必然有厚薄、差等之分。因為這個世界上沒有兩個完全相同的事物存在。墨子對「異」的界定，已充分說明了這個道理。他說：

> 異，二必異，二也。(〈經上〉)

「異」，就是「差異」，就是「不同」。「二必異，二也。」是說兩個東西或兩件事物必定有差異，因為是兩個或兩件，而不是同一個或同一件。〈經說下〉有一句話：

> 遺者，巧弗能兩也。

「遺者」，是指丟掉了的東西。「巧弗能兩」，是說巧匠不能做出兩個完全相同的東西。換句話說，再巧的人也無法做出與丟掉的完全一模一樣的東西來。這正是「二必異」的最好注解。

愛心要能表現出來才算數。通常愛心表現在言語與行動上。行動包括身體舉動及交付物質東西。各種物質東西計其細微，顏色、形狀、質量、原子結構等等，固然是「二必異」；身體舉動同樣是「二必異」，如回眸一笑就不可能有兩次相同的笑容，其回眸的角度、眼神、脣角等等，必然有別。就是言語也如此，同樣一句「我愛你」，任何人說它兩次，其間也有不同，因為表情、聲調、音量、音質、聲波、時空等等因素一定不同。以今日的科學知識，可以更肯定「二必異」這一命題。

墨子深知愛在實踐上必然有先後、遠近、親疏、厚薄之差等，所以才說：「近者不親，無務求遠；親戚不附，無務外交。」（〈修身〉）在用人方面，他主張有差等，如「列德而尚賢」、「有能則舉之，無能則下之」（〈尚賢上〉）。在〈非攻下〉分辨「攻」與「誅」的不同。他認為「攻伐無罪之國」是「攻」，至於禹征有苗、湯伐桀、武王伐紂，那是「征伐有罪的暴王」，則稱為「誅」。「誅」是義；「攻」是不義。墨子主張兼愛天下之人，但只愛好人不愛壞人。所以他才說：「殺盜非殺人」（〈小取〉），意思是：殺強盜不是殺好人。從這些例子可以了解，墨子深知愛在施行上是有差等的。

兼愛，從順承天志來說是無差等的，這是心量、精神的層次；從具體實踐上說是有差等的，這是行為、事實的層次。所以墨子才說：「志功不可以相從」。因此說，兼愛既是無差等又是有差等的愛。

五、兼愛是不受時空限制的愛

〈大取〉說：

> 愛眾世與愛寡世相若，兼愛之有（又）相若。愛尚（上）世

與愛後世，一若今之世。

「眾世」指大地區，「寡世」指小地區。這句話是說，愛大地區就像愛小地區一般。而且愛上世（過去世）、後世（將來世）也像愛今世（現在世）一樣。去、來、今三世，如同佛教說的三生，但當時離佛教傳入中國很遠，顯非接受佛教的影響。孔子說：「未知生，焉知死。」（《論語・先進》）他不管來生，其他先秦諸子也沒有論及三世的，獨獨墨子有三世之說，實在很特別。墨子已經把愛心擴展到超越時空的限制。

〈經下〉列出三條對此有更周密的闡述：

⑴無窮不害兼。

大意是說，就算地方（空間）無窮大，人類無窮多，並不妨害兼愛（盡愛）所有的人。

⑵不知其數而盡愛之。

墨子的意思是說，雖然不知道天下人民的數目，但只要被問到的人我都愛。如此，雖不知其數目，也可以盡愛他們。

⑶不知其所處，不害愛之，說在喪子者。

大意是說，對人類的愛，縱使不知道他們在什麼地方，也不會妨害我們愛他。墨子打了個比方：「說在喪子者」。意思是：就像孩子走失了一樣，儘管不知去向，生死莫卜，做父母的照樣還是愛著他們。

這三條說的愛都不受時空的限制，也都屬於精神上、心量上的層次，並非具體的行為實踐。從以上〈大取〉及〈經下〉的詮釋，可以說：兼愛是超越時空的愛。

綜上所述：兼愛是廣愛全體人類；兼愛是人與人相愛相利；兼愛即愛人利人；兼愛既是無差等又是有差等的愛；兼愛是超越時空的愛。雖然墨子論兼愛如此的周密，但如簡單的說，兼愛在個人是要去愛人利人，在全體人類是彼此都要相愛相利。

第二節　兼愛的理論根據

任何學說思想都有其理論根據，墨子的兼愛思想也不例外。兼愛的理論根據有二，一個是根源於天志，另一個是建基於人性。前者已是學術界的共識，後者則是筆者的獨見。今分別說明。

依墨子之見，人類一切行為必須有標準（法儀）可循，才能成事。他認為只有天可以作為人類的標準。天兼愛兼利天下之百姓，而且天必欲人相愛相利，不欲人相惡相賊。既然以天為標準，動作有為必定拿天作度量，天之所欲則為之，天之所不欲則止。所以〈天志上〉說：「順天意者，兼相愛交相利。」〈天志中〉說：「愛人利人，順天之意。」〈天志下〉也說：「順天之意何若？曰：兼愛天下之人。」由此可知，墨子的兼愛是根源於他的天志。

研究一家學說思想，不僅要了解其思想表面結構，還要進一步發掘它的深層結構，或其理論預設。我們說兼愛建基於人性正是如此。墨子沒有人性論，可是他所以提倡兼愛，對人性已經有所預設。

他預設人性是自私的，但可以轉化；另外他認為人性是能感應的。

〈兼愛上〉說：

> 當（嘗）察亂何自起，起不相愛。臣子之不孝君父，所謂亂也。
>
> 子自愛不愛父，故虧父而自利。弟自愛不愛兄，故虧兄而自利。臣自愛不愛君，故虧君而自利。此所謂亂也。雖父之不慈子，兄之不慈弟，君之不慈臣，此亦天下之所謂亂也。父自愛也不愛子，故虧子而自利。兄自愛也不愛弟，故虧弟而自利。君自愛也不愛臣，故虧臣而自利。是何也？皆起不相愛。

〈兼愛中〉說：

> 今諸侯獨知愛其國，不愛人之國，是以不憚舉其國以攻人之國。今家主獨知愛其家，不愛人之家，是以不憚舉其家以篡人之家。今人獨知愛其身，不愛人之身，是以不憚舉其身以賊人之身。是故諸侯不相愛則必野戰。家主不相愛則必相篡。人與人不相愛則必相賊。君臣不相愛則不惠忠。父子不相愛則不慈孝。兄弟不相愛則不和調。天下之人皆不相愛，強必執弱，眾必暴寡，富必侮貧，貴必傲賤，詐必欺愚。凡天下禍篡怨恨其所以起者，以不相愛生也。

以上這兩段話，墨子並沒有提到「自私」二字，但一個人獨知自愛不愛別人，所以不怕「賊人之身」、「篡人之家」、「攻人之國」，而虧人自利，這顯然是自私心的行為表現。因此我們可以推知，墨子在說「子自愛不愛父，故虧父而自利」或「今人獨知愛其身，不愛人之身，是以不憚舉其身以賊人之身」這些話時，他心中已預設了「人性是自私的」這一觀點。

人性自私，所以只知愛己不知愛人，因而虧人自利。所以說，損人利己是亂的起因，或說自愛自利是亂的原因，上引〈兼愛上〉已經提到。然而墨子卻說亂是起於不相愛。這在所引〈兼愛中〉那段話說得很明白。墨子所以說不相愛是亂的原因，而不直接說損人利己的自私才是亂的原因，他是著眼於人與人彼此的關係上，而最主要的是他要提倡「兼愛主義」。也就是要以「相愛」來替代「不相愛」。這也顯示：墨子認為人類雖然自私，但也可以轉化或導引為「與人共利的自私」，即兼相愛交相利，或相愛相利。

另外，墨子認為人性是能感應的。他說：「夫愛人者人必從而愛之。利人者人必從而利之。惡人者人必從而惡之。害人者人必從而害之。」（〈兼愛中〉）有時也縮短的說：「愛人者必見愛也。而惡人者必見惡也。」（〈兼愛下〉）這些話表明，人性必能感通、感應。人性必能感通、感應，正是自私心能被轉化或導引的基礎。人的自私心能因感應性而被轉化，才能以「相愛」替代「不相愛」，或以「相愛相利」替代「自愛自利」，也就是墨子明說的「兼以易別」（〈兼愛下〉）。

墨子以為天兼愛兼利天下之人，天也要天下之人相愛相利，人們為了法天，也為了得天之賞，必須順天意兼相愛交相利。所以說天志是兼愛的根源。墨子預設人性自私，強調人性必能感應，自私心能因感應的人性而轉化，自愛可以轉為相愛。所以說兼愛有其人性的基礎。合起來說，天志與人性是兼愛思想的理論根據。

第三節　兼愛的方法

墨子曾明白說出兼愛的方法。〈兼愛中〉有段話：「兼相愛交相利之法將奈何哉？子墨子言：視人之國若視其國，視人之家若視其家，視人之身若視其身。」依墨子之意，兼愛的方法就是「視人若己」。在〈兼愛下〉說成「為彼猶為己」。在〈兼愛上〉則說「愛人若愛其身」，完整句子應是「愛人之身若愛其身」，可以說成「愛人若愛己」。簡要的說，兼愛的方法是「愛人若己」。

「愛人若己」，就是用自己的心去量度別人的需要或感受，將心比心去愛、待別人。「愛人若己」可以說是孔子「恕」的積極義。

子貢曾問孔子，有沒有一個字可作為終身奉行的原則？孔子回答說：「其恕乎，己所不欲，勿施於人。」（〈衛靈公〉）孔子認為「恕」是每一個人行為的南針。「恕」字由如心二字合成，意義是：以己心度人心。自己不想要的，不施給別人。所以孔子說：「己所不欲，勿施於人」。這種對別人的設想，不要別人受害，是對別人的愛，屬於消極義。另外，孔子還說：「夫仁者，己欲立而立人，己欲達而達人。能近取譬，可謂仁之方也已。」（〈雍也〉）「能近取譬」，是說能從近處來比量。跟每一個人最近的，就是自己的心。「能近取譬」，就是能取自己的心去比別人的心。簡單的說，就是能將心比心。可見「能近取譬」是「恕」的另一種說法。「能近取譬」可謂「仁之方」，那麼「恕」也是「仁之方」。「仁之方」就是行仁的方法。「恕」是行仁的方法，所以孟子才說：「強恕而行，求仁莫近焉。」（〈盡心〉）可見「己欲立而立人，己欲達而達人」是「恕」的積極義。

墨子說：「兼即仁矣義矣。」(〈兼愛下〉) 行仁的方法是「恕」。兼愛含仁也含義，仁是愛，義是利，兼愛是愛利人，兼愛的方法是「愛人若己」。「愛人若己」與「恕」的積極義相通。可以說「愛人若己」是「恕」的再發揮，而兼愛是仁的擴充。

第四節　兼愛問題的討論

一、兼愛與自私心的問題

有的學者認為：兼愛在祛除自私心。這個問題值得討論。

墨子提倡兼愛主義時，表面上沒有談到人性問題，但其實，在他的理論深層早已預設：人性是自私的。這在前面「兼愛的理論根據」一節中已有論述。人獨知愛己不知愛人，所以虧人、賊人以自利，這是人自私心的表現。墨子認為，人的自私自利或自愛自利，是亂的根源。從單方面看，自愛不愛人故虧人自利；從雙方面看，人與人不相愛則虧賊。墨子又從彼此雙方看，所以說亂起於不相愛。所謂「凡天下禍簒怨恨其所以起者，以不相愛生也。」(〈兼愛中〉) 為了對治「不相愛」的亂局，墨子提出他的「兼愛主義」。

自愛自利或不相愛則相賊，都是起因於自私心，墨子提出兼愛當然是要解決人性自私的問題，但他的解決之道不是在祛除自私心，而是要滿足人與人的自私心，這才是兼愛主義的深層義理。

俗語說：「人不自私，天誅地滅。」這是真理，無庸置疑。而人的自私心是無法祛除或消滅的，除非死亡。宋儒所說的「存天理，滅人欲」，是句空話，經不起驗證的，人欲一滅，天理不存，只有在人欲上好好處理，才能存天理。何況，自私是人類生存的本能，奮鬥、創造的動力。宗教家最不自私了，但他們的行善、為義，還不是為了「得救」、「成正果」，可以「上天堂」、「到西方」。如果行善、為義是上不了天堂，到不了西方，他們還會幹嗎？可見宗教家仍然不能袪除自私心。孔孟的「殺身成仁」、「捨生取義」仍然有其自私的人性在，人不為了成仁，不為了取義，請問那一個傻子會去殺身、捨生呢？為了成仁、取義，仍然是個人高貴的自私。人的自私心不能袪除，無法消滅，墨子一定懂這個道理，這從他提倡兼愛可以推知。

「兼愛」簡稱為「兼」，全稱應是「兼相愛交相利」或「相愛相利」，著重的是人與人彼此雙方的相愛相利，不是要求單方面去愛人而不愛己，〈大取〉就明白的說：「愛人不外己，己在所愛之中。」墨子也曾引《詩經・大雅》：「投我以桃，報之以李」，來說明「兼相愛交相利」是「禮尚往來」，是相愛相利的。可見兼愛是要滿足人與人彼此的自私，而不是要袪除人的自私心。「兼相愛交相利」是與人共利或與人互利的自私。這種與人共利或與人互利的自私，才能真正達成個人的自私。所以老子說：「非以其無私邪，故能成其成。」（《老子》第七章）兼愛就是能滿足人與人彼此的自私，所以墨子才說兼愛能生「眾利」能生「天下之大利」（〈兼愛下〉）。

二、兼愛是目的交利是手段的問題

有的學者認為：墨子的兼愛是「以兼愛為目的以交利為手段」。我們認為這種說法是未得兼愛的精義。而且我們認為：兼愛是目的；交利也是目的。至於兼愛的手段則是「愛人若己」。請看下面的說明：

兼愛有時墨子簡稱為兼，墨子曾說：「兼者……此仁也義也。」

(〈天志上〉)而且在〈經說下〉解釋道:「仁,愛也;義,利也。」可見兼含仁含義,兼是愛是利,所以墨子時常「愛利」連言,如〈兼愛下〉的「愛利人之親」、「愛利吾親」,〈尚賢中〉的「愛利萬民」。兼或兼愛既是愛利,對於個人,墨子說「愛人利人」,對於人類,墨子就說:「兼相愛交相利」或「相愛相利」。由此可見,兼愛是目的交利也是目的。

再說,愛是以利為本質的,愛人就是要有利於人,無利於人,豈能說愛人。張純一有相同的看法,他說:「既言愛人,必有實利於人,設無利於人,徒言愛人,非愛人也。」❶心理分析學家佛洛姆在他那本《愛的藝術》第二章〈愛的理論〉,提出愛的五種基本成分為:給與、關照、責任、尊敬和知識。我們認為利乃是這五種成分的共同特性。換句話說,給與、關照、責任、尊敬和知識所表現的愛,都是要有利於被愛之人。一句話,愛人就是真實有利於人。兼愛在個人的實踐上是「愛人利人」,在人與人的交往上是「相愛相利」,可見墨子最能了解愛的本質和功能。他甚至以「利君」釋忠;以「利親」釋孝(〈經上〉),這是以利為愛,愛利合一。所以說「以兼愛為目的以交利為手段」的看法,是未得兼愛的精義。

墨子也曾明白的提出兼愛的手段,這在前面「兼愛的方法」一節中,已有詳述,這裏只簡要的說說。〈兼愛中〉說:

> 兼相愛交相利之法,將奈何哉?子墨子言:視人之國若視其國,視人之家若視其家,視人之身若視其身。

---

❶ 張純一,《墨子集解・大取》,「聖人有愛無利俔日之害也。乃客之言也。」句下注。

這裏明白的把「兼相愛」、「交相利」合成一事來探討方法，這是墨子的原意，怎能說墨子的兼愛是以兼相愛為目的以交相利為手段呢？很明顯的，此種說法是誤解了墨子的原意。「兼相愛交相利之法」，從上面的話可以說是「視人之身若視其身」。〈兼愛下〉則說：「為彼猶為己」。〈兼愛上〉說成：「愛人若愛其身」。綜合來看，不違反墨子的意思，「兼相愛交相利」的方法或手段，可以說是「愛人若己」。「愛人若己」就是以己心去量度別人的感受和需要，將心比心的去愛人利人。

三、兼愛與無父的問題

孟子說：「墨氏兼愛，是無父也。」（〈滕文公下〉）這句話影響中國兩千多年，迄今不衰。兼愛無父之說，幾乎已成為定論，然其間有誤解與曲解，不得不辯。

先秦諸子對墨子思想雖有所批評，然並無兼愛無父的說法。秦漢以後，墨子思想不受重視，研究的人很少，可是提到兼愛還是傅會孟子的見解，理學家與王陽明都如此。直到清末，汪中才以孟子為「枉墨」、「誣墨」。俞正燮說：「謂兼愛即無父是險詖」。孫詒讓更肯定墨氏「諄諄以孝慈為本」。民國以來，研究墨子的人又多了起來，尤其梁啟超、胡適兩人名氣大，發生帶頭作用，一時之間，蔚為風潮，研究墨子的論文，如雨後春筍，紛紛出刊。墨子思想的受到重視，又像先秦時再度成為「顯學」。雖然如此，多數學者仍然堅守孟子兼愛無父的看法，只是增加了不少辯辭，但並不能澄清問題的癥結所在。主要是因為他們在根本上就混淆了層次，沒有看出兼愛思想有其形而上和形而下的分別所致。這些學者的作法是，先解釋兼愛為「無差等的愛」，然後據以判斷兼愛是無父。最明顯的例子是：他們把「愛人若己」的「若」字，誤解或曲解為「相等」、「同等」或「一樣」、「同樣」或「等於」，於是說：兼愛的愛是「同等的愛」、「平等的愛」或「無差等的愛」。把「愛人若己」解釋為「愛所有的人都與愛自己一樣」，把「愛人之親若己之親」解釋為「愛所有人的父母親都與自己的父母親一樣」，這樣的愛法，就是無差等的。因此就說，兼愛是無父的。以上這種說法好像有道理，但當你看清楚之後，真會讓你哭笑不得。請大家去翻翻所有的字典，看看有那一本字典把「若」字解釋成「相等」或「一樣」的？「愛人若己」的「若」，可以通「如」，「若」、「如」都是比量的意思，翻成「好比」或「好像」。「若」的兩邊並不相等，「愛人」與「愛己」不是半斤八兩。「愛人若己」只是用自己的心去量度別人的需要或感受，將心比心的去愛、待別人。這那裏是「平等的愛」或「無差等的愛」呢？倒類似孔子「推己及人」的「恕」。所以我們在前文說，「愛人若己」這一兼愛方法是「恕」的積極發揮。很顯然的，「愛人若己」不是人與己平等，「愛人之親若己之親」也不是人之親與己之親平等，不能據此就說兼愛無父。另一個例子是：從兼愛根源於天志，說兼愛是無差等的。兼愛既是無差等，所以兼愛即無父。這一論說，錯誤在混淆了兼愛的形上與形下的層次。人承天志而得的兼愛，是形而上的，可以無差等。可是人實踐兼愛，是形而下的，必然有差等。這一分別，墨子已經明說，可惜學者們並沒有看出來。縱使純就天來說，天的普照天下萬物，是無私的、公平的，但就受照的萬物來說就不是平等的，因為受照的時間有先後，面積有大小之分，所謂「向陽草木先逢春」就說明了這一事實。可見天的兼愛不能不分出形上與形下，人的兼愛也必然如此。

如果追根究底，孟子早已犯了以上的錯誤。〈滕文公上〉記載孟子的話說:「夫夷子信以為人之親其兄之子為若親其鄰之赤子乎?彼有取爾也。……且天之生物也,使之一本,而夷子二本也。」這段話中,要注意「若」字,孟子是把「若」字當「相等」或「同樣」了解,這從「彼有取爾」可以看出,「有取」是有取(著重)於兄之子。這段話是說,夷子真的認為人愛他哥哥的兒子與愛鄰居的小兒同等嗎?人是比較厚愛他哥哥的兒子的。天下萬物都是出自一本,夷子以為愛無差等,人之親與己之親相同,他有二本。但是夷之說:「愛無差等,施由親始」,前半句是指形而上,後半句是指形而下,孟子的批評不但誤解或曲解「若」字的意義,而且也混淆了形上和形下的層次。

當然,也有人反對孟子的「兼愛無父」之說,如明朝末年李卓吾(1527~1602)就指出孟子「不深考其所自而輕于立言」;孟子「好入人罪」。他說:「兼愛者,相愛之謂也。使人相愛,何說害仁?……我愛人父,然後人皆愛我之父,何說無父?若謂使人皆愛我父者,乃是無父,則必使人賊我父者,乃是有父乎?」❷民國三十四年,熊十力在他的《讀經示要》批評宋儒非兼愛之誤,他說:「宋儒每非兼愛之論,謂其昧於理一分殊。此宋儒之疏於反省也。人情雖日思兼愛,畢竟愛他人,不如自愛之切也。分殊易知,而孰夫理之一者至難也。夫日以兼愛之道,警惕其心,猶不勝私情之弊也,而況可非兼愛以護其私乎?」❸熊氏的學生牟宗三在〈墨子與墨學〉說:「兼愛並不涵『愛無差等』之義。孟子斥其兼愛為無父,即示其無親親仁民愛物之差等。實則墨子之言本身並不涵此義。而此兩義亦並不相衝突。」❹

---

❷ 李贄,《李氏叢書午、未墨子批選》,〈兼愛上〉、〈節葬下〉批語。

❸ 熊十力,《讀經示要》(臺北:廣文書局,1960),卷二,頁99。

然而，比較能切入問題核心的有：民國五十八年，龔道運的〈論墨子非無差等〉；民國六十一年，杜正勝的〈墨子兼愛非無父辨〉二篇力作❺。龔先生說：「墨子實具崇高之宗教情操，其自公言兼愛而以天為超越根據，實無可厚非。唯自現實生活之分際言，則人為有限存在，必不能實踐無差等之徧愛。」這段話已指出兼愛有「超越根據」和「實際表現」兩個層次，但龔先生誤以為墨子「不能認清兼愛之超越根據與實際表現」。事實上，墨子很明白的分清這兩個層次。容後文再說。杜先生以「愛無差等，施由親始」為「顯見當時墨家兼顧到兼愛思想之理想義及實行義。」他說：「就實行義言，兼愛始於愛親，與『孝弟為仁之本』大同小異；就理想義言，愛無差等的汎愛思想，儒者古訓更夥。」我們認為：龔、杜兩位先生已發覺兼愛有形而上和形而下的不同層次，這已涉及問題的癥結所在，只可惜他們只點到為止，不能旁引墨子原文加以論證。

我們在前文〈兼愛的涵義〉第四點已指出「兼愛既是無差等又是有差等的愛」。我們說：「這句話看似弔詭，其實是不同層次的問題。說『兼愛是無差等的愛』，是指精神上、心量上、形而上的層次；說『兼愛是有差等的愛』，是指實踐上、事實上、形而下的層次。」墨者夷之說的「愛無差等，施由親始」，就包含了這兩個層次。前半句就是「理想義」，形而上的層次；後半句，就是「實行義」、「實際表現」，形而下的層次。夷之這句話已把握了兼愛的義理。

兼愛之所以為「無差等的愛」，是從天志來的。天志是墨子兼愛

❹ 牟宗三，《國史上的偉大人物・墨子與墨學》(臺北：中華文化出版事業委員會，1953)。

❺ 龔文見 1969 年 12 月《新社學報》三卷。杜文見 1972 年 9 月《史原》三卷。

的理論根據，即龔道運先生說的「超越根據」。天兼愛天下之人，也要人們兼愛天下之人。所謂「天必欲人之相愛相利」（〈法儀〉）。墨子強調順天，〈天志上〉說：「順天意者，兼相愛交相利」，〈天志下〉說：「順天之意何若？曰，兼愛天下之人。」墨子又主張法天，法天即法「天之行廣而無私，其施厚而不德，其明久而不衰」（〈法儀〉），就是要效法天的永遠博大而無私的兼愛精神。天行兼愛是無差等的，人順天、法天實行兼愛，當然也是無差等的。這是理論的必然。所以說，兼愛之為「無差等的愛」是從天志來的❻。另外，〈大取〉也明說：「厚人不外己，愛無厚薄。」愛無厚薄，就是愛無差等。

人順天、法天實行兼愛，是可以無差等的，這是精神上、心志上的事。無形的精神或心志可以無先後、無厚薄的兼愛天下之人；然而，落實到實際的行為，愛利不同的人必然有先後、厚薄之分。墨子很清楚這種道理，首先他提出「志功為辯」、「志功不可相從」

❻ 杜正勝根據渡邊卓的考證，以〈天志〉三篇比〈兼愛〉三篇晚出多達一百八十年，所以說：「以晚出作品做早出作品的理論基礎，這種論證的危險性不想可知。」然而，考之現存《墨子》一書，不但〈兼愛〉、〈非攻〉表現〈天志〉思想，〈尚賢〉、〈尚同〉、〈明鬼〉、〈非命〉、〈大取〉都表現〈天志〉思想。號稱墨家「論語」的〈耕柱〉、〈貴義〉、〈公孟〉、〈魯問〉也都有「尊天事鬼」的思想。而墨子早期自著的〈法儀〉，更完整的說明〈天志〉理論，此其一。十論為墨子學說內容，據此教導學生，〈魯問〉載墨子將十論分成五組，告訴學生：「凡入國必擇務而從事焉」，墨子最先講授那一論，不得而知。而十論各有三篇，乃三派弟子整理而成之筆記，那一篇早出，殊難斷定，縱使定出早晚，也不能證明墨子提出十論之先後，此其二。莊子說：「墨子氾愛兼利而非鬥」，只是提出墨子重要的代表思想，並不是渡邊卓所說的初期墨家的兩大精神兼愛與非攻，此其三。我們認為，渡邊卓的考證各篇早晚，多臆測之詞，不足採信。

（〈大取〉），「志」是心志、是動機，「功」是事功、是效果。前者是理想，後者是現實。心志可以廣大無邊，事功必然有所限制（如遠近、先後）。心志要無差等的愛所有的人，實際表現的愛（事功）卻是有差等。理想與現實總是有差距。所以墨子要分別「志」與「功」，畢竟「志」與「功」不可能相同。其次，墨子從科學的眼光提出：「二，必異，二也」（〈經說下〉），意思是，沒有兩件事物完全相同，因為是兩件，一定不同。你想同樣的愛兩個人，結果你對兩個人的愛還是不同樣的，因為愛兩個人是兩件事，不是一件事。基於「志功不可相從」及「二，必異」，兼愛在實際的行為表現上必然是有差等的。而且墨子也認為愛的施行有親疏之別。他說：「近者不親，無務求遠；親戚不附，無務外交。」（〈修身〉）他在〈尚賢中〉、〈非命上〉反對「入則不慈孝父母，出則不弟長鄉里」。在〈兼愛下〉說一個孝子除了自己孝親之外，還想要別人也愛利其親，為達成這個目的，墨子認為「必吾先從事乎愛利人之親，然後人報我以愛利吾親也。」這些都是經驗的事實，無須置辯。所以說兼愛有其「無差等」的一面，也有其「有差等」的一面。正是夷之說的「愛無差等，施由親始。」

到此，我們就可以回答兼愛是否無父的問題。如從實踐的行為，或「實行義」，或「實際表現」看，兼愛受限於許多事實條件，必然是有差等的，墨子就說「近者不親，無務求遠；親戚不附，無務外交。」這話已指出愛的實踐是由近及遠，從親到疏，不發生「無父」的問題。這是形而下的層次。如果從形而上的層次看，順天、法天而來的兼愛是無差等的，也就是〈大取〉說的「愛無厚薄」。無差等、無厚薄的兼愛天下之人，墨子指的都在政治層面上，如〈兼愛下〉墨子引〈泰誓〉文句之後說：「即此言文王之兼愛天下之博大也，譬之日月兼照天下之無有私也。」「無有私」即無差等。又引周詩文句之後說:「古者文武為政均分，貴賢罰暴，勿有親戚兄弟之所阿（私）。即此文武兼也。」就是說文武為政公平，愛無差等，貴賢罰暴，不阿親疏。然而，精神上、心志上，愛是可以無差等，也可以有差等的。愛無差等，該用在政治上（如文武之為政）；愛有差等，當用於倫常上。兼愛理論，強調的是前者，但不明於後者，才會引起「無父」的誤解。不過從「近者不親，無務求遠；親戚不附，無務外交」這句話可以推知，墨子仍然認為在精神上、心志上，對倫常的愛是有差等的。否則如何實踐?（因為人是怎麼想就怎麼做）如此，在形而上的層次，兼愛也不發生「無父」的問題。

總之，順天、法天的兼愛是無差等的。但人的心志上，愛可以無差等，也可以有差等。在實踐上，則愛必然有差等。「愛無差等」主要針對政治層面，墨子希望執政者博愛天下，就像日月兼照天下沒有私心，為政才能公正、公平（均分）。在倫常方面，無論心志上或實踐上，都是「愛有差等」，所以說「近者不親，無務求遠」、「施由親始」（心如此想，才如此做）。因此說兼愛不含「無父」之義。然而孟子鐵口直斷說「兼愛無父」，卻沒有提出有效的論證，我們認為他對兼愛不是誤解就是曲解。而後之傅會者，更是思辯不深。

第五節　兼愛與倫理

兩千五百年前，墨子把兼愛作為家庭、社會、國際間的倫理原則，二十世紀與二十一世紀之交的今天看來，我們認為墨子的理念完全正確。今天工商發達的社會，還可將兼愛擴充作為企業倫理的原則。兼愛倫理之正確，在於相對的倫理觀，以及合乎人性的要求。

墨子的兼愛，說明白一點是「兼相愛交相利」，或「相愛相利」。墨子曾引《詩經‧大雅‧抑》：「投我以桃，報之以李。」來說明兼愛是相互對待的倫理。墨子說：「愛人者必見愛也，而惡人者必見惡也。」（〈兼愛下〉）或說：「夫愛人者人亦從而愛之，利人者人亦從而利之。惡人者人亦從而惡之，害人者人亦從而害之。」（〈兼愛中〉）又說：「吾必先從事乎愛利人之親，然後人報我以愛利吾親也。」（〈兼愛下〉）兼愛不只要求單方面的付出，還要求雙方面彼此相互的對待。所以說，若使天下兼相愛，則國與國不相攻，家與家不相亂，人與人不相賊，「為人君必惠，為人臣必忠，為人父必慈，為人子必孝，為人兄必友，為人弟必悌」（〈兼愛下〉）。兼愛這種相對的倫理觀，是有其人性基礎的。

倫理之可行，必須合乎人性。兼愛雖然沒有論及人性，但人性自私，卻是兼愛思想的預設。「子自愛不愛父，故虧父而自利。弟自愛不愛兄，故虧兄而自利……父自愛也不愛子，故虧子而自利。兄自愛也不愛弟，故虧弟而自利。」「今人獨知愛其身，不愛人之身，是以不憚舉其身以賊人之身。」（〈兼愛上、中〉）墨子在說這些話時，內心早已預設人性是自私的。因為人性自私，所以才會獨知自愛不愛別人，而虧人自利。因為人人自私，所以人與人不相愛。而兼愛是要使「天下之人皆相愛」，因此必須能解決人性自私的問題。解決之道，不是一般學者說的在消除自私心，而是在滿足自私心。自私心無法消除，也不應該消除，因為自私心是人天生的本能，也是人努力奮鬥的動力。兼愛的方法是「愛人若己」或「視人若己」。就是用自己的心去量度別人的需要，將心比心的去愛人利人。將心比心的過程之中，已經考慮過自己和別人的自私心。所以說，「兼相愛交相利」或「相愛相利」，可以滿足彼此的自私，兼顧彼此的利益，解決彼此的需要。老子說:「非以其無私邪，故能成其私。」(《老子》第七章）兼愛非無私，而是「與人互利的自私」，故能成其私。「與人互利的自私」是兼愛的深層義理，也是兼愛思想最符合人性之處。

儒家的倫理只知泛道德，光講義，不講利，也無視於人性的自私，因此儒家思想主導下的社會，到處是自私自利，到處缺乏公德心。兼愛是「兼相愛交相利」或「相愛相利」，可以滿足人與人的自私，兼顧人與人的利益，容易建立起大家的公德心。尤其經濟發達，人權意識普遍抬頭的現代社會，人際關係要求平等對待，企業往來著重公平互惠，世界貿易組織 (WTO) 就是堅持這種原則。而兼愛思想正是相對的倫理，含有道德的互恕性與互惠性，合乎自私人性的需要，最適合作為當今人類的倫理原則。

總之，兼愛思想並不高深，它簡易而可行，是人類實際有用的行為模式。人人「兼相愛交相利」，世界才能共存共榮。若使天下之人「兼相愛交相利」，世界一定更祥和、更安樂、更進步。志士仁人應該大大的宣揚這種「相愛相利」的兼愛哲學。

第八章　墨子的治國理論之四：節用節葬

墨子說：「國家貧，則語之節用、節葬。」（〈魯問〉）可見，節用、節葬是墨子救治「國家貧」的方策。換句話說，節用、節葬是墨子的經濟思想。節葬是節用的一個項目，但影響經濟民生至鉅，所以墨子特立一個單元專門討論。司馬談〈論六家要旨〉說墨子「強本節用，不可廢也」，節用不但是墨子的經濟思想，也是墨子思想的一個標記。

要了解墨子的經濟思想，除了〈節用〉、〈節葬〉兩篇之外，還要參看〈七患〉、〈辭過〉、〈非樂〉、〈經上下〉等篇。

墨子的時代，節用、節葬是兼愛思想的一種落實。二十世紀、二十一世紀之交的今天來看，「兼相愛交相利」正合乎當今的經濟思潮，此一思潮勢必影響二十一世紀的國際貿易。

墨子的經濟思想，大抵可分：節省政府開支、強力生產、貨幣與物價、互惠交利等主要觀念去了解。

不過，要了解墨子的經濟思想之前，要先了解他的思想背景。當時的社會是，人民「飢者不得食，寒者不得衣，勞者不得息」（〈非樂〉）。王公大人則是窮奢極慾，浪費無度。〈七患〉篇說王公大人為了享樂，不惜：

> 虛其府庫，以備車馬衣裘奇怪。苦其役徒，以治宮室觀樂。死又厚為棺椁，多為衣裘。生時治臺榭，死又脩墳墓。故民苦於外，府庫單（盡）於內，上不厭（足）其樂，下不堪其苦。

「上不厭其樂，下不堪其苦」，已經點出當時社會的不平。在上的統治者盡情享樂，不知滿足，於是「厚作斂於百姓，暴奪民衣食之財」，所以在下的人民生活痛苦不堪。這種情形，墨子在〈辭過〉篇逐項加以描述：

在住的方面：

> 當今之主，其為宮室則……必厚作斂於百姓，暴奪民衣食之財，以為宮室臺榭曲直之望，青黃刻鏤之飾，為宮室若此，故左右皆法象之，是以其財不足……。

在衣的方面：

> 當今之主，其為衣服則……必厚作斂於百姓，暴奪民衣食之財，以為錦繡文采靡曼（輕麗）之衣，鑄金以為鉤，珠玉以為珮，……單（盡）財勞力，畢歸之於無用也。

在食的方面：

> （當今之主）厚作斂於百姓，以為美食芻豢蒸炙魚鼈，大國累百器，小國累十器，前列方丈，目不能徧視，口不能徧味，

冬則凍冰，夏則餲饐（腐臭），人君為飲食如此，故左右象之，是富貴者奢侈，孤寡者凍餒。

在行的方面：

當今之主，其為舟車……必厚作斂於百姓，以飾舟車，飾車以文采，飾舟以刻鏤。女子廢其紡織而脩文采，故民寒，男子離其耕稼而脩刻鏤，故民飢。人君為舟車若此，故左右象之，是以其民飢寒並至，故為姦邪。

在蓄私（納妾）方面：

當今之君，其蓄私也，大國拘女累千，小國累百，是以天下之男多寡無妻，女多拘無夫，男女失時，故民少。

墨子在〈節葬下〉說厚葬久喪，對於匹夫賤人則「殆竭家室」，對於諸侯則「虛府庫」。他形容王公大人的厚葬情形為：

今王公大人之為葬埋……必大棺中棺，革闠（韇）三操（用刺繡的皮革繞三道），璧玉既具，戈劍鼎鼓壺濫（鑑），文繡素練，六鞅鑾鈴（從于省吾校），輿馬女樂皆具。曰必隧涂差通，壟唯盤山陵（從于省吾校。說內面墓穴，隧道交通，外面丘壟，盤迴如山陵）。此為輟民之事，靡民之財，不可勝記也。

最殘暴的是，當時統治者還殺人殉葬：

> 天子殺殉，眾者數百，寡者數十。將軍大夫殺殉，眾者數十，寡者數人。

墨子提倡節葬，另一方面是為了反對儒家。他認為厚葬久喪是「儒之道，足以喪天下者四政」中的一項（〈公孟〉）。他說：

> （儒）厚葬久喪，重為棺槨，多為衣衾，送死若徙。三年哭泣，扶後起，杖後行。耳無聞，目無見。此足以喪天下。

以上所引是活生生的事實，統治者為了享樂，極盡奢侈浪費之能事，而人民「飢寒並至」，「不堪其苦」。這些文字，句句是憤怒的控訴，也是墨子「節用」、「節葬」的思想背景。

第一節　節省政府開支

面對國家貧窮，統治者卻奢侈浪費的情形，墨子提出「節用」的經濟對策。節用的主要對象是要求政府節省開支。在〈節用上〉墨子開宗明義就說，「聖人為政」可以使國家的經濟利益，成倍增加。其作法是「因其國家，去其無用之費」，「去其無用之費」。就是說，充分應用國家現有的資源和條件，去除政府不必要的浪費，而且停辦不必要的活動或事務，以節省費用。

墨子的節用原則是：

> 凡足以奉給民用則止。諸加費不加于民利者，聖王弗為。（〈節用中〉）

這個原則是建立在「民用」、「民利」之上。他認為一位聖明的統治者，就在能「愛民謹忠，利民謹厚」。用現代的話說，在經濟政策上就是要能增加國民所得，改善人民的生活。墨子在〈非樂〉就說：「仁者之事，必務求興天下之利，除天下之害，將以為法乎天下，利人乎即為，不利人乎即止。」

基於節用原則，墨子認為統治者在食、衣、住、行、喪葬等方面應力行節約：

在飲食方面：能夠「增氣充虛，強體適腹」就可以。

在衣服方面：能夠「冬以禦寒，夏以禦暑」就可以。

在居住方面：能夠「避潤濕」、「禦風寒」、「別男女之禮」就可以。

在舟車方面：能夠「完固輕利」、「任重致遠」就可以。

在蓄私方面：墨子認為男女大欲，「真天壤之情」，「雖上世至聖必蓄私」，要在「不以傷行」，即不奪人所愛。不過，「當蓄私不可不節」。

在喪葬方面：墨子制定「葬埋之法」為：「棺三寸，足以朽骨。衣三領，足以朽肉。掘地之深，下無菹（通沮，溼也）漏，氣無發洩於上。壟足以期其所則足矣。哭往哭來。反從事乎衣食之財。」

國家貧窮，墨子要求統治階級節省政府開支，力行節約，奉勸王公大人以「儉節則昌，淫佚則亡」的道理。基本上，墨子的節用理論合乎經濟原則，是正確的。然而他要求的食、衣、住、行、喪葬等節約方式，只是維持生存的最起碼條件，這對「飢不得食，寒不得衣」的老百姓是可行的，但對那些大權在握，奢侈鋪張成習的王公大人，要他們過著幾近苛刻的儉約生活，無異與虎謀皮，必不可行。墨子的節用內容，反王公大人之心，王公大人不堪。誠如司馬談〈論六家要旨〉說的「墨者儉而難遵」。《莊子・天下》說的「其行難為也」，「墨子雖獨能任」，奈王公大人何！

然而，墨子的「節用」理念，就是在二十世紀即將結束的今天來看，仍然有其意義和價值。凡事過猶不及，「節用」的意義就表現在「節」之上。產業革命以後，工商發達，二次世界大戰以來，管理的發明與應用，更促使企業的發展一日千里，英、美、德、日等國家經濟繁榮，相繼形成富裕社會，高生產，高消費，大家以為理所當然。但七、八〇年代，兩次中東石油禁運，造成石油危機，使得全世界經濟陷入恐慌之中，各國股票市場大崩盤，甚至被迫停止交易，這是現代人初次領悟到能源必須節用的經驗。石油解禁之後，全球經濟緩慢復蘇，其中亞洲四小龍：香港、新加坡、臺灣、南韓奇蹟似的發展，最引人注目。八〇年代，英、美等國包括歐洲各國，經濟發展由盛而衰，美國聯邦政府赤字高達數千億美元，政府緊縮編制節省開支，個人生活開始節約。各大企業紛紛裁員，全國瀰漫在不景氣之中。這時日本正展現出雄厚的經濟實力，在美國、英國、歐洲等海外市場購併大小企業。最令人吃驚的是，1989 年 9 月，日本新力公司才以四十八億多美元，買下號稱「美國的靈魂」哥倫比亞唱片和影片公司，10 月，日本三菱財團又以八億六千四百萬美元，收購號稱「美國的象徵」洛克斐勒集團 51% 的股份，使美國人著急的說，從好萊塢到華爾街全被日本人買走了！然而，九〇年代以後，經濟不景氣的烏雲又籠罩著全球各地，這次日本也不例外。日本多數的家庭主婦給她們先生的每月零用錢開始縮水，日本男人只好撙節開支，每個禮拜外出喝兩次酒，改為一次。英國的經濟從八〇年代以來，一直停滯不展，1994 年，英國劍橋大學校長，也不得不來到臺灣招募資金，其拮据可知。可見經濟富裕的國家也會面臨貧困的一天，現實環境就會逼迫著人們知所節用。

二十世紀中葉之後，世界經濟的發展是前所未有的，社會的富裕也是空前的，可是仍免不了有匱乏的時候，所以須要節用。更根本的看，地球只有一個，再多的資源還是有限的，總有用完的一天，所以須要節用。如從個人說，只要夠用就好，多餘的應留給他人享用，否則就是浪費，就是暴殄天物。再說，如果一個人只知窮奢極欲，沈湎於物質享樂，其精神境界必難提升。誠如莊子說的「其嗜欲深者其天機淺」。這些都是我們認為節用有其現代意義的理由。

儒家死守封建禮儀，堅持厚葬久喪，這是墨子所最反對的。墨子認為「厚葬為多埋賦財」，「久喪為久禁從事」，不能富貧眾寡定危治亂，不利於生人，也無利於死人。他主張死者既葬，生者不必久喪，大家趕快各就各業，努力工作、生產，以便好好祭祀，表現孝敬父母之心。墨子的節葬主張，對當時的王公大人不可能發生作用，王公大人之所以厚葬久喪，表面上固然是遵守禮制，骨子裏卻是炫耀其權勢與財富，這是人性虛榮的一面。就以今天的臺灣來看，有錢人家出殯，樂隊、鼓陣數十隊，花車上百輛，甚至配有電子琴花車，每車上面有年輕少女大跳脫衣舞，以此遊街，綿延數公里，豈是「送死若徙」所能形容。包括墓園，一次喪葬花費達數百萬元至千萬元，也一樣在炫耀其財富及社會關係，甚至是傷風敗俗。而厚葬的「多埋賦財」，引起盜墓的行為，更是誘人入罪。

1982 年我到美國開會，曾參觀美國國家公墓，許多高官如部長、三星上將的墓碑只有一公尺高，其他官員的墓碑只有七、八十公分高，沒有丘壟，在一片平坦的綠野上，只見墓碑行列並排，整齊美觀。令人驚訝的是，至今備受美國人敬佩的甘迺迪總統的墳墓也在那兒。他的整個墓園只有三、四十平方公尺大，墓碑前有一口天然氣火焰，終年燃燒著，前面有一公尺高的斜牆刻著紀念文字，除此之外，別無他物。眺望一片綠草如茵的美國國家公墓，不自覺的肅然起敬，當時心中驚歎道：「美國真是一個民主國家。」反觀古代皇帝，其墳墓之大，可以盤據十幾座山陵（像埃及金字塔佔地之廣，也令人咋舌），其造墳之久，可以長達數十年，其陪葬物之多，難以數計。陵寢愈大，其暴奪人民衣食之財愈多，其奴役人民的勞力愈烈，時間愈長。今天來看，這些皇陵除了考據價值之外，就是殘暴、自私、貪婪和罪惡的標誌，令人驚歎於人性卑劣的一面！

墨子指出，中國的君子所以堅守厚葬久喪，只是「便其習而義（宜）其俗」而已。他接著提到幾個奇風異俗：越國東邊有個國家叫軫沭，人民生了長子，就把他肢解吃掉，這樣叫做「宜弟」。父親死了，背著母親丟棄野外，說是「鬼妻」不可同居。楚國南邊有個啖人國，父母親死了，把他們的肉剮掉，然後埋他們的骨頭，這樣做才是個孝子。秦國西方有個國家叫儀渠，父母親死了，聚一堆木柴燃燒他們的屍體，火煙向天上熏，說是升仙了，如此才是個孝子。這些風俗都是，上面以此為政，下面也就形成風俗，大家跟著做，沒有選擇，那裏是「仁義之道」，也只是「便其習而義（宜）其俗」罷了。墨子認為葬埋方式是習俗的問題。這個觀念很重要。習俗未必是合情合理的（仁義之道），而且人們大多對習俗是盲從的，像中國的葬埋方式是太厚，奇風異俗又太薄，所以墨子認為葬埋應該「有節」。換成現代話說，墨子的意思是習俗是人訂的，未必合情合理，不合情不合理的習俗就應該改。

墨子說久喪是「久禁從事」。封建貴族有錢有閒，久喪而不從事，不成問題。但對一般平民來說，統治者的橫徵暴斂，已使他們「飢不得食，寒不得衣」，「不堪其苦」，久喪使他們長時間不工作不生產，等於雪上加霜，無法生活。所以墨子主張，死者既葬，生者必無久喪，趕快「從事衣食之財」，才能好好祭祀，表達孝心。墨子這一理論是正確的。但孔子認為嬰兒生下三年才能離開父母的懷抱，所以要守喪三年（《論語・陽貨》）。這個理由不充分。因為孩子離開父母的懷抱，仍然需要照顧，而且問題更多，父母對孩子的愛心和關注是一輩子的，三年之喪，怎麼能夠回報父母的養育之恩呢？事實上，三年之喪只是封建習俗，與回報父母的恩惠無關。父母既然去世，再長的喪期也無用，表現孝敬之心應在父母健在的時候才是真實的。對父母的哀思之情是長遠的，也許一輩子都有，但與三年之喪無關。重要的是，一個孝子要能發揚父母的志業，或盡力為天下興利除害，墨子很強調這一點（〈大取〉）。這是很理性的想法，應繼續宣揚。不過，墨子的「三日之喪」（〈公孟〉）是太短了，今天臺灣「公務人員請假規則」規定：「父母或配偶死亡，給喪假二十一日。」較為合理可行。

第二節　強力生產

一個國家的經濟要注重開源，也要注重節流。節用、節葬、非樂都是節流方面的主張。但墨子也一樣主張開源，那就是強力生產。〈七患〉篇說是「生財密」。

墨子在〈非樂〉說：

在今人……賴其力者生，不賴其力者不生。君子不強聽治，即刑政亂，賤人不強從事，即財用不足。

這就是說，人們靠努力才能生存。不管統治者或一般平民都要強力工作，從事生產，才能增加財富。墨子說，上世的窮民，就因為「貪於飲食，惰於從事」，才會「衣食之財不足，而飢寒凍餒之憂至」(〈非命上〉)。墨子說「賴其力」的「力」，有勤敏之義，「強聽治」、「強從事」的「強」就是這個意思。另外，「力」字也有如今天所說的「生產力」之義。生產力包含體力和知識力。這從墨子對生命的定義可以看出。

〈經上〉22 條說：「生：刑與知處也。」

刑同形，指形體。知指知識或認識能力。生命是形體和知識能力的結合。這一定義非常恰當。徒有形體而沒有知識能力，就像植物人，雖生猶死，不能稱作生命。形體有體力，知識能力可發為知識力，體力加上知識力可創造出高度的生產力。動物獨有體力，人類還有知識力，這是人類大大優於其他動物之所在。例如《墨經》中所說的滑輪、斜面及依槓桿原理而成的桔槔、稱衡，都是知識力的發揮，可以提高體力所及數倍到數百倍的生產效率。今天科技的進步，經濟的繁榮，都賴知識力高度發揮之所賜（如電腦、管理、自動化等）。所以墨子「賴其力者生」的觀念，在現代的經濟上，應該有其新的詮釋和理解。

墨子的時代，最重要的經濟活動當然是農業生產，農業生產關係人們的衣食問題。〈七患〉就說：「凡五穀者，民之所仰也。」「食者，國之寶也。」「故食不可不務也，地不可不力也。」「其力時急。」想要五穀豐收，就要把握季節時令，充分的利用土地。如此才能「以時生財」。為了提高生產，墨子鼓勵農民加長時間，勤奮工作。他說農夫應該「早出暮入，強乎耕稼樹藝（耕種禾穀、栽植蔬果），多聚叔粟。」婦人應該「夙興夜寐，強乎紡績織紝（紡紗織布），多治麻絲葛緒。」（〈非樂上〉）如此，衣食才能得到溫飽。

除了強力增加農業生產之外，墨子提出專業、分工，各盡所能的觀念。〈節用中〉說：「凡天下群百工，輪車、鞼匏、陶冶、梓匠，使各從事其所能。」就是車工、皮革工、陶工、冶金工及木工等各種行業，都各自發揮他們的專長，用來「修舟車，為器皿」，製造各種產品，以供給民需。這是專業的必要性。〈耕柱〉說：「能築者築（模板），能實壤者實壤（打地基），能欣者欣（欣通睎，望也。即測量），然後牆成也。為義猶是也，能談辯者談辯，能說書者說書，能從事者從事，然後義事成也。」這種「分工成事」的觀念，非常重要，它是增加生產的重要方法。現代企業之所以能大量生產、減低成本，除了藉助於機械化、自動化之外，少不了「分工成事」的生產方式。譬如一部腳踏車有許多的零件：車身、坐椅、方向把前輪支架、鋼圈、輪胎、齒盤、鐵鍊、鋼珠、輪軸、腳踏板等等，都是分別由不同的工廠製造，然後才把所有的零件組合成一部腳踏車。像飛機、汽車、太空艙的零組件工廠，更多達數百、千家，而且零件工廠有的在國內，有的在外國。二次大戰以後，幾乎所有的產品都經由專業與分工製造出來的。專業與分工也是商品標準化的成因。由此可以了解，專業與分工對於經濟的發展是重要的促動力。

為了增加生產力，墨子還主張增加人口。在墨子的時代裏，勞動人口是最重要的生產力，人多，生產力就可以提高。他常把「人民之眾」與「國家之富」、「行政之治」並列，當作國家強盛的目標。他反對諸侯攻戰，使「男女久不相見」；反對久喪，「敗男女之交」；反對君主蓄私不節，使「男女失時」。他認為這是「寡人之道」。為了增加人口，墨子主張：男子二十而娶，女子十五而嫁。如此，人口可以倍增。墨子的人口理論是針對戰國時代的經濟條件而發，有其時代的必要性。二十世紀人口暴增，工商農林漁牧等各業的生產方式，採用機械化、自動化，已無須太多的人工，自不可同日而語。

第三節　貨幣與物價

令人驚訝的是，戰國初期的墨子已經注意到貨幣與物價的關係。他提出貨幣的供給情形與物價的高低有其必然的關聯性。這正是現代經濟學領域中貨幣理論的主要課題。現代的貨幣理論有一個基本共識，就是貨幣供給額與物價的漲跌波動有其必然的關係。廣義的貨幣供給額，簡稱 M_2（包括各種活期存款、定期存款及流通在社會的現金），貨幣供給額超過社會正常交易的需求，通常會引起通貨膨脹。各國的中央銀行都以控制貨幣供給額，作為抑住通貨膨脹的一個重要方法。墨子的看法當然沒有現代貨幣理論的精深、詳細，但他確實論及：貨幣政策可以平抑物價。貨幣供給額會影響物價的漲跌。不過墨子時代的貨幣是金屬所鑄，而非宋朝以後的紙幣，當時的貨幣供給額是指重幣、輕幣發行多少的問題，今天的貨幣供給額則是發行總額多少的問題，兩者稍有差異。然而，貨幣理論是二十世紀經濟學的新產物，兩千五百年前的墨子，早已提出以貨幣供給平抑物價的見解，的確高明！且看墨子的說法：

〈經下〉29條：買無貴，說在反其價。

〈經說下〉：買：刀糴相為價，刀輕則糴不貴，刀重則糴不易。王刀無變，糴有變，歲變糴，則歲變刀，若鬻子。

所有注家對這條經文都誤解，只有臺灣師範大學李漁叔教授所著《墨辯新注》，最能切中經義。

買的另一方是賣，買賣必然涉及物價。反，有回復、抑止之意。〈經〉意是說，物價不昂貴，原因在於可用貨幣調節物價，使它回復到一定的行情。

刀，古時稱錢為刀。王刀，是政府製定通行的錢。糴，是買進穀物，賣出穀物則是糶。古時農業社會，一切物價，通常以穀價為標準。故〈經說〉拿刀糴作比喻。「刀糴相為價」，是說幣值與穀價互為升降。紙幣創始於宋朝，宋以前都用金屬鑄錢。賈侍中說：「虞夏商周，金幣三等，或赤、或白、或黃，黃為上幣，銅鐵為下幣。」（《國語・周語下》韋昭注引）《古今注》說：「秦錢半兩，徑寸二分，重十二銖。」金屬鑄錢分大小，大錢的體重而幣值厚，小錢的體輕而幣值薄。大錢即所謂「刀重」，小錢即所謂「刀輕」。大錢因它體重，不好攜帶，因它值大，不易找錢，所以使用不便。《史記・平準書》就說：「秦錢重難用，更令民鑄錢。」「令民鑄錢」，是使人民可私鑄輕錢，方便使用。「刀輕則糴不貴，刀重則糴不易」，就是說錢輕容易流通，農家多糶穀換錢，所以穀價不貴；錢重不便使用，農家不願糶穀，所以糴穀不易。

政府發行的錢幣，幣值一定，但穀價則因歲收的豐歉而有漲跌。所以說「王刀無變，糴有變。」而「歲變糴，則歲變刀」，是說穀價遞年有變，那麼政府就適當變更輕錢、重錢的發行量，用來調節穀價。賈誼〈諫鑄錢疏〉有一段話在說明這個道理，他說：「令禁鑄錢，則錢必重，重則其利深。銅畢歸於上，上挾銅積，以御輕重，錢輕則以術斂之，重則以術散之，貨物必平。」所謂「上挾銅積，以御輕重」，是說政府掌握積存的銅，用來調節輕、重錢的發行量，調節的方法是，錢輕氾濫，就設法收回，錢重難用，就設法通行，如此使物價平穩。

「若鬻子」，諸家以「子」為兒子，大錯。子與母相對，母指重幣（大錢），子指輕幣（小錢）。單穆公諫景王鑄大錢說：「民患輕，則為作重幣以行之，於是乎有母權子而行，民皆得焉。若不堪重，則多作輕而行之，亦不廢重，於是乎有子權母而行，小大利之。」（《國語・周語下》）其意是說，物價貴幣值輕，要用許多小錢才能買到東西，就發行重幣加以調節。如果幣值重物價賤，錢重找錢不易，就多發行輕幣與重幣並用，重幣買貴的東西，輕幣買賤的東西，如此，大小錢都方便使用。「母權子而行」，是說物價貴時，拿與輕幣等值的重幣去支付。「子權母而行」，是說重幣不足時，拿與重幣等值的輕幣去支付。「若鬻子」，若留母鬻子，正如「子權母而行」的意思，乃調節輕、重幣的譬詞，也就是對「歲更刀」的說明。

第四節　價格與行銷

經貿活動中，價格與行銷的關係密切，墨子已討論到行銷與價格的問題，我們且看他的說法：

〈經下〉30 條：「價宜則售，說在盡。」

〈經說下〉：「價：盡也者，盡去其所以不售也。其所以不售者去，則售，正價也。宜不宜，正欲不欲。若敗邦、鬻子、嫁子。」

〈經〉文是說，價格適宜就出售，理由在於能賣完存貨。「其所以不售者」，是指貨物不能出售的原因，如品質低劣、過時滯銷等。〈經說〉解釋，盡字的意思是賣完所有的存貨。能賣完不容易出售的貨物，就是正價。貨物價格的高低，要看買主的需要而定，價格的宜不宜與買主的欲不欲成正比。「若敗邦、鬻室、嫁子」這句，李漁叔教授的說解最切合文義。他認為這些譬語是盡字的說明。他說：「凡敗邦（猶言敗亡之邦）則地屬他人，鬻室則屋屬他人，嫁子則女屬他人，轉瞬皆離我而去，以喻貨物之傾售，最合盡字本義。」臺灣市場上有句通行的話說「賣貨頭，削貨尾。」意思是，起賣時價格較高，買主挑品質好的買，剩下品質較差的，就削價賣完。出售品質好價格高的貨物，可以撈回成本，但賣完剩下的存貨，才能賺錢。這是生意的正道。〈經〉文「價宜則售，說在盡。」猶如市場行話「賣貨頭，削貨尾」，說明行銷的正則。

第五節　兼愛經濟學

在墨子原來的理論系統裏，「兼愛」哲學屬於政治思想、倫理思想或社會思想，與經濟思想無關。但在二十世紀接近尾聲的今天來看，「兼愛」哲學的確可以轉化為重要的經濟思想。這是墨子學說一個重要的現代意義。

二次世界大戰以後，世界經濟的發展與繁榮是史無前例的，其中得力於企業管理的助力最大。全球經濟發展與繁榮的路線，由美國而歐洲，由歐洲而日本，由日本而亞洲四小龍（香港、新加坡、臺灣、南韓），目前中國大陸沿海各省也在極力開發之中。二十世紀經貿發展的演變情形是：大量傾銷→市場競爭→企業購併→壟斷市場→自由貿易。九〇年代以來，全球已形成三大國際貿易組織，其一，關稅暨貿易總協定 (GATT)，1995 年易名為 WTO，臺灣與大陸正積極爭取成為這一組織的會員；其二，歐洲經濟共同體，今已改稱歐洲聯盟；其三，北美自由貿易協定。這三大國際貿易組織的目標，在建立自由貿易制度，執行公平、互惠原則。世界各國也相繼制定公平貿易法，都在維護這種自由貿易精神。現在可以很清楚的預見，貿易自由化是二十一世紀國際經濟的必然趨勢。

兼愛哲學為何與經濟思想有關呢？這要從兼愛的意涵來說。兼愛，詳言為「兼相愛交相利」（〈天志〉、〈兼愛〉），或「相愛相利」（〈法儀〉）。「兼相愛交相利」或「相愛相利」，在經貿活動上，當然合乎互惠互利原則。兼愛也簡稱為「兼」。〈天志下〉、〈兼愛下〉都說：「兼，即仁矣義矣。」〈兼愛下〉又說：「兼之為道也義政。」可見兼愛包含「義」。那麼「義」又是什麼？墨子對「義」的詮釋是：

> 義者，正也。（〈天志下〉）
> 義，利也。（〈經上〉）

合起來說，義是正利，正利就是公平的利，因為「正」含有公正、公平的性質。兼愛包含義，所以兼愛也合乎經貿活動的公平原則。展望二十一世紀的國際經濟趨勢，是貿易自由化。自由貿易就是要奉行公平、互惠原則，兼愛哲學完全符合這兩項原則。所以說，兼愛哲學可以轉化為經濟思想，而且是合於現代潮流的經濟思想。

國際三大貿易組織強調的公平、互惠原則，是要貿易往來的國家，不能用提高關稅或限制進口為手段，抵制相對國的產品，以保障本國產品的價格與銷路。像日本去年對美國出超約七百億美元，美國認為是不公平貿易的結果，要求日本開放汽車市場，以平衡美、日的貿易額差距，否則就要以「超級三〇一條款」對日本採取報復，也就是對日本汽車，美國提高進口關稅百分之一百（原來是百分之五），使日本汽車成本增加，無法在美國銷售。又像去年，GATT 要求日本、南韓開放稻米進口，曾引起兩國農民反對抗議的聲浪，但日、韓政府也得照辦。稻米也是臺灣重要的農產品，臺灣如加入 GATT（今年改名 WTO）一樣要開放稻米進口，政府如不預先設法補貼農民的損失，屆時農民必定會起來抗爭。我們認為國際貿易組織堅持的公平、互惠原則，只是一種齊頭式的平等，並非真正的公平、互惠。因為已開發國家或相當程度的開發國家，經濟條件穩固，市場開放，自由競爭，可以互得其利。但是未開發國家或剛起步開發的國家，如越南、寮國、非洲一些國家等，工商基礎並未建立，如不允許他們以較高的關稅或限制進口，以保護國內剛起步的產業，他們只能低價出售農產品或天然原料，卻要高價進口工商成品，成為開發國家的產品市場，永無翻身之日。這是一種經濟侵略，使得富國愈富，貧國愈貧，那裏是公平、互惠?

兼愛哲學轉化為經濟思想，則有更高的理想和境界，我們分三個層次來說明。首先，兼愛是「兼相愛交相利」或「相愛相利」，完全符合國際貿易組織的公平、互惠原則，這在上文已經說過，無庸贅述。其次，兼愛哲學強調「有力相營（護衛），有道相教，有財相分。」(〈天志下〉、〈兼愛下〉）這可以使各國經濟合作，技術轉移，利益分享。這比單單市場開放，公平競爭，境界更高。第三，兼愛哲學要求天下的人去「愛人利人」,「有力者疾以助人，有財者勉以分人，有道者勸（勤）以教人。」(〈尚賢下〉) 反對「大國之攻小國，大家之亂小家，強之劫弱，富之侮貧」。這種思想應用在經濟上，不但要求經濟大國不欺侮、剝削經濟小國，還要求經濟大國去幫助、扶持經濟小國。如給予貸款（有財分人)、技術轉移（有道相教)、給予最惠國待遇 (有力助人)，使落後地區或未開發國家的經濟能自我獨立，並能自我成長。這是經濟上的濟弱扶傾，是王道精神的實際表現。

兼愛的方法，簡單的說就是「愛人若己」。「若」是比量的意思，愛人若己，是以己度人，將心比心的去愛人、待人。人與人，國與國，如能「愛人若己」，就能表現「兼相愛交相利」或「相愛相利」。也就能滿足彼此的自私，兼顧彼此的利益，解決彼此的需要。配合兼愛的三個層次，「愛人若己」才能使經濟大國彼此之間，自由競爭、公平互惠、互助合作，進一步使經濟大國幫助經濟小國的成長與發展。

兼愛的三層意義與「愛人若己」的這一方法，可以構成「兼愛經濟學」。我們認為兼愛經濟學可以作為二十一世紀的經濟理念，甚至是人類永遠的經濟理念。我們認為兼愛經濟學能夠促成全球經濟的均衡發展，縮短各國的貧富差距，使世界和平、世界大同更容易實現。這將是墨子哲學對世界重建的主要貢獻。

第九章　墨子的治國理論之五：非樂非命

墨子說：「國家憙音湛湎，則語之非樂、非命。」（〈魯問〉）憙音，是喜歡音樂。湛湎，為同義複詞，意思是嗜酒無厭，荒廢正業。憙音湛湎，是淫溢康樂，生活頹靡的表現。墨子認為非樂、非命就是對治國家憙音湛湎的方策。非樂之餘要人「賴其力」，非命之後要人「強勁」，二者相通。非樂非命就是要人轉移淫樂頹靡的生活，邁向努力奮發的人生。

另外，非樂、非命也是墨子為了反對儒家而提出的主張。墨子說「儒之道足以喪天下者四政焉」，「弦歌鼓舞、習為聲樂」及「以命為有」是其中的兩項（〈公孟〉）。針對「弦歌鼓舞、習為聲樂」的儒政，墨子主張「非樂」；針對「以命為有」的儒政，墨子主張「非命」。

第一節　非樂的意涵

「非樂」是反對統治者的肆力淫樂（過度的嗜欲享樂），也反對統治者的縱情音樂。歷代批評「非樂」的人都針對後者發言。

現存《墨子》一書，已亡佚〈非樂〉中下兩篇，僅存上篇。現在要研究墨子的「非樂」思想，除了〈非樂〉上篇之外，還須參考

〈三辯〉和〈公孟〉二篇。至於〈節用〉、〈節葬〉、〈辭過〉等篇，則可以了解「非樂」的思想背景。

「非樂」是反對淫樂，這在〈非樂上〉的開宗明義就已提出。這段文字是：

> 子墨子之所以非樂者，
>
> 非以大鐘、鳴鼓、琴瑟、竽笙之聲，以為不樂也。
>
> 非以刻鏤文章之色，以為不美也。
>
> 非以芻豢煎炙之味，以為不甘也。
>
> 非以高臺厚榭邃野（深屋）之居，以為不安也。
>
> 雖身知其安也、口知其甘也、目知其美也、耳知其樂也，然上考之不中聖王之事，下度之不中萬民之利。是故子墨子曰：為樂非也。

很顯然，墨子在這段話所非的「樂」，是指樂聲、美色、甘味、安居等等的享樂，音樂只是其中的一項而已。在「齊康公興樂萬（舞）」一段，論及蓄養樂工及上萬舞人的消耗民財，應該反對。〈非樂上〉最後徵引先王之書，指出上帝懲罰統治者縱情於田獵、音樂、飲酒、萬舞（萬人歌舞表演）等等的「淫溢康樂」。〈非樂上〉一文，首尾呼應，反對統治者的肆力淫樂。可見「非樂」是非淫樂。

然而，〈非樂上〉大半文字都在反對王公大人的音樂活動。〈三辯〉整篇文字都在論辯音樂無益於治天下。而〈公孟〉篇又記載墨子反對「國富則為禮樂」。反對淫樂的文字少，而反對音樂的文字多，於是批評墨子的人就以「非樂」為反對音樂，大作文章。莊子就是首倡者，〈天下〉篇說墨翟「作為非樂，命之曰節用，生不歌，死無服。」就是把「非樂」的「樂」當音樂（歌）看，其實這是誤解墨子的原義。墨子反對音樂的文字多，反對各種淫樂的文字少，那是因為音樂活動（含舞蹈）比起美食、美色、飲酒、田獵等等享樂消費大，「虧奪民衣食之財」更多，所以拿音樂概括各種淫樂，就像「憙音湛湎」是概括各種淫樂一樣，反對音樂也就概括了反對各種淫樂。所以，我們認為，「非樂」是反對王公大人的肆力淫樂，當然也包含反對王公大人的縱情於音樂享受。

第二節　非樂的理由

墨子「非樂」，提出兩個理由：其一、「為樂」不中聖王之事；其二、「為樂」不中萬民之利。

「為樂」不中聖王之事，可從聖王之書及聖王之行兩項來考察。

一、聖王之書非樂

> 子墨子曰：為樂非也。何以知其然也？曰：先王之書，湯之《官刑》有之曰：「其恆舞于宮，是謂巫風，其刑，君子出絲二衛，小人否似二伯《黃徑》。」乃言曰：「嗚乎！萬舞洋洋，黃言孔章，上帝弗常，九有（州）以亡，上帝不順，降之百殃，其家必壞喪。」察九有（州）之所以亡者，徒從飾樂也。於《武觀》曰：「啟子淫溢康樂，野于飲食，將將鍠鍠，筦磬以方，湛湎于酒，渝（輸）食于野，萬舞翼翼，章聞于天，天用弗式。」故上者天鬼弗式，下者萬民弗利。（〈非樂上〉）

「萬舞洋洋」猶「萬舞翼翼」，說萬人舞蹈表演場面盛大。「黃言孔章」，黃言即簧音，就是演奏的樂聲，此句說演奏的樂聲響亮。「上帝弗常」猶「上帝弗式」，說上帝不重用。「野于飲食」猶「渝食于野」，說游田無常，在野外飲食。「將將鍠鍠，筦磬以方」，是說管樂磬樂並奏，其聲將將鍠鍠。「湛湎于酒」，說飲酒無度。「察九有之所以亡者，徒從飾樂也」，是說九州所以淪亡的原因，就是一味縱情歌舞之樂。

這一段先王之書所說的包括音樂、舞蹈、飲酒、田獵等等的放縱享樂。也就是文中說的「淫溢康樂」。「淫溢」二字就是形容過度、過分之意。「恆舞于宮」、「萬舞洋洋」、「野于飲食」、「湛湎于酒」，都是淫溢康樂。這一段引書的大意是說，統治者放縱淫樂，上天不喜歡，會降災懲罰，使其國家喪亡。這種王權神授是西周以來的思想。墨子以此告誡王公大人不可縱情淫樂。

二、聖王之行非樂

〈三辯〉記載墨子告訴程繁說：「聖王不為樂。」此處的「樂」指音樂活動。程繁認為從前諸侯、士大夫聽治疲倦之後，休息時都以音樂為調濟。農夫工作之餘，一樣有音樂作調濟。所以提出質疑說：「今夫子曰聖王不為樂，此譬之猶馬駕而不稅（不稅即不脫駕，即不休息），弓張而不弛，無乃有血氣者之所不能至邪?」「有血氣者」指人們。意思是，聖王不為樂就像馬駕車而永不休息，弓張開而永不放鬆。恐怕不是有血氣的人能夠做得到的吧？墨子回答說，堯舜有禮樂，商湯、武王、成王都「因先王之樂，又自作樂」。不過他認為「其樂愈繁者，其治愈寡」，於是下斷言說：「樂非所以治天下」。程繁又質疑說，明明聖王有音樂，為什麼說「聖王無樂」？墨子最後回答說：「聖王有樂而少，此亦無也。」

墨子以「少」為「無」，是強詞奪理。以「聖王少為樂」證明「聖王不為樂」，不成理由，明顯強辯。

墨子「非樂」的第二個理由是：王公大人「為樂」不中萬民之利。「不中萬民之利」才是「非樂」的真正理由。其內容可歸納如下幾點：

㈠製造樂器，增加人民賦稅。

㈡為樂不能解決人民的貧困，也不能禁止暴亂。

㈢必使壯年男女撞大鐘擊鳴鼓，妨害人民生產。

㈣陪王公大人聽樂，使人荒廢正事。

㈤多養舞人、樂工，浪費民財民力。

以上第五點反對「興萬舞」之外，其餘四點都是反對音樂的。這五點的確「不中萬民之利」，而更根本的是「以此虧奪民衣食之財」。人民生活疾苦，統治者為了享樂，不惜虧奪人民衣食之財，這是墨子所最反對的。他認為此非仁者之所應為。墨子說：

> 仁者之事，必務求興天下之利，除天下之害，將以為法乎天下。利人乎即為，不利人乎即止。且夫仁者之為天下度也，非為其目之所美，耳之所樂，口之所甘，身體之所安，以此虧奪民衣食之財。仁者弗為也。

從這段話可以看出，墨子是反對統治者「虧奪民衣食之財」，去作各種享樂，不只反對音樂一項享樂。而且他認為仁者要為天下興利除害，於是他針對王公大人提出「非樂」的主張。

另外，墨子認為「說樂而聽之」會使人荒廢本分的工作。這是

「非樂」的另一個理由。墨子說：

> 姑嘗數天下分事（分事即本分工作或職務）而觀樂之害：王公大人早朝晏（晚）退，聽獄治政，此其分事也。士君子竭股肱之力，亶（盡）其思慮之智，內治官府，外收斂關市、山林、澤梁之利，以實倉廩府庫，此其分事也。農夫早出暮入，耕稼樹藝，多聚叔粟，此其分事也。婦人夙興夜寐，紡績織紝，多治麻絲葛緒，綑布縿（織布帛），此其分事也。今惟毋（唯無）在乎王公大人說（悅）樂而聽之，即必不能早朝晏退，聽獄治政，是故國家亂而社稷危矣。今惟毋在乎士君子說樂而聽之，即必不能竭股肱之力，亶其思慮之智，內治官府，外收斂關市、山林、澤梁之利，以實倉廩府庫，是故倉廩府庫不實。今惟毋在乎農夫說樂而聽之，即必不能早出暮入，耕稼樹藝，多聚叔粟，是故叔粟不足。今惟毋在乎婦人說樂而聽之，即必不能夙興夜寐，紡績織紝，多治麻絲葛緒，綑布縿。是故布縿（布帛）不興。曰孰為而廢大人之聽治，賤人之從事？曰：樂也。是故子墨子曰：為樂非也。

以上是討論「說樂而聽之」與「分事」之間的關係。這是屬於事實因果的關係。因果關係很複雜，有其因未必有其果，其間仍有許多相干的因素或條件存在，不理清相干的因素或條件，很容易誤判事實的因果關係，墨子上面這段話就犯了錯誤。「王公大人說樂而聽之」，這是因。「即必不能早朝晏退，聽獄治政」，這是果。墨子很肯定的認為前面的因必然產生後面的果。但事實未必如此。除非先有「整個晚上在聽樂或白天不工作要聽樂」這種條件，或「音樂有使人不顧工作的魔力」這種因素，否則「王公大人說樂而聽之」這個因，不可能產生「即必不能早朝晏退，聽獄治政」這個果來。同理，士君子、農夫、婦人「說樂而聽之」，也不至於荒廢他們本身的「分事」。經此分析，可知墨子這段話證據不足，推論過當，難於令人信服。

歸結的說，墨子「非樂」的理由，有的對有的錯。墨子徵引先王之書，規勸統治者不可肆力淫樂，是對的。他舉證說明王公大人為樂是「虧奪民衣食之財」，「不中萬民之利」，理由充分，是對的。以「聖王少為樂」為「聖王不為樂」，乃強詞奪理，是錯的。以為「說樂而聽之」必然荒廢「分事」，為過度推論，是錯的。

第三節　非樂問題的討論

一、非樂與反對音樂的問題

以「非樂」為反對音樂，這是我們要討論的第一個問題。莊子是第一位認為「非樂」就是反對音樂的人（〈天下〉）。直到現代，仍然有不少學者持這種看法。其實這是誤解。

「非樂」的「樂」，是享樂的「樂」。「非樂」是反對各種淫樂。〈非樂上〉開頭就說，墨子的非樂包括「大鐘、鳴鼓、琴瑟、竽笙之聲」、「刻鏤文章之色」、「芻豢煎炙之味」、「高臺厚榭邃野之居」，可見音樂、雕刻、烹調、建築都在「樂」的範圍之內。〈非樂上〉文末徵引先王之書：湯之《官刑》及《武觀》，就是反對統治者的肆力淫樂。其中「恆舞于宮」、「萬舞洋洋（萬人舞蹈盛大表演）」是淫於觀賞舞蹈（含音樂）；「簧音（從于省吾校）孔章」、「將將鍠鍠，筦磬以方」是淫於音樂享受；「湛湎于酒」指飲食無度；「野于飲食」、「渝（輸）食于野」指游田無常，飲食於野外。說的是音樂、舞蹈、飲酒、田獵各種淫樂，不單是音樂一項。

但是，〈非樂上〉一大半文字及〈三辯〉整篇，明明反對的就是音樂。這就是為什麼有人誤以「非樂」為反對音樂的關鍵所在。在此我們的解釋是，音樂活動耗費最大（如鑄大鐘、養樂工），音樂活動也要伴隨舞蹈、飲酒才有趣味，「虧奪民衣食之財」更多，所以拿音樂享樂概括各種淫樂，反對音樂也就概括的反對各種淫樂。更確切的說，墨子是拿淫於音樂概括的反對各種淫樂。〈公孟〉篇載有墨子的一段話：「古者三代暴王桀紂幽厲，薾為聲樂，不顧其民，是以身為刑僇、國為虛戾者，皆從此道也。」「薾」是華盛的意思（《說文》），或「侈」的假借字。「薾為聲樂」就是淫於音樂或縱情音樂。「薾為聲樂，不顧其民」才是墨子所反對的。

二、墨子知不知音樂功用的問題

第二個問題是，認為墨子不懂音樂的教化功能，或陶冶精神的作用。絕大多數的學者都有這種錯誤的看法。他們的錯誤來自：第一，昧於思想產生的背景；第二，誤以為墨子的「非樂」是墨子的音樂理論。

儒家重視禮樂教化，墨子是否「學儒者之業，受孔子之術」（《淮南子・要略》），我們雖不能斷定，但墨子長居於魯，在魯國受過教育（《呂氏春秋・當染》）則是可以肯定的，他對禮樂教化的功能一定很清楚。但是王權式微，周文疲弊之後，行禮作樂，已徒具形式而已，孔子就感歎的說：「禮云禮云，玉帛云乎哉？樂云樂云，鐘鼓云乎哉？」（《論語・陽貨》）到了墨子的時代，諸侯務奪侵凌，攻伐兼并，執政者「貪伐勝之名，及得地之利」(〈非攻中〉)，那裏去管什麼禮樂教化，所謂禮樂制度，每下愈況，禮不成其禮，樂也只變成了王公大人縱情享樂的工具而已。

從〈辭過〉、〈節葬〉等篇可以看出，當時王公大人窮奢極慾，而人民卻是「飢寒並至」。〈非樂上〉就說：「民有三患：飢者不得食，寒者不得衣，勞者不得息。三者民之巨患也。」民生疾苦如此，統治者非但沒有半點哀憫之心，反而「厚措斂乎萬民」、「虧奪民衣食之財」，縱情於音樂享受，不顧人民的死活。一心為天下興利除害的墨子，於是憤然針對王公大人提出「非樂」的控訴，反對王公大人的肆力淫樂（當然包含淫於音樂）。所以〈非樂〉是墨子為了拯救時弊，解決當前問題，而提出的方策，並不是墨子在發表什麼音樂理論。許多學者因而批評墨子不知音樂的教化功能，不懂音樂的精神作用。很顯然，他們是誤以〈非樂〉為墨子的音樂理論，他們的批評未能體會墨子的用意，也不切事情。

況且墨子並非不知音樂的好處，〈非樂上〉就說：「子墨子之所以非樂者，非以大鐘、鳴鼓、琴瑟、竽笙之聲，以為不樂也。」《說苑・反質》更載墨子的話說：「食必常飽，然後求美。衣必常暖，然後求麗。居必常安，然後求樂。為可長，行可久，先質而後文，此聖人之務也。」「居必常安，然後求樂」的「樂」，指各種享樂，當然也包含音樂享受。衣食溫飽，然後要求美麗；居住安定然後要求享樂。「先質而後文」是「聖人之務」，也是可行之道。因此，我們認為：面對人民連飯都沒得吃，衣服都沒得穿，還要談什麼音樂的精神作用，或音樂的教化功能，那只是高調，不切實際。

第四節　非命的意涵

非命，就是反對命定論或宿命論。

墨子非命，主要是針對民間留傳的宿命觀，其次是反對儒者的命定論。

墨子認為，為政者都想要國家富有，人民眾多，刑政安治，然而結果得到的卻是國家貧窮，人民寡少，刑政動亂。其原因是在「執有命者以雜於民間者眾」，就是說民間相信命運的人太多。相信命運的人都說：

> 命富則富，命貧則貧，命眾則眾，命寡則寡，命治則治，命亂則亂，命壽則壽，命夭則夭，命，雖強勁何益哉？（〈非命上〉）

其意是說，富貧、眾寡、治亂、壽夭都是命中注定，就算努力奮鬥也不能改變的。這其中已否定了人的自由意志與智慧的作用。墨子認為這種言論會使王公大人不聽治，老百姓不從事，所以「不可不明辯」。

墨子批評儒者的命定論，主要見於〈公孟〉、〈非儒〉兩篇。〈公孟〉篇記載，墨子批駁儒者公孟子「貧富壽夭，齰（確）然在天，不可損益。」的論調。他也對儒者程繁說儒之道「以命為有」，宣稱「貧富壽夭，治亂安危」有定數的說辭，他認為如此「足以喪天下」。因為「為上者行之，必不聽治矣」，「為下者行之，必不從事矣」。〈非儒〉也說儒者「強執有命」，宣揚「壽夭、貧富、安危、治亂，固有天命，不可損益。窮達、賞罰、幸否有極（有極即有定數），人之智力，不能為焉。」這種命定論影響太大，「群吏信之則怠於分職，庶人信之，則怠於從事。吏不治則亂，農事緩則貧，貧且亂，倍（背）政之本。」墨子認為相信命運使人喪失鬥志，怠於工作，是貧和亂的原因，而儒者堅信命運，以此教人，真是賊害天下之人。

墨子在〈非命〉篇指出，命定論是無能和懶惰的藉口，是「暴人之道」，是「天下之大害」，「非仁者之言」。所以他說：「執有命者之言不可不非。」（〈非命上〉）

墨子非儒者的「執有命」，但沒有直接批評孔子。孔子是講「知命」、「知天命」的。他說：「不知命，無以為君子」（《論語・堯曰》）。這句話的意思是，君子要知命。從《論語》看，孔子心目中的君子，要講仁、義、禮、敬，有為有守，是讀書人的理想人格。依孔安國的注解，「知命」是「知窮達之分」，這一解釋很切孔子原意。一個人能知窮達之分，就能知進退、慎取捨，所以孔子說：「君子固窮，小人窮斯濫矣」（〈衛靈公〉），又說：「用之則行，舍之則藏」（〈述而〉）、「天下有道則見，無道則隱」（〈泰伯〉）；否則「邦有道，穀（俸祿）；邦無道，穀，恥也。」（〈憲問〉）就是不能有為，也不能獨善，只知食祿，恬不知恥，也就「無以為君子」了。孔子又說：「（吾）五十而知天命」（〈為政〉），這裏的「知天命」是對他個人說的，這是不是他已領悟到人生的使命與責任，不得而知。但無論如何，孔子在此的「知天命」、「知命」絕不是墨子所非的命定論，是可以斷定的。我們從他的遍干諸侯、席不暇暖，「己欲立而立人，己欲達而達人」（〈雍也〉），「德之不修，學之不講，聞義不能徙，不善不能改，是吾憂也。」「學而不厭，誨人不倦」，「其為人也，發憤忘食，樂以忘憂，不知老之將至」(〈述而〉) 等言行就可以看得出。

不過，孔子有類似命定論的觀點。有一次，魯人公伯寮在季孫面前說子路的壞話，魯大夫子服景伯將這事告訴孔子，孔子聽後說:「道之將行也與，命也；道之將廢也與，命也。公伯寮其如命何?」(〈憲問〉) 道行道廢都是命，這個命應是天命或天意，孔子才能說:公伯寮對天命又能怎樣呢? 換句話說，人是無法改變天意的。孔子的天命道行，與墨子的天志兼愛，有類似之處，然而，道行道廢由於天命，這也算是一種命定論，但不在墨子非命的範圍之內。冉伯牛生病，孔子去慰問他時，歎道:「亡之，命矣夫! 斯人也，而有斯疾也! 斯人也，而有斯疾也!」(〈雍也〉) 孔子疼惜弟子冉伯牛有德行而生惡疾，才如此歎息。這兒的「命矣夫」，應該是「死生有命」的命定論。我們的看法是: 孔子一生剛健進取，並非命定論者，但難免困厄無奈的遭遇，「命矣夫」正是他面對弟子垂死無救，頓時湧現無奈的心境反映。這是人之常情，我們不能拿情緒的話當作理性的言論看。

第五節　立三表以非命

也許墨子是人類史上第一位最有系統探討「標準」這一概念的哲學家。兩千五百年前墨子便有專篇討論這個問題，篇名叫〈法儀〉。法儀便是現代所說的標準。除此之外，墨子更在〈非命〉三篇明白提出思想、言論的標準，稱為「三表法」。法儀與三表法是墨子的方法論。

墨子認為不管階級高低，任何人做事都必須有個依據的標準，事情才能做得好。他在〈法儀〉篇開頭就說:「天下從事者，不可以無法儀。無法儀而其事能成者無有也。」墨子以「天」為標準。為什麼天可以作標準？他說：

> 天之行廣而無私；其施厚而不德；其明久而不衰。

「行廣」，含有普遍有效性的意義。「無私」，含有客觀的意義。「施厚而不德」，是無私的表現，也有客觀的性質。「明久而不衰」，表示明確而且長久有效。整個來說，「天」的象徵意義是：普遍有效性、客觀性、明確性和長久有效性，這正是「標準」這一概念所蘊涵的精確意義或內容。墨子提出「標準」這一概念，的確有劃時代的價值。

墨子為了非命，提出「三表法」作為判斷的標準。墨子認為要提出思想言論不可以不先立下標準（儀法），如果不先立下標準，「是非利害之辯，不可得而明知」（〈非命上〉）。因此他主張「言必有三表」。表、法、儀三字都有標準之義。法儀或作儀法。三表也作三法，合稱為三表法，三表法就是思想言論的三個標準。三表法於〈非命〉上中下三篇都有論及，這裏取〈非命上〉，三表法的內容：

> 有本之者：上本之於古者聖王之事。
> 有原之者：下原察百姓耳目之實。
> 有用之者：發以為刑政，觀其中（合於）國家百姓人民之利。

第一表是「本之於古者聖王之事」。這不是泛指普通的歷史經驗，而是專指「古者聖王之事」。「古者聖王」指的是三代聖王堯舜禹湯文武等人，至於桀紂幽厲則稱之為暴王。墨子只要我們效法聖王，所以才說「上本之於古者聖王之事」。〈貴義〉篇有一段話說得很明白：

> 凡言凡動，合於三代聖王堯舜禹湯文武者為之。凡言凡動，合於三代暴王桀紂幽厲者舍之。

這並不是守舊復古，而是要根據歷史上好的有用的經驗去做事。第一表「本之於古者聖王之事」，是說要根據歷史上好的有用的經驗作為思想的標準。

第二表是「下原察百姓耳目之實」。「耳目之實」是由感官知覺所得來的經驗，這是原手經驗。墨子不但強調原手經驗，還強調大多數人的原手經驗，所以在「耳目之實」上面還加上「百姓」兩字。〈明鬼〉篇就說：

> 天下之所以察知有與無之道者，必以眾人之耳目之實知有與無為儀（法）也；誠或（有）聞之見之，則必以為有；莫之聞莫之見，則必以為無。

如此以眾人的感官經驗作為判斷的標準，已大大的增加經驗的普遍性和客觀性。

第三表是「發以為刑（行）政，觀其中（合於）國家百姓人民之利」。意思是任何思想言論都要付之實踐，以驗證它的可行性和可用性。這也表示再高的思想言論也要回歸到經驗來證實。中國大陸近些年來高唱的「實踐是檢驗真理的標準」，正是第三表的精神。思想言論是有目的的，墨子認為思想言論的目的在於「合乎國家人民的利益」。能達成這個目的，才是有用的思想言論，否則就是無用的。無用的思想言論，墨子就要「非」它，他在〈兼愛下〉就說：「用而不可，雖我亦將非之。」

墨子就拿這三表作為判斷的標準，用以非命。他的應用如下：

第一表

本之於古者聖王之事。(〈非命中〉第一表為：「考之天鬼之志，聖王之事。」聖王以天鬼之志為法儀，依之行事，然後才成為聖王，所以天鬼之志與聖王之事，二者不相矛盾。)

墨子說：

今天下之士君子，或以命為有，蓋（同盍，即何不）嘗（試）尚（上）觀於聖王之事？古者桀之所亂，湯受而治之。紂之所亂，武王受而治之。此世未易，民未渝（變），在於桀紂則天下亂，在於湯武則天下治，豈可謂有命哉？

在〈非命下〉墨子認為「天下之治也，湯武之力也；天下之亂也，桀紂之罪也。若以此觀之，夫安危治亂，存乎上之為政也。」墨子之意，湯武的治，桀紂的亂，就在於為政上用力不用力，與命無關。這是拿聖王之事否定命定論。

第二表

原察百姓耳目之實。(〈非命中〉第二表為：「徵以先王之書」，先王之書也在耳目之實的範圍，二者不衝突。)

墨子說：

今天下之士君子，或以命為有，或以命為亡。我所以知命有與亡者，以眾人耳目之情，知有與亡。有聞之，有見之，謂之有。莫之聞，莫之見，謂之亡。然胡不嘗（試）考之百姓之情，自古以及今生民以來者，亦嘗（曾）有見命之物，聞命之聲者乎？則未嘗（曾）有也。若以百姓為愚不肖，耳目之情不足因而為法，然胡不嘗（試）考之諸侯之傳言流語乎？自古以及今生民以來者，亦嘗（曾）有聞命之聲，見命之體者乎？則未嘗（曾）有也。（〈非命中〉）

墨子第二表是訴諸耳目的見聞。以眾人、諸侯不見命之物，耳無聞命之聲，證明「命」是沒有的。然而「命」是一種信仰，是形而上的，墨子卻用形而下（經驗）的方法去否定它，這在方法上是不相應的，因此他的說服力不夠。

另外墨子也舉先王之書為證。他說：

先王之憲亦嘗有曰，福不可請而禍不可諱，敬無益、暴無傷者乎？……先王之刑亦嘗有曰，福不可請禍不可諱，敬無益，暴無傷者乎？……先王之誓亦嘗有曰，福不可請禍不可諱，敬無益、暴無傷者乎？

結論是：

今求執有命者之言（於先王之書），必不可得。（〈非命上〉）

仲虺之誥曰：「我聞有夏人矯（詐稱）天命，布命于下，帝式是惡（上帝因此憎惡夏桀），用喪厥師（因此使他喪失民心）。」（〈非命中〉）

這是商湯所以非夏桀的執有命。

三代百國有之曰：「女毋崇天之有命也。」（〈非命中〉）

意思是，你們不要誇說有天命。

商夏之詩書曰：「命者暴王作之。」（〈非命中〉）

先王之書沒有命定論的說法，這可以由眾人耳目之實來檢察，所以徵之先王之書，也是反對命定論的一個標準。

第三表
發以為刑政，觀其中國家百姓人民之利。

墨子說：

執有命者之言曰：「上之所賞，命固且（宜）賞，非賢固賞也。上之所罰，命固且罰，非暴故罰也。」……是以治官府則盜竊，守城則崩叛，君有難則不死，出亡則不送。……以此為君則不義，為臣則不忠，為父則不慈，為子則不孝，為兄則不長，為弟則不弟。……昔上世之窮民，貪於飲食、惰於從事，是以衣食之財不足，而飢寒凍餒之憂至。不知曰：「我罷不肖，從事不疾。」必曰：「我命固且（宜）貧。」昔上世暴王，不忍其耳目之淫，心志之辟……遂以亡失國家，傾覆社稷。不知曰：「我罷不肖，為政不善。」必曰：「吾命固失之。」……今用執有命者之言，則上不聽治，下不從事。上不聽治，則刑政亂，下不從事，則財用不足。……而強執此者，此特凶言之所自生，而暴人之道也。（〈非命上〉）

墨子最後的結論是：

今天下之士君子，中實欲求興天下之利，除天下之害，當若有命者之言，不可不強非也。曰，命者暴王所作，窮人所述，非仁者之言也。今之為仁義者，將不可不察而強非者此也。（〈非命下〉）

到此，我們要對三表法下些評論。墨子不但以三表非命，在〈兼愛〉、〈非攻〉等十論各篇，也都以三表作為是非利害的判斷標準。兩千五百年前墨子就提出他獨創的方法論——三表法，來評論各種問題，的確非凡。不過，三表法也有其弊病。第一表是「本之於古者聖王之事。」如前文所說，這是根據歷史上好的有用的經驗作為思想的標準。人不依據經驗，一切事情都要從頭開始，親身嘗試，不但浪費時間，而且事倍功半。過去的經驗往往可以指導人們的行事。古人做了有用，今人未嘗不可模仿。前人做了有害，我們就不必再去上當。然而，經驗有其制限的因素，例如時空不同勢必影響經驗的有效性或可貴性。農業社會與工商社會的經濟觀點，顯然不同。

過去以驛車良馬傳遞消息，已經夠快，但比起今天的電子通訊如電話、傳真機的瞬間傳達，簡直不可同日而語。第二表是「原察百姓耳目之實。」這是以眾人的感官經驗作為判斷的標準。感官知覺是認識的起源，也是科學的根本。儒道兩家一向只談心中的理想，墨子注重耳目的經驗，在思想上是一大突破。耳目等感官的經驗，在日常生活中的認識或判斷非常重要，然而，感官的認識領域有限，許多的東西是聽不到、看不見、也摸不著的，而且一般人的感官認識又最容易犯錯，這是第二表之弊。第三表是「發以為刑政，觀其中國家百姓人民之利。」任何思想言論都必須通過實踐，才能檢驗出它的正確性和可行性。實踐的結果對國家人民有利，才是善的、有用的思想言論，否則就是不善的、無用的思想言論。這一表正是思想言論的善與不善，有用與無用的判斷標準。問題是合不合國家人民之利有時很難斷定，有的眼前有利，長期有害，有的表面有利，其實有害，因為經驗界的事情往往利之所在弊亦隨之。例如臺灣的大學聯考，為了評分公平，要求採用選擇題不考問答題，表面是公平了，其實考不出學生的真正程度。為了應付考試，平時學生勤於記誦支離破碎的知識，卻忽視綜合能力、組織能力的訓練，今天大學生的作文能力普遍低落，有目共睹，這是大學聯考方式不當所產生的惡果。又如臺灣三十年來積極發展經濟，卻忽視人文道德的培養，結果經濟是突飛猛進了，國家人民也富裕了，可是生活品質粗俗，人民的道德表現遠不如從前。還有一種情形，有的思想言論短期不見其利，長期確實有利，譬如提倡普及國民教育便是。教育是百年樹人的工作，成效較慢，但潛力無限。就拿臺灣的經濟奇蹟來說，其原因固然很多，但是臺灣國民教育的普及，應是最基本的因素。可見第三表在應用上有其困難的情形。

第六節　命運與運命

墨子非命，一方面指出，相信有命必然流於怠惰；另一方面要人非命，勤奮工作。

墨子說：

> 今也王公大人之所以早朝晏（晚）退，聽獄治政，終朝均分（整天勤於工作）而不敢怠倦者何也？曰，彼以為強必治，不強必亂。強必寧，不強必危。故不敢怠倦。
>
> 今也卿大夫之所以竭股肱之力，殫（盡）其思慮之知，內治官府，外斂關市山林澤梁之利，以實官府，而不敢怠倦者何也？曰，彼以為強必貴，不強必賤。強必榮，不強必辱。故不敢怠倦。
>
> 今也農夫之所以早出暮入，強乎耕稼樹藝（種植穀物蔬果），多聚叔粟，而不敢怠倦者何也？曰，彼以為強必富，不強必貧。強必飽，不強必飢。故不敢怠倦。
>
> 今也婦人之所以夙興夜寐（早起晚睡），強乎紡績織絍，多治麻絲葛緒，捆布縿（織布帛），而不敢怠倦者何也？曰，彼以為強必富，不強必貧。強必煖，不強必寒。故不敢怠倦。（〈非命下〉）

這一段文字說明人們不敢怠倦的理由。王公大人以為勤力工作，國家必然安治；卿大夫以為勤力工作，必然得到榮貴；農夫婦人以為勤力工作，生活必然富足煖衣飽食。他們都不相信有命，他們相信「強勁」有益，所以「強勁」不已，不敢怠倦。

墨子說執有命者相信一切命定，「雖強勁何益哉?」必然流於怠惰。王公大人若信有命而行之，則「必怠乎聽獄治政」，卿大夫「必怠乎治官府」，農夫「必怠乎耕稼樹藝」，婦人「必怠乎紡績織紝」。墨子以為，如此為政，天下必亂，財用必不足。

相信有命，使人流於怠惰，這是墨子所反對的。墨子非命就是要人勤力從事，不敢怠倦。這一精神也表現於「非樂」。墨子認為人與其他動物不同，人必須勤力工作才能生存。他在〈非樂上〉說：「(人) 賴其力者生，不賴其力者不生。君子不強聽治，即刑政亂；賤人不強從事，即財用不足。」

墨子相信「天志」，又主張「非命」，表面上好像是互相矛盾的，其實兩者有其一致性。更明白的說，非命是合乎天志的。墨子說：「天欲義而惡不義」(〈天志上〉)。又說：「天之意（志）……又欲上之強聽治也，下之強從事也。上強聽治，則國家治矣；下強從事，則財用足矣。」(〈天志中〉)「上之強聽治，下之強從事」，是「義」的一部分內容。非命就是反對命定論，要君子強聽治，賤人強從事，正合乎天志。人若能非命，就是順天之意，為天之所欲，也合乎義。更直接的說，非命就是義。所以墨子才說：「用執有命者之言，是覆天下之義。」(〈非命上〉)

信命與非命，都是一種人生觀及人生態度。信命與非命，其本質可以說是命運與運命。信命者以為一切命中注定，人力無可如何，人為命所運，人是客，命是主。非命剛好相反，人是主，命是客，自己的命，由自己操縱，自己運作。墨子的非命，其根本精神是要人人做自己的主人，反對命運，主張運命。這是一種健康、積極的人生觀，值得肯定。

第十章　墨子的現代意義

研究諸子思想，有幾個層面可以注意：第一，諸子的思想內容；第二，諸子思想的演變和發展；第三，諸子思想對現代人有何助益。第二項屬於思想史或文化史的範圍，那是歷史的意義。第三項關係到現代人的生活，是現代的意義。

本章要探索墨子思想的現代意義，以下提出比較重要的幾點逐一討論。

第一節　知識分子的典範

《時代週刊》(*TIME*) 的時代論文❶曾經給知識分子下定義說：

第一，一個知識分子不只是一個讀書多的人。一個知識分子的心靈必須有獨立精神和原創能力。他必須為追求觀念而生活。

第二，知識分子必須是他所在的社會之批評者，也是現有價值的反對者。批評他所在的社會而且反對現有的價值，乃是蘇格拉底式的任務（視追求真理，表現理性為己任）。

《時代週刊》對知識分子的界說非常嚴格，但從現存《墨子》一書的記載，以及歷史上的評價，很顯然墨子可以通過這個標準，

❶　《時代週刊》，1965 年 5 月 21 日。

他是一位典型的知識分子。

有一次，墨子南遊衛國，車上載有很多書，他的學生覺得奇怪，問他帶那麼多書做什麼？墨子回答說：

> 昔者周公旦朝讀書百篇，夕見七十士，故周公旦佐相天子，其脩（美績）至於今。翟上無君上之事，下無耕農之難，吾安敢廢此。（〈貴義〉）❷

〈貴義〉篇又載說：

> 子墨子南遊於楚，見楚惠王，獻書，惠王受而讀之，曰：「良書也」。

前一則文字說明墨子是「一個讀書多的人」。後一則記載看出他是「為追求觀念而生活」。看他倡導兼愛、非攻、尚賢、尚同、天志、明鬼、節用、節葬、非樂、非命等十種主張，以及支持這些主張的理論方法，還有墨辯中表現的邏輯學、光學、力學、幾何學等科學知識，在在都顯示出墨子富有「原創能力」❸。他一生行義，堅守「興天下之利，除天下之害」的目標奮鬥，始終不因高爵厚祿而動

---

❷ 《呂氏春秋・博志》：「孔丘墨翟，晝日諷誦習業，夜親見文王周公旦而問焉。」這說明孔墨皆好學之士。《莊子・天下》也說：「墨子氾愛兼利而非鬥，其道不怒，又好學而博不異，不與先王同。」好學是知識分子的一個特質。

❸ 梁啟超在《墨子學案》說墨辯「是出現在亞里斯多德以前一百多年，陳那以前九百多年，倍根穆勒以前二千多年，他的內容價值大小，諸君把那四位的書拿來比較便知。」

搖，也不因困難而改變初衷。他在〈公孟〉篇說：

> 夫義天下之大器也，何以視人（為何看人做不做），必強為之。

這裏說明行義是當仁不讓的，所以墨子急於行義。〈貴義〉篇有個記載說：

> 子墨子自魯即齊，過故人。故人謂子墨子曰：「今天下莫為義，子獨自苦而為義，子不若已（止也）。」子墨子曰：「今有人於此，有子十人，一人耕而九人處，則耕者不可以不益急矣。何故？則食者眾而耕者寡也。今天下莫為義，則子如（宜也）勸我者也，何故止我？

底下我們舉出墨子一心向道，無意仕祿的故事：

> 子墨子游公尚過於越。公尚過說越王，越王大說，謂公尚過曰：「先生苟能使子墨子至於越而教寡人，請裂故吳之地方五百里，以封子墨子。」公尚過許諾。遂為公尚過束車五十乘，以迎子墨子於魯。曰：「吾以夫子之道說越王，越王大說。謂過曰：『苟能使子墨子至於越而教寡人，請裂故吳之地方五百里以封子。』」子墨子謂公尚過曰：「子觀越王之志何若？意越王將聽吾道，則翟將往，量腹而食，度身而衣，自比於群臣，奚能以封為哉？抑越王不聽吾言，不用吾道，而我往焉，則是我以義糶（賣也）也。鈞之（同是）糶，亦於中國耳，何

必於越哉!」(〈魯問〉)

墨子這種堅持著行義的目標，努力不懈，而且堅守原則，屹立不搖，正是他的「獨立精神」的寫照。

墨子更是他所在社會的批評者，現有價值的反對者。他眼看各國君王好「貪伐勝之名及得地之利」(〈非攻中〉) 互相攻戰，使得百姓妻離子散，民不聊生，於是提倡兼愛、非攻。他眼看當時的統治者厚斂民財，生活奢侈淫靡，而人民難以為生，於是提倡節用、節葬、非樂。他眼看社會上下相信命運，將使「上不聽治，下不從事」，於是提倡非命。可以說墨子是用批判的眼光，去看社會的事事物物。

更可貴的是，用言論關懷社會之外，墨子還帶領一批學生用行動去服務社會。他實在是一個對人有熱心，對事有熱情的典型知識分子。像他這種知識分子是社會大眾的領航人，任何地方，任何時代不能缺少這種人。❹

第二節　科學精神

西風東漸以來，學術界逐漸認清先秦諸子當中，以墨子最有科學頭腦，《墨子》一書最富科學思想。英國科學家李約瑟在他的大著《中國之科學與文明》中稱讚《墨子》「可成為亞洲的自然科學之主

❹ 胡秋原：「中國知識分子以極大責任心，為平民利益而奮鬥；同時，以極大自尊心，為知識分子地位而奮鬥。」(《古代中國文化與中國知識份子》(香港：亞洲出版社，1958，3 版)，上冊，頁 8) 用胡氏的話來說明墨子也很恰當。

要基本概念」,「其所描出之要旨正為科學方法之全部理論。」❺自胡適的博士論文《中國古代邏輯方法之發展》以後，許多學者研究墨家的邏輯學，都有很大的成績❻。梁啟超甚至認為墨子的邏輯學，比亞里斯多德、陳那、培根、穆勒四人的書還有價值❼。尤其墨子的名學相當於二十世紀的語意學或語言哲學，它與邏輯實證論和英國語言分析學派的基本主張，相當吻合。

今天我們要學習的重點是他的科學精神，這有現代的意義。科學精神表現在態度和方法上，而科學的態度和方法才正是科學最基本而重要的部分，現在就從態度和方法上來檢討墨子的科學精神。

〈公孟〉篇有一段記載說：

> 子墨子與程子辯，稱於孔子。程子曰：「非儒，何故稱於孔子也?」子墨子曰：「是其當而不可易者也。今鳥聞（知也）熱旱之憂（盛也）則高，魚聞熱旱之憂則下（深也）。當此雖禹湯為之謀，必不能易矣。鳥魚可謂愚矣，禹湯猶云（或也）因焉。今翟曾無稱於孔子乎?」

墨子非儒，但對孔子「當而不可易」的說法一樣稱述、稱讚，這種「是什麼就說是什麼，不是什麼就說不是什麼」正是認知心態的表

❺ 見李約瑟,《中國之科學與文明》第二冊，頁298。

❻ 比較有成就的如陳孟麟的《墨辯邏輯學》，詹劍峰的《墨家的形式邏輯》，沈有鼎的《墨經的邏輯學》。以上為大陸學者。臺灣則有鐘友聯的《墨家的哲學方法》，說明墨辯論證思想是以語意分析為中心，不以語法的理解為重點。這就點明了為何墨辯沒有朝向形式邏輯及形式化的一個重要原因。

❼ 見梁啟超,《墨子學案》，頁65。

現。這種心態是追求真理必備的先決條件。

另外一種態度表現在〈明鬼下〉篇:

> 子墨子曰:「天下之所以察知有與無之道者,必以眾人耳目之實,知有與亡(無)為儀(標準)者也。請惑(誠或)聞之見之,則必以為有。莫聞莫見,則必以為無。」

在春秋末期的知識水準,墨子以眾人的耳目聽到看到的來決定「真實」,別人無法非議,可是在今天看來,所謂「耳目之實」,未免不夠精確。不過這並不影響墨子的科學精神,因這裏所表現的精神是在「無徵不信」的態度上。

先秦諸子之中,以墨子最重視方法,也最講究方法。他首先提出標準的概念。他在〈法儀〉篇說:

> 天下從事者不可以無法儀,無法儀,而其事能成者無有也。雖至士之為將相者皆有法,雖至百工從事者亦皆有法。百工為方以矩,為圓以規,直以繩,正以縣,平以水,無(論)巧工不巧工,皆以五者為法。巧者能中之,不巧者雖不能中,放依(效法依據)以從事,猶逾己,故百工從事皆有法度。

有了「法儀」,不管是誰,不管何時,不管何地,只要「放依以從事」,都能達到相同的結果。可見「法儀」就是標準。標準具有客觀性、普遍性和必然性。有了標準才能判斷。所以墨子說:「言必立儀,言而毋(無)儀,譬猶運鈞(旋轉的製陶器模盤)之上,而立朝夕者也,是非利害之辯(辨)不可得而明知也。」(〈非命上〉)

墨子的法儀就是天志❽。他說:

> 我有天志，譬若輪人之有規，匠人之有矩。(〈天志上〉)

墨子拿「天志」當規矩，上度「王公大人為刑政」，下量「萬民為文學出言談」❾。「天志」是什麼? 天志就是「兼相愛交相利」。它是墨子的理想，他就以此為標準，兼愛非攻的思想就是由此而展開的。

墨子的天志有人格神的性質，有些人也許無法接受，但是他提出標準的概念，卻非常有價值。

另外墨子在〈非命〉篇提出審查理論的標準是三表法。何謂三表法? 他說:

> 有本之者，有原之者，有用之者。於何本之? 上本之於古者聖王之事。於何原之? 下原察百姓耳目之實。於何用之? 廢(發)以為刑政，觀其中(合)國家百姓之利。此所謂言有三表也。

聖王之事，是經驗之事，百姓耳目之實及百姓之利，也都屬於經驗之事。本，是考本源; 原，是察度; 用，是應用實驗。三表都是客觀的、可檢證性的、而且都是經驗的。這些都是科學的重要特徵。

---

❽ 墨子在〈法儀〉篇說明以天志為法的理由是「天之行廣而無私，其施厚而不德，其明久而不衰。」「行廣」代表普遍性，「無私」、「不德」代表客觀性，「明久而不衰」代表確定性和必然性。可見墨子對標準的意義已相當清楚。

❾ 見〈天志中〉篇。

以上所論，認知的態度，追求真實的態度，重視標準，重視經驗，注重驗證，講求方法等等，都是墨子科學精神的表現，這種科學精神仍然值得現代人學習。

第三節　理性的功利主義

西洋功利主義 (utilitariamism) 發展到今天雖然有不少派別，但這一主義的基本論點仍然是「最大多數的最大幸福」，也就是功利的儘量增加與反功利的儘量減少。墨子的功利思想頗為類似。

墨子的兼愛和貴義思想，是基於功利主義。他的功利主義有兩項重要原則：一個是利人；另一個是互利。所以我說墨子提倡的是理性的功利主義。

墨子認為義是「天下之良寶」(〈耕柱〉)。所以他說：「萬事莫貴於義」(〈貴義〉)。何謂義？墨子說：

> 義者，正也。(〈天志下〉)
> 義，利也。(〈經上〉)

義包含「正」和「利」兩個意思。「利」不是自利的利己，而是利人或利民的公利。他在〈耕柱〉篇就說：

> 今用義為政於國，人民必眾，刑政必治，社稷必安，所為貴良寶者，可以利民也。而義可以利人，故曰：義天下之良寶也。

可見墨子說的義，就是正當而且有利於人民的事情。所以他說：「凡費財勞力，不加利（民）者不為也。」❿他認為利於人的才是巧，不利於人的就是拙⓫。利於人民的事情才有「功」可言⓬。這種功利主義是社會、政治意義的倫理道德。墨子一生奮鬥的目標：「興天下之利，除天下之害。」是功利主義，他提倡兼愛也正是基於這種功利主義出發的。〈兼愛下〉篇的結論表達得最明白。他說：

> 故兼者，聖王之道也。王公大人之所以安也。萬民衣食之所以足也。故君子莫若審兼而務行之。為人君必惠。為人臣必忠。為人父必慈。為人子必孝。為人兄必友。為人弟必悌。故君子若欲為惠君忠臣慈父孝子友兄悌弟，當若兼之不可不行也。此聖王之道，而萬民之大利也。

把兼愛說是「聖王之道」只是訴之權威的一種托詞，兼愛能大利萬民才重要。

墨子功利主義的另一個原則是互利。互利是彼此有利。墨子說的兼相愛交相利便是這個道理。因為「愛人者人必從而愛之，利人者人必從而利之。」⓭兼愛講究的是視人若己，將心比心，當然會兼顧彼此的利益。這樣人們才能共存共榮。墨子在〈兼愛下〉篇就說，一個孝子為父母打算，當然希望別人也愛利自己的父母。但你要別人愛利你的父母，那你一定要先去愛利別人的父母，然後別人才會

---

❿ 見〈辭過〉篇。

⓫ 〈魯問〉篇：「利於人謂之巧，不利於人謂之拙。」

⓬ 〈經上〉篇：「功，利民也。」

⓭ 見〈兼愛中〉篇。

相對的來愛利你自己的父母，這好比你給人家桃子，人家回報給你李子一樣⓮。另外在〈魯問〉篇有一則故事談到互利與相害的比較很有啟發性。有一次，公輸子為楚國製造一種舟戰的鉤拒，因此大敗越國，公輸子很得意，跑去告訴墨子說：「我舟戰有鉤拒，不知子之義，亦有鉤拒乎?」墨子於是做了一個很有意義的比較。他說：

> 我義之鉤拒，賢於子舟戰之鉤拒。我（義之）鉤拒，我鉤之以愛，拒之以恭。弗鉤以愛，則不親（近，愛）。弗拒以恭（敬讓），則速狎（輕慢）。狎而不親則速離。故交相愛，交相恭，猶若相利也。今子鉤而止人，人亦鉤而止子。子拒而距人，人亦拒而距子。交相鉤，交相拒猶若相害也。故我義之鉤拒，賢於子舟戰之鉤拒。

這個故事說明了：大家相愛相恭，才能利己利人；反之彼此相鉤相拒，只有兩敗俱傷。所以他主張兼愛、非攻。

人類之所以相殘害，世界之所以不和平，全由於有「己」無「人」，內心不承認別人的存在，不尊重別人的利益。而墨子講的「義」，可以利人；兼愛，要人人視人若己，相愛相利。他這種理性的功利主義，可以滿足彼此的自私，兼顧彼此的利益。大家如果好好奉行，人人就可以和平共處，社會也可以長治久安了。

第四節　實踐主義

墨子不是一個光說理論的人，他還是自我理論的實踐者。他在

⓮ 原文見〈兼愛下〉篇後半段。

〈耕柱〉篇說：

> 言足以復行者常之，不足以舉行者勿常。不足以舉行而常之，是蕩口也。⑮

復，是踐的意思。復行、舉行，都是實行的意思。蕩口，就是耍嘴皮子，隨便說說。這段話說明理論不是說著玩的，要能實際行得通才行。不但要行得通，還要有成效。所以他說：

> 若無所利而不（丕的本字，大也）言，是蕩口也。（〈耕柱〉）
> 用而不可，雖我亦將非之。且焉有善而不可用者。（〈兼愛下〉）

「利」是理論實行後的效果。「可用」是一個好的標準。可用的言談，也是好的理論。〈非命下〉篇說得夠明白：

> 今天下之君子為文學，出言談也，非將勤勞其喉舌，而利其脣吻也。中（心）實將欲為其國家治理萬民刑政者也。

「為文學、出言談」就是為了「治理萬民刑政」的。有了這個理念，墨子三表法第三表「有用之者」，要「發以為刑政，觀其中（合乎）國家百姓人民之利。」就是拿實用做標準，來檢證理論的可行性。理論的可行性與實用性，是墨子實踐主義一個重點。

⑮　〈貴義〉篇有段文字，意義與〈耕柱〉篇相同，其原文為：「言足以遷行者常之，不足以遷行者勿常。不足以遷行而常之，是蕩口也。」

其次，墨子的實踐主義還包含言行一致及知行合一。先說他對知與行的看法。他認為瞎子不知道墨白，不是他不知道顏色的名稱，而是說他不能實際做分辨。同樣的道理，一個君子說他不知道仁，不是說他不知道仁是什麼，而是說他不去實行仁的事情，或不能實際去分辨仁與不仁的事情⑯。有一次，墨子介紹他的學生勝綽到齊國做官。後來勝綽三次幫他主人侵略魯國。墨子知道了很生氣，認為這個學生「言義而弗行」，是明知故犯他的教導，就派人到齊國，去拿掉這個學生的官位⑰。可見墨子是主張知行要合一的。

墨子認為一個人說了話就要做事，言行要一致。有一次他因告子言而不行，就罵了他一頓。〈公孟〉篇說：

> 告子謂子墨子曰：「我能治國為政。」子墨子曰：「政者，口言之，身必行之。今子口言之，而身不行，是子之身亂也。子不能治子之身，惡能治國政。」

又有一次，魯國的君王請教墨子，如何在兩個兒子當中選一個做太子，墨子告訴魯君：「合其志功而觀焉」⑱。志，是志向、動機，是言。功，是行事成果，是行。墨子就是教魯君用言行一致的辦法去選擇太子。

墨子不但在觀念上教人實踐，他本身正是一個力行實踐的好榜樣。他一生就為自己提倡的兼愛非攻理論，到處奔跑。莊子稱他「日

⑯ 原文見〈貴義〉篇：「我曰瞽不能知白黑者，非以其名也，以其取也。……天下之君子不知仁者，非以其名也，亦以其取也。」

⑰ 事見〈魯問〉篇。

⑱ 事見〈魯問〉篇。

夜不休，以自苦為極」[19]。就算敵對的孟子也說：「墨子兼愛，摩頂放踵利天下為之。」[20]孟子的話顯示了墨子是自己理論的實踐者，也說出他的服務熱情。

第五節　服務精神

墨子的思想，很多人不了解，但一說到他那救世熱情或服務精神，幾乎無人不知，無人不曉。

〈貴義〉篇有段文字記載墨子急於行義的故事：

> 子墨子自魯即（就、往）齊，過（訪）故人。故人謂子墨子曰：「今天下莫為義，子獨自苦而為義，子不若已（止）。」子墨子曰：「今有人於此，有子十人。一人耕而九人處，則耕者不可以不益急矣。何故？則食者眾而耕者寡也。今天下莫為義，則子如（宜）勸我者也，何故止我。」

義，就是正當而且有利於人的事情。墨子「獨自苦而為義」，正說明他救世的熱情，和服務的精神。他認為：有力量的要儘量去幫助別人，有錢的要儘量去資助別人，有學問的要儘量去教導別人[21]。人人要勸勉不已。

墨子認為政治就是在為人民服務的。他在〈尚同中〉篇說：

---

[19] 參見《莊子・天下》。

[20] 參見《孟子・告子》。

[21] 原文〈尚賢下〉篇作「有力者疾以助人，有財者勉以分人，有道者勸以教人。」

上帝鬼神之建國設都立政長也。非高其爵，厚其祿，富貴遊佚（淫佚）而錯（置）之也。將以為萬民興利除害，富貧眾寡，安危治亂也。

設立官員並不是要他們來享受，而是要他們「為萬民興利除害」的，表示其官位越高，責任越重。有能力的人就請他出來替人民做事，沒有能力的人就請他走路。他主張：

官無常貴，民無終賤。（〈尚賢下〉）
不黨父兄，不偏富貴。（〈尚賢中〉）

「不黨父兄」，就是用人不專用家族親戚。「不偏富貴」，就是用人不勾結達官、財閥。你看！這種思想多現代。

韋政通先生有一段話，很能說明墨子服務精神的現代意義。他說：「墨子能在中國文化中取得一重要的地位，不在哲學家這一角色，更不在宗教家這一角色，而在他的反侵略，反戰爭，熱情救世、力行不懈的犧牲精神。他的思想是因受到這一精神的支持，才被重視。他的人格，不僅能感召一世，且足以震動萬代，這就是墨子的真正偉大處。」[22]

第六節　理智的和平主義

墨子一生為反侵略戰爭而奮鬥犧牲。他不但有一套理論，而且帶領一批紀律嚴整的學生，到處宣導和平主義，更阻止了三次國際

[22] 韋政通，《開創性的先秦思想家》，第五章〈墨子〉。

戰爭。〈魯問〉篇有兩次記載，一次是勸止齊國伐魯，另一次是勸止魯陽文君攻鄭。而〈公輸〉篇更是全篇記述墨子如何憑本事壓住公輸般，說服楚王，放棄攻打宋國的精彩故事。我有個奇想，假設當時就有諾貝爾獎金，墨子應該可獲得三次諾貝爾和平獎。

墨子非攻的理由，簡單的說就是：攻國（侵略）的行為不道德（不仁不義）；戰爭本身有害無利。依他的觀察，各國君王喜歡攻伐兼并，全是「貪伐勝之名及得地之利」㉓。可是攻伐無罪的國家，殺害無辜的人民，是最大的「不仁不義」。而戰爭結果卻是「計其所得，反不如所喪者之多」㉔，所以說，發動侵略是不道德的，攻戰是「不吉而凶」的。

墨子提倡和平主義，除了用「不道德」（不仁不義）和「有害無利」做理由遊說諸侯，他還勸勉國君積極的勵精圖治㉕。平時多儲備軍力，做好防禦工作，一旦遭遇攻擊，才有能力抵抗。就是他在〈七患〉篇說的：「庫無備兵，雖有義不能征無義（侵略者）。城郭不備全，不可以守。……故備者，國之重（輜重、軍力）也。」另外，他還鼓勵各國君王要互相援助，以抵禦侵略㉖。總之，墨子的和平主義是以實力做後盾的。

現存《墨子》一書，五十三篇之中，就有十一篇是專論防守技術的。墨子在止楚攻宋的奮鬥中，在楚王的面前，不但憑真功夫阻止了公輸般九次的攻擊，而且告訴楚王說：「臣之弟子禽滑釐等三百

㉓ 文見〈非攻中〉篇。

㉔ 同㉓。

㉕ 〈非攻下〉：「易攻伐以治國，功必倍。」

㉖ 〈非攻下〉：「大國之攻小國也，則同救之；小國城郭之不全也，必使修之；布粟乏絕，則委（輸）之；幣帛不足，則共之。」

人，已持臣守圉（禦）之器，在宋城上而待楚寇矣。雖殺臣，不能絕也。」迫得楚王最後說:「善哉！吾請無攻宋矣。」這樣才阻止了一場國際大戰。墨子以實力做後盾，提倡和平。所以我們說這是：理智的和平主義。

1954 年，以「原子的邏輯」的理論——新的量子力學，獲得諾貝爾物理獎的德國人馬克斯・波恩 (Max Born) 說:「我們的良知要覺悟，戰爭是墮落到殺害無辜的大屠殺，對這種戰爭我們的道德無法接受。另外我們的理智要認清科技戰爭與人類的生存不能並存的。世界和平的希望就是將這兩種力量結合起來。」㉗波恩說的兩種力量是指：良知宣揚道德；理智控制科技。墨子的兼愛貴義似前者；儲備防禦實力似後者。

看到波恩的這段話，我們可以說：墨子是人類和平主義的先知。

第七節　國際服務社團的理想

國際間有三大民間社團，即扶輪社 (Rotary Club)、獅子會 (Lions Club)、青商會 (Jaycees)，他們是由社會上具有領導地位的各種行業優秀人士所組成的。三大社團的分會遍及世界各地（共產國家例外），每個分會都在出錢出力為社會服務、造福人群而努力，因此引得世界一致的讚賞和佩服。讓人驚訝的是，他們的宗旨或信條，幾乎都與墨子的作風或思想不謀而合。

一、扶輪社的宗旨

㉗ 馬克斯・波恩著，陳永禹譯，孫志文主編，《物理中的哲思》(臺北：聯經出版公司，1983)，頁 112。

扶輪之宗旨，在於鼓勵並養成社員之「服務精神」為從事一切有用事業之基礎，其綱領如下：

1. 增廣交遊，以增進服務之機會。
2. 在各種職業中，提倡高尚之道德標準，確認各種有用職業之價值，並盡力使每一社員，深切了解其本身職業之尊嚴，作為服務社會之張本。
3. 每一社員須以「服務精神」，用於有關個人的或職業上，以及有關社會方面之生活。
4. 聯合各國職業人士，基於「服務精神」之理想，以求增進國際之諒解、友善與和平。

墨子一生行義救世，力行不懈，孟子說他「摩頂放踵，利天下為之」，莊子說他「備世之急」、「枯槁不舍」，已夠說明他服務精神的偉大，不必多作引述。墨子的「服務精神」就是扶輪社的宗旨。

現存《墨子》書記載，墨子曾六次推薦學生到各國去做官，推廣他的救世思想。六次是：遊耕柱子於楚（〈耕柱〉）。遊高石子於衛（〈耕柱〉）。遊公尚過於越。仕曹公子於宋。使勝綽事項子牛（〈魯問〉）。仕人於衛（〈貴義〉）。這合於第一條綱領。

墨子提倡愛人利人，要求言行一致，確認「能談辯者談辯，能說書者說書，能從事者從事，然後義事成也。」（〈耕柱〉）他認為做官的「強聽治」，農夫「耕稼樹藝」，婦人「紡績織紝」，百工的「從事」，對「國家之富」，「刑政之治」都有其重要貢獻。他的貴義重行，以及無功不受越王、楚王的封地，樹立了知識分子的風格，也維護了讀書人的自尊。由於他的人格感召，吸引了很多有志之士追隨他到處救世濟民。《淮南子・泰族》就說：「墨子弟子服役者百八十人，皆可使赴火蹈刃，死不旋踵，化之所致也。」他不但「提倡高尚的道德，了解本身職業尊嚴，確認各種職業價值，作為服務社會之張本」，更重要的是扶輪社宗旨的第二條綱領，墨子本身全做到了。

前面引用〈耕柱〉篇的記載，證明墨子「確認各種有用職業之價值」。同一個記載也完全合於第三條綱領。這段記載翻成白話是：「兩個學生問墨子說：『如果要服務社會，做那種事最好?』墨子回答說：『每種事都重要，譬如築牆一樣，能建築的建築，能運土的運土，能測量的測量，這樣牆就可以建起來。我們要服務世人也是如此，能論辯的就論辯，能教經書的就教經書，能實際工作的就工作。能做什麼事的就好好去做。這就是對社會最好的服務了。』」

墨子那愛人利人的兼愛、非攻思想和作法便合於第四條綱領：「增進國際之諒解、友善與和平。」〈非攻下〉篇說得更好：「今若能信交，先利天下諸侯者：大國之不義也，則同憂之；大國之攻小國也，則同救之；小國城郭之不全也，必使修之；布粟乏絕，則委（輸）之；幣帛不足，則共（供給）之。以此交大國，則大國之君說（悅）。以此交小國，則小國之君說。」這種「基於服務精神」的互助義行，當然可以增進國際間的友好關係。

另外扶輪社有四大考驗：

1.是否一切屬於真實?

2.是否各方得到公平?

3.能否促進信譽友誼?

4.能否兼顧彼此利益?

這四大考驗不是完全合乎墨子的思想，便都合於他一生的作風。在前面科學精神一節裏，指出墨子重經驗、重方法、重理論的可行性，主張言行一致，在在都是追求「真實」的。他那利人的功利主義、實踐主義、服務精神及和平主義，無一不是「枯槁不舍」的在追求「真實」。在前文說明扶輪社宗旨第四條綱領中所引的〈非攻下〉篇一段話，便可通過「促進信譽友誼」的考驗。而兼相愛交相利，不正是要使「各方得到公平」，「兼顧彼此利益」的作法嗎?

二、獅子會的宗旨

1. 發揚人類博愛互助精神。
2. 增進國際間友好關係。
3. 啟發智慧，尊重自由。
4. 提倡社會福利。
5. 促進國家安全。

前兩項宗旨，在扶輪社宗旨第四條綱領已有說明。墨子倡行「兼愛天下人」(〈天志下〉)，孫中山先生就說:「與耶穌所講的博愛是一樣的。」㉘〈天志中〉篇說:「欲人之有力相營（護助），有道相教，有財相分。」也吻合前兩項宗旨。而兼愛、非攻就是為了「尊重（彼此）自由」。墨子是倡兼愛、非攻、節用、節葬、尚賢、非樂、非命，都是站在人民的立場發言，當然是為「社會福利」的。他之所以貴義，是因「義可以利人」(〈耕柱〉)。他說:「功，利民也。」(〈經上〉) 明王聖人是「愛民謹忠，利民勤厚。」(〈節用中〉)「無敢舍餘力，隱謀遺利而不為天下為之者矣。」(〈節葬下〉)〈非樂上〉篇更說:「仁者之事，必務求興天下之利，除天下之害。」這些都符合第四項宗旨。墨子在〈天志中〉篇勸「上強聽治，下強從事，則國家治、財用足，外有以為環璧珠玉以騁交四鄰，諸侯之怨不興矣。邊境甲兵不作矣。」在〈非攻下〉篇主張「易攻伐以治我國，功必倍」，

㉘ 見周富美，《墨子》(臺北：時報文化公司，1984，再版)，前言。

並勸勉諸侯以「信」相交，在軍事上、經濟上互助「同救」。在〈七患〉篇更主張平時要「備兵」，增強國防軍力。這豈不是獅子會第五項宗旨「促進國家安全」嗎?

三、青商會的信條

1. 篤信真理，可使人類的生命具有意義和目的。
2. 人類的親愛精神，沒有疆域的限制。
3. 經濟上的公平，應由自由人，通過自由企業的途徑獲得之。
4. 健全的組織，應建立在法治的精神上。
5. 人格是世界上最大的寶藏。
6. 服務人群，是人生最崇高的工作。

墨子篤信兼愛可以使人相愛相利，「兼即仁矣義矣」，「兼即善矣」(〈兼愛下〉)。非攻合乎仁義，「其為利天下，不可勝數也。」他的信仰和作法完全合乎第一信條。〈天志下〉篇說:「兼愛天下人」，〈經下〉篇說:「無窮不害兼」，〈經說下〉篇說:「不知其所處，不害愛之。」正合於第二信條。第三信條，從視人若己，將心比心的兼愛思想不難推演出來。古代君王立法統治人民，跟現代以法律保護人權不同。但墨者團體卻建立在法律之前人人平等的精神上，類似於第四信條㉙。墨子是一流的技術人才；兼愛貴義的布道者；平民階級的代言人；熱情救世的苦行者，他人格的光輝不僅感召一世，更

㉙ 《呂氏春秋・去私》:「墨者鉅子有腹𪍿，居秦，其子殺人。秦惠王曰:『先生之年長矣，非有他子也，寡人已令吏弗誅矣。先生之以此聽寡人也!』腹𪍿對曰:『墨子之法「殺人者死，傷人者刑」，此所以禁殺傷人也。夫禁殺傷人者，天下之大義也。王雖為之賜而令吏弗誅，腹𪍿不可不行墨子之法。』」

可以震動萬代，用第五信條來形容他最恰當不過。至於第六信條「服務人群」正是墨子一生的標誌，前面已引述夠多了，不必再贅言。

看了扶輪社、獅子會、青商會的宗旨或信條，可以斷言，墨子的思想、人格，正是這些國際社團追求的理想。

第八節　兼愛可轉化為企業管理思想

企業管理在二十世紀已發揮了極為成功的實踐績效：譬如創造財富，消滅貧窮，將知識應用於生產，提供就業機會，使眾人接受高度的教育等等。這些成果已改善了人類的生活品質，使人活得更有信心，更有尊嚴。

十八、九世紀以來，企業經營從生產導向轉為市場導向，1960年以後進入管理導向，這是從視人如物到尊重人性的管理過程。目前正邁向管理品質的提升。注重明確的經營理念、企業倫理、企業文化和人性化，以樹立企業形象，為今後管理的自然趨勢。

墨子的兼愛思想可以創造的轉化應用於企業管理之上。

兼愛，就個人說是「愛人利人」，就群體說是「兼相愛交相利」或「相愛相利」。兼愛還包含「義」，〈天志下〉、〈兼愛下〉都說：「兼，即仁矣義矣。」墨子對義的詮釋是「義者正也。」（〈天志下〉）「義，利也。」（〈經上〉）也就是說，義是公正、公平的利。合起來看，兼愛可詮釋為「公正合理的相愛相利」，或「義利合一，彼此互惠」。如此，兼愛思想很適合充當企業的最高目標。因為第一，兼愛是崇高、持久而實際的價值觀，容易喚起員工的使命感和榮譽心；第二，兼愛的價值含蓋性大，適合多元化、國際化的企業經營；第三，兼愛含有公平、互惠的理念，符合國際自由貿易的精神。企業公司如能拿兼愛當作組織的最高目標或經營哲學，實際指導公司運作，必能使員工找到工作和生活的意義，也能促使企業做出社會貢獻，建立良好的企業文化。世界最大銀行日本第一勸業銀行就是最好的例子。這家銀行的最高目標正是「義利合一，彼此互惠。」

「兼愛」的方法是「愛人若己」，就是以己心量度別人的需要，將心比心去愛待別人。所以墨子常說：「兼相愛交相利」。這是「投桃報李」，互惠交利的愛。人性自私，「兼相愛交相利」正可以滿足彼此的自私，兼顧彼此的利益，解決彼此的需要。因此「兼相愛交相利」最適合作為企業經營人際關係的原則，實踐企業倫理，表現企業文化。

「兼相愛交相利」哲學，對於現代企業管理，可作為企業經營理念，指導企業的經營方針，也是良好的企業倫理規範，平實易行，我們應大大的宣揚。

第九節　結　語

以上從墨子生平的實際活動和他的哲學思想著眼，提出：知識分子的典範；科學精神；理性的功利主義；實踐主義；服務精神；理智的和平主義。再將國際扶輪社、獅子會、青商會的宗旨與墨子的理論和作法相比較，發現墨子的人格、學說正是三大國際社團追求的理想。最後指出「兼相愛交相利」哲學，可以重新詮釋現代工商社會的企業管理；轉化應用作企業的經營理念，也可作為企業倫理的規範，很具時代價值。因而可以確認墨子哲學在以上這些方面有助於現代人的生活，也是現代人應該努力的方向，實在值得大家提倡和學習。

附錄　墨子的管理思想

第一節　管理的時代

管理是二十世紀崛起的特殊文化,也是人類歷史上的一件大事。我們甚至可以說，二十世紀就是一個管理的時代。這種管理時代，勢必繼續延長下去。

二次世界大戰以後，大公司、大工廠、大學校、大醫院、大飯店、大政府等組織，在開發先進國家及開發中國家相繼林立。這些組織都很龐大，成員之多，數以萬計，甚至幾十萬計，需要專業的管理人才，才能管理好。於是訓練管理人才的工商管理系、企業管理系，以至企管研究所紛紛設立，而管理學也就自然成為當代的熱門學科。

管理並不僅限於企業，其他非商業性機構也需要管理，但是企業管理才是重點，才是模範。因為企業管理是本世紀的發明，也是最成功的典型，它發揮了前所未有的高度績效，譬如：創造驚人的財富，消滅貧窮，將知識應用於生產，提供許多就業機會，使許多人接受普遍而高度的教育，打破傳統社會的階級等等。這些成果，顯然已改善了人類的生活品質，使人活得更有尊嚴，更有自信。

企業管理表現的高度效能，已逐漸引起非商業性機構（如公家機構）的關切。這些機構平時效率不彰，需要更多的管理。IBM亞太地區品管學院院長湯瑪士・巴瑞 (Thomas J. Barry) 就經常勸各國政府官員：「要把國家當企業來經營。」❶美國史丹福大學商學院教授巴斯克 (T. Pascale)，就從企業管理的角度撰寫《如何管理白宮》一書，供美國政府作施政參考。美國的大學早就設有「企業與政府」的課程。著名管理學家彼德・杜魯克 (Peter F. Drucker) 認為這一課程的名稱應改作「企業、政府及許多其他機構」。他認為現代社會是一個多元機構的社會，而不只是一個企業社會❷。七〇年代，德國的漢堡市為公務人員成立一個管理中心。英國的公務部門已經改組，目標放在介紹與開導管理。而美國大學高級管理課程的學生逐漸增加，他們很多來自醫院、軍隊、市政府、州政府，以及學校的行政人員。白宮高級顧問、官員及一些大學校長，也經常擇期到哈佛大學企管研究所接受訓練。

我們應該注意：管理已迅速成為世界性的文明。二十世紀，尤其二次大戰之後，整個世界改變了。開發先進國家，以至開發中國家，社會和經濟呈現飛躍的發展。其發展的快速，抵得過人類幾千年奮鬥的總和。這種快速的發展，正是管理所「創造」的成果。

今天世界各地都在研究管理、運用管理（最近中國大陸也開始注意到管理），除非不要經濟發展，不要社會現代化，沒有一個國家能自外於這股管理的浪潮。

❶ 《經濟日報》，1987年8月2日。

❷ 彼德・杜魯克著，侯家駒校訂，《管理學》（臺北：聯經出版事業公司，1983，5版），頁168。

第二節　政治管理與企業管理

企業管理是科際整合的實踐。然而，其中以政治管理的影響最早，現代企業管理興起於歐美，其早先就曾引用政府和教會的管理經驗。而且企業管理與政治管理的性質也最接近，雖然二者的任務不同，但管理的對象一樣都是人，先把人管好了，一切事情都好辦，這是二者相通之處。

企業管理最先引進政治管理的經驗，而企業管理的高效率表現反過頭來可以指導政治管理，就如同湯瑪士・巴瑞說的「要把國家當企業來經營」。雖然如此，政治管理思想仍然是改進企業管理的靈感來源。不久前，英國著名的管理學家安東尼・傑伊 (Anthony Jay) 出版《管理與馬基維利》一書，他就是應用馬基維利 (N. Machiavelli) 所著《君王論》❸的治國思想來詮釋現代的企業管理。詹炳發先生將英文原書摘要改寫，發表在民國 77 年 5 月 16 日到 21 日的《工商時報》，標題為：〈管理大師：馬基維利〉。筆者於 1972 年出版《韓非與馬基維利比較研究》❹。肯定韓非的理論比馬基維利深刻而有系統，在中國已是實踐有效的統御領導術，比起馬氏，韓非更有資格當起管理大師。

先秦諸子，尤其儒、墨、道、法四家都是治人的學問，應屬於政治管理，他們的思想都可用來詮釋現代企業管理。筆者認為：他

---

❸ 馬基維利是十六世紀義大利政治家。《君王論》是馬氏的代表作，影響西方政治哲學至鉅。這本書被美國唐斯博士 (Dr. B. Downs) 列入《改變歷史的書》的第一本。該書 1956 年出版。

❹ 王讚源，《韓非與馬基維利比較研究》（臺北：幼獅月刊，1972）。

們各個都可登上管理大師的寶座。從企業管理的實踐上，已有不少成功的例子。廖慶洲先生著的《日本企管的儒家精神》一書❺，清楚介紹了儒家政治倫理思想對日本企業管理的顯著影響。世界第一富翁，日本西武 (Seibu) 財團老闆，堤康次郎、堤義明父子的管理哲學，就是活用荀子的性惡論。❻

不過，依筆者多年來對企管系學生及企業經營者，開授「中國管理思想」、「思想方法」等課程，並實際指導一些公司、工廠管理運作的經驗，我認為墨子的「兼相愛交相利」哲學，最適合應用在現代企業管理之上。

墨子哲學，可以「創造的詮釋」現代的企業管理思想。

第三節　貴義兼愛與企業最高目標

一、美國的挑戰到日本第一

嚴格的說，現代的管理，尤其企業管理是二次世界大戰之後興起的事。二次大戰以後任何經濟和社會的迅速發展，都以現代管理為關鍵因素。

管理的勃興一直由美國獨領著風騷。1960 年代，美國管理成為全世界關注的中心。除了中國大陸之外，世界各國都在熱烈的輸入美國管理，以解決經濟停滯問題。誠如拉丁美洲流行的一句話說：「開發中國家並非開發落後，而是管理落後。」

使美國管理出盡風頭的，是 1967 年，美國經濟學家蓋爾布萊茲

---

❺ 廖慶洲，《日本企管的儒家精神》（臺北：聯經出版公司，1983）。

❻ 游枝，《堤義明賺錢的哲學》（臺北：臺灣英文雜誌社，1989）。

出版的一本全球暢銷書《新工業國》；及 1968 年，法國記者史萊勃 (J. J. Servan-Schreiber) 出版另一本震驚全世界的《美國人的挑戰》❼。前者預言，大公司的職業管理人，擁有現代管理技術的所有工具為裝備，已變成壓不倒的，而且無法取代的東西；後者認為美國的管理正在接收世界，歐洲將成為美國的經濟附庸國，與美國對比，歐洲仍存有一段「管理差距」。當時世界各地的報紙都以重要新聞，爭相報導。全世界都認為，「管理」是美國最重要的競爭力。而美國人也以此自傲。

七〇年代初期，美國人還在陶醉於他們的卓越管理之際，沒有人料到，美國的生產力日益下降，競爭力轉弱，歐洲經濟超越了美國，德國和日本的行銷力壓迫著美國經濟。過了不久，有人公開喊出「日本第一」❽。這時美國人才如夢初醒，彼此指責，卻沒有人責備自己。在美國國內和國外，愈來愈多的人認為，過去能滿足美

---

❼ 史萊勃著，林錦勝、何清欽合譯，《美國人的挑戰》(臺北：協志出版社，1969)。

❽ E. F. Vogel 著，李孝悌譯，《日本第一》(臺北：長河出版社，1982)。1987 年以後，日本財團逐漸併購美國的大企業，其中引人注目的，像新力公司花五十四億美元，買下哥倫比亞電影公司及 CBS 唱片公司；三菱集團花八億四千六百萬美元，買下象徵美國的洛克斐勒中心。日本從好萊塢買到華爾街的舉動，震驚了美國社會。又喬埃特的《華府說客》一書指出，日本每年要準備一億美元的酬金，支付給一流律師、宣傳專家、政治顧問及說客（退休的美國總統像雷根、卡特、尼克森都成了日本企業的說客)，企圖操縱輿論，當美國國會、白宮在討論和日本經濟有直接關係的立案時，能運用影響力使最終結果力趨完善。全球四大對美投資國——英、荷、加、日，日本在華府的說客就將近半數。像這樣的政治遊戲，日本在美國玩了足足有二十年之久。1989 年，日本已是全世界最大「債權國」，金額高達三千億美元。

國需要，為全世界所崇拜的管理策略如今已不管用了。為了保護美國的經濟利益，美國政府於 1974 年制定貿易法第三〇一條款，1988 年修改為「特別三〇一條款」，用來報復對美國不公平貿易的國家❾。目的在使美國增加出口，減少貿易赤字。近些年來，美國頻頻祭出特別三〇一法寶，日本、巴西、印度、中共都先後吃到這個苦頭。近幾年，臺灣上下一樣為它忙得團團轉，足見「特別三〇一」的威力十足。最近美國還正打算擴大「特別三〇一」報復強度，已引起日本和歐體的強烈抗議。真是亂因起於「不相愛」。

二、美日企管的比較

面對日本經濟力的威脅，美國的傳播界首先喊出「日本能，為什麼我們不能?」理性的管理學家已著手比較研究美日兩國管理的差異，提出見解，作為美國應付「日本挑戰」的方策。威廉・大內 (William G. Ouchi) 著的《Z 理論》❿首先指出，日本的工商界最津津樂道的是自己的「經營哲學」，他們以在企業中實踐個人哲學為傲。本田汽車公司創始人之一藤澤武夫也說:「日本和美國的管理方式有 95% 相同，但差別全在於重要事項。」他不明說的 5% 重要差別，其實就是「管理哲學」，也就是日本人所說的「經營理念」。因

❾ 依三〇一條款，美國貿易代表署可逕行調查外國不公平貿易措施。如有不公平措施，貿易代表署須採取行動：拒絕外國享有貿易協定的優惠（如提高關稅)；或施加進口限制；或要求取消不當措施，消除對美國形成的負擔或提供補償；或裁量如何反制外國措施。

❿ 威廉・大內，《Z 理論》，1981 年 4 月美國出版，但未出書先轟動。美國《時代週刊》、《財星》雜誌 (*Fortune*)，臺灣《經濟日報》、《時報》雜誌都曾詳加推薦。黃明堅的中譯本由臺北長河出版社印行，1981 年 7 月初版。本文參考的是 1985 年 12 月的第 8 版。

為科學無國界，管理科學可通用於全世界。巴斯克和艾索思 (G. Athos) 合著的《日本的管理藝術》⓫，與《Z 理論》一樣認為美國企業一味追求效率和利潤，變得急功近利，使人成為機器。員工長期工作單調，工作與生活無法融合，缺少歸屬感，容易與公司對立。這是日本公司沒有的現象，而為美國企業急須改進之處。巴、艾兩氏一再指出，美、日兩國的管理在「硬性」因素方面（策略、結構、制度）非常相似；主要差別在於「軟性」的因素（技巧、作風、人員與最高目標）。日本文化在「比較軟性」的因素上佔了優勢。他們認為美國的調整之道，除了採用利潤和效率等經濟標準之外，還要顧慮到「人的價值觀」，也就是「公司應有最高目標」。此乃公司表現傑出的「祕密武器」，威力有整個太平洋之大。⓬

三、企業需要最高目標

所謂「最高目標」，是一個組織的「主要意義」、「共同價值觀」、「基本信念」，或日本人說的「精神」，或「經營哲學」，或「經營理念」。甚至是杜魯克在其《管理學》所強調的「管理的使命」。杜氏認為：「任何討論管理的書籍，不以所要完成的使命為開始，則是不了解管理。」⓭

⓫ 巴斯克、艾索思合著《日本的管理藝術》。巴斯克是美國史丹福大學商學研究所教授，艾索思是哈佛大學企管研究所教授。本書與《Z 理論》一樣是研究日本管理的鉅著，出版後立刻成為暢銷書，《財星》雜誌有專文評介，有些美國著名大學也指定本書為研究企業管理的必讀書。臺灣有黃明堅中譯本，臺北：長河出版社，1982 年初版，1987 年 5 版。

⓬ 同⓫，頁 200、234、236。

⓭ 同❷，頁 47～59。

每一個優秀的企業，都有明確的最高目標。諸如：IBM 的「尊重個人的尊嚴和權利，提供全世界最好的顧客服務，以卓越的方式完成工作」；美國三角洲航空公司 (Delta Airlines) 的「三角洲家庭情感」；麥當勞速食的「為收入有限的美國人提供實惠的服務」；日本第一勸業銀行的「義利合一，彼此互惠」；日本野村證券的「與顧客共榮」；日本松下電器的「認清我們身為企業家的責任，追求進步，促進社會大眾的福祉，致力於世界文化的長遠發展」；臺灣新光企業的「注重人情義理」；臺灣統一企業的「三好一公道：品質好、服務好、信用好、價錢公道」；臺北亞都飯店的「全國服務最好，讓客人有回家的感覺」。而非商業性組織為了管理的績效也需要最高目標，如花蓮慈濟功德會的「做好事、修功德、幫助需要幫助的人」就是。

最高目標是公司最高的指導原則，它是所有其他管理工具如策略、結構、制度、作風、人員、技巧的靈魂，也使這些因素結合在一起。一旦把所有的因素配合起來，整個組織就能夠更團結的運作。

人們是怎麼想（理念）就怎麼做的。誠如巴、艾兩人說的：「最高目標可以實際影響作業的執行工作。因為管理人員不可能立刻出現在各個地方，所以很多決策他們都無法參與。事實上，最高目標就是給員工一個指南針，把他們的腳步調到正確的方向。譬如，在 IBM，最高目標就是絕不犧牲顧客服務；在松下，則是絕不故意生產或銷售瑕疵商品，欺騙顧客。這些價值觀使最高主管可以左右員工的行動，幫助員工自行作出正確的決定。這些價值觀成為緊急情況時的『解圍者』，使所作的決定不致誤入歧途。」⓮（民國七十六年，臺灣南陽公司出售浸水的三陽喜美車，卻發給「未淹水證明書」，存心欺騙顧客，結果引起公憤，被迫道歉賠償。就是誤入歧途

⓮ 同⓫，頁 201。

的例子。)

企業的存在不僅在於利潤，還有它應負的社會責任。最高目標常與人類價值觀相聯繫，可以幫助它們做出社會貢獻（如：產品、服務、環境、文化等），也成為賺錢的公司。對員工而言，不能只為生存而工作，最高目標是使他們找到工作、生活的意義與價值，容易激發工作的熱情和動力。經驗告訴我們，員工肯為公司賣命除了高薪之外就是為了組織堅持實現最高目標。麥當勞分支店的廚師和店員就說，較高層次的目標可以使他們更樂意接受公司嚴格的品質管制制度。員工從「幫助社會」的角度著眼更容易接受嚴格的標準，因為他們內心想著那是有意義的。

二十一世紀管理的新趨勢是在人性、服務與文化方面。因此可以說，最高目標是企業成功和永續經營的康莊大道，也是企業存在的理由。抱有最高目標的企業管理，才算是管理品質、管理文化的真正提升。

四、貴義兼愛適合作最高目標

基於以上的認識，我們發現：墨子的「貴義」、「兼愛」哲學很可以作為企業的最高目標。

「貴義」就是重義、尚義。墨子對義字的詮釋很特別。他說：

> 義，利也。(〈經上〉)
> 義者，正也。(〈天志下〉)

可見義就是公正的利。公正的利對大眾都有利益，而不僅僅是自私的利己。故墨子認為：利於人的才稱巧，不利於人的就是拙。有利於人民的事情才有「功」可言⓯。墨子在〈耕柱〉篇就明確的說:「義可以利人，故曰：義，天下之良寶也。」所以肯定:「萬事莫貴於義」(〈貴義〉)。

「兼愛」，就是「愛人若愛其身」，也就是愛人若己。「若」為比量的意思，愛人若己，是以己度人，將心比心的去愛待別人。墨子說:「兼者，仁也，義也」，又說:「兼即善矣」(〈兼愛下〉)。所以他肯定，兼愛就是「愛人利人」⓰，「相愛相利」⓱。

「貴義」、「兼愛」合起來說，就是合理公正的愛人利人。我們認為這一理念可作為企業經營的最高目標，是有其堅強的理由。

首先，墨子認為「貴義」、「兼愛」出於天志、天意，愛人利人(有力相營，有道相教，有財相分)，上者強聽治，下者強從事，乃是「順天之意」；猶如馬克斯・韋伯 (Max Weber, 1864～1920) 指出基督新教以勞動、營利為上帝的命令，人們不休歇的職業勞動而致富是對上帝的義務⓲。

宗教反對毫無拘束的人生享樂，他們認為不休歇的俗世職業勞動是制慾的最高技術，並且是重生及純正信仰的明證⓳。這是新教的「制慾精神」。而視職業勞動為對上帝履行義務。這是人們的「天職」。天職的觀念正是新教所有教派的中心教理。「天職思想」與「制

⓯ 《墨子・魯問》說：「利於人謂之巧，不利於人謂之拙。」又〈經上〉說：「功，利民也。」

⓰ 《墨子・天志中》。

⓱ 《墨子・法儀》。

⓲ 這是馬克斯所著的《基督新教的倫理與資本主義的精神》一書所指的基督新教的倫理的要旨。張漢裕中譯本由臺北協志工業叢書出版公司印行，民五十八年再版。

⓳ 同⓲，頁 70。

慾精神」乃基督新教的職業倫理。韋伯認為，基督新教的職業倫理正是促成近代資本主義「精神」的根本原因。所謂資本主義的「精神」，就是以「天職」觀念有系統的、合理的追求正當的利潤之精神態度⑳。

墨子提倡節用、節葬、非樂，尤其主張非命，力勸人們要勤儉從事（上強聽治，下強從事），可以說也是一種制慾精神，這與新教的思想很相近。而「貴義」、「兼愛」出於天志（或稱上帝），去愛人利人是「順天意」，必得天賞（〈天志〉、〈兼愛〉）。這與基督新教的「天職」思想極為類似。因此我們認為，基督新教的職業倫理既然是促成資本主義精神的主要因素，那麼「順天意」、「天所欲」的「貴義」、「兼愛」用作企業經營的最高目標（使命）也應有其發展的動力（中國人普遍敬畏老天爺）。

其次，「愛人利人」是人類最偉大的情操。巴斯克和艾索思在《日本的管理藝術》第七章說，最高目標有不同的種類，但理想的最高目標應合乎重要、持久、實際三種性質。「貴義」、「兼愛」是合理公正的愛人利人，完全符合這三種性質。古往今來，人類一切有意義的活動，莫不發自愛人利人的情操。愛人利人的情操，是宗教的起源，是藝術的肇始，是科學的發端，是革命的動力，是全體人類創造與發明的根基。人有喜怒哀懼愛惡慾七情，只有愛最完美，最浩瀚，因愛的本質就在有利於人。古今中外的哲學家、宗教家、文學家、藝術家、政治家、科學家、教育家們的偉大業績，莫不表現在愛人利人之上。二十世紀新興的企業經營者，如想被列入偉大之林，也唯有實踐「愛人利人」這一崇高的價值觀，方能得逞。

以合理公正的愛人利人為內涵的「貴義」、「兼愛」，實為人類最

---

⑳　同⑱，頁 19、91。

崇高的價值，拿它作為企業經營的精神或信念，容易喚起企業組織整體的認同感、使命感和榮譽感。這是我們主張「貴義」、「兼愛」可作為企業最高目標的另一理由。

巴、艾兩氏在《日本的管理藝術》第七章又說：「多角化經營會產生一個問題，那就是我們愈來愈難訂出一套最高目標，使它們既能適用於某一特定企業，又能普遍應用於許多企業。尤其是企業集團最容易遭遇這種問題。」一個成功的企業往往會擴展它的營業範圍，進行多元化經營，也就是包括多種產品與多種市場的企業。譬如麥當勞從事速食餐業，一旦要擴充經營運輸業或鋼鐵工業，勢必改變原先那「為收入有限的美國人提供實惠的服務」這一信念，而去另尋更高的價值觀才行。國際性企業是現代企業的新趨勢，面對不同文化的各國人民，要訂出一套普遍適用的最高目標，也是跨國企業常碰到的難題。具有重要、持久、實際三種條件的「貴義」、「兼愛」理念，正可以解決這種難題。「貴義」、「兼愛」的涵蓋性極廣，上文所舉國內外不同公司的最高目標，從「提供全世界最好的顧客服務」、「品質好、服務好、信用好、價錢公道」、「促進社會大眾的福祉，致力世界文化的發展」到「做好事、修功德、幫助需要幫助的人」等等無一不可包含。湊巧的是，世界最大的日本第一勸業銀行的經營哲學：「義利合一，彼此互惠」，更完全符合「貴義」、「兼愛」的涵義。

「貴義」、「兼愛」這一價值觀涵蓋性大，不但能適用於某一特定企業經營，也能普遍應用於多元化企業，甚至於多國企業的經營。這是「貴義」、「兼愛」可作為最高目標的第三個理由。

二十一世紀全球貿易自由化已是必然的趨勢。目前國際貿易組織，如關稅暨貿易總協定 (GATT)、北美自由貿易協定及歐洲聯盟相繼建立自由貿易制度，堅持公平、互惠原則。而「貴義」是崇尚正義正利，含公平性，「兼愛」是「兼相愛交相利」，含互惠性。此乃「貴義」、「兼愛」可作為企業最高目標的第四個理由。

五、結　語

總而言之，依據管理學家的研究報告，美日兩國傑出而成功的企業經營都有一套最高目標，作為組織整體運作的精神導引。而以「合理公正的相愛相利」，或「義利合一，彼此互惠」為義涵的「貴義」、「兼愛」，具有：順天意履行人生的義務；人類最崇高、持久而實際的價值觀，容易喚起組織的使命感與榮譽感；價值涵蓋性大，能適應多元化、國際化的企業經營；公平、互惠理念，符合未來國際自由貿易精神等四項特質。因此我們肯定的說：墨子的「貴義、兼愛哲學」很適合充當企業的最高目標，希望企業界能夠好好加以應用。

第四節　貴義兼愛與企業倫理

一、企業文化與企業倫理

1982 年，狄爾和甘迺迪兩人合著了一本管理的暢銷書，書名為《企業文化》㉑。該書指出，傑出而成功的公司大都有堅強的企業文化。近些年來，「企業文化」已成為最流行的管理觀念。

企業商標或企業識別系統（Corporate Identity System，簡稱

㉑ 狄爾、甘迺迪合著，黃宏義譯，《企業文化》（臺北：長河出版社，1983）。

CIS)，是一家公司的象徵，用以塑造公司的經營理念，傳達公司的形象。最近的趨勢已由「視覺型 CI」，轉向「企業文化型 CI」，期能表現公司的文化。尤其日本以人性為設計的出發點，最為成功。1989 年 4 月，日本岡山縣山陽相互銀行改名為「TOMATO 銀行」，字旁畫一個又圓又紅的蕃茄做標記。立刻轟動日本及全世界的金融界，原因在於這是人類有史以來，第一家拿蔬果為名稱並導入 CI 的金融機構。「蕃茄效應」果然迷倒日本。第一天開業就湧入六百三十億日圓的存款額。第一個月新開戶數即達到前一年度總開戶數的 90%。一時之間，媒體競相報導，盛況空前，在東京分行等待開戶或取款的客戶們，更是扶老攜幼的大排長龍㉒。「蕃茄銀行」的設計，是以人為主的企業文化型 CI 的典範，藉蕃茄傳達了自然、親切、平民化的價值觀和文化性。

所謂「企業文化」，是指普遍存在於公司組織的共同信念、思想、態度、行為準則和做事方法。文化是生活的綜合體；同樣，企業文化即是企業經營活動中整體行為的表現。文化，決定了企業價值，也決定了管理品質。

前面所說的企業商標 (CI) 雖然可以傳達文化信息，但畢竟它只是公司所有表現系統當中的一個象徵原點。要觀察一家公司的企業文化，主要還是在觀察它所表現的企業倫理。

企業倫理，簡單的說是企業的人際關係。就是指企業經營所依循的原則方針（最高目標)，據此決定了與顧客、員工、股東等各層面的對待關係。凡經營成功的事業體莫不表現良好的企業倫理。企業文化引導著企業倫理，反之，企業倫理塑造了企業文化。

㉒ 參見〈蕃茄效應迷倒日本〉，《戰略生產力雜誌》（臺北，1992 年 8 月)。

二、企業倫理建基於道德

目前，企管專家都認為，企業倫理應以道德為基礎。企業家應率先實踐道德良知。享有「日本現代化之父」、「日本企業之父」光譽的澀澤榮一，一生提倡「義利雙全」、「經濟道德合一主義」，最為卓見。他說：「真正的利殖（工商業），如不以仁義道德為基礎求得者，既不能永續，亦無法久持。」㉓1992 年出版《正義與嫉妒的經濟學》一書轟動日本實業界的竹內靖雄，他在〈緒言〉中強調，市場經濟基本上是交換關係的活動。以市場當舞臺追求利益，必須恪守「交換的正義」（如：貨真價實、不壟斷），否則，不公平的競爭將引起不滿，引起嫉妒，終於導致「分配的正義」問題（如：高工資、減量配額、提高關稅等）㉔。他所說市場經濟要求的「正義」，指的就是企業倫理的基礎。

企業倫理，是企業經營的社會責任。企業獲取利潤才能生存，然而今天的企業如果單純只為了追求利潤，充其量也只不過是一部賺錢的機器，工作人員成為這部機器的螺絲釘。如此企業的存在對國家社會並無多大意義。其實，今天的企業已是社會的公器，不再是傳統私人牟利的工具，它在社會上具有多元的功能，諸如生活品質、經濟秩序、社會風氣等與企業息息相關，因此企業對社會有其應負的責任。這是倫理道德的責任。

㉓ 澀澤榮一著，洪墩謨譯，《論語與算盤》（臺北：正中書局，1987），頁 77。頁 93 又說：「實業家的職分是盡一切力量，根據仁義道德來進行利用厚生之道，以便努力確立義利合一的信念。」

㉔ 竹內靖雄，《正義與嫉妒的經濟學》（東京：講談社），1992 年 9 月 3 日初版，10 月 22 日 2 版。該書已風行二十多個國家。

三、貴義兼愛可作企業倫理原則

這些年來，臺灣社會風氣奢侈、虛浮、貪婪，拜金主義的旋風吹遍了每一個角落，企業界應負很大的責任。而要扭轉這股歪風，企業界也責無旁貸。管理學者及有識之士已紛紛提醒企業界要重視企業倫理，呼籲企業要善盡社會的責任。

在此時際，我們認為，墨子的「貴義」、「兼愛」正可以作為企業倫理的規範。我們作此主張，理由有二：第一，「貴義」是崇尚正義正利，「兼愛」是「兼相愛交相利」或「相愛相利」。貴義、兼愛乃是人類崇高的道德情操，足可作為企業倫理的基礎。第二，「兼愛」符合人性的基本行為模式，切實可行。第一點理由義理明確，無須贅言。第二點理由應進一步說明。

墨子在〈兼愛〉篇明白的指出，天下的亂因就在於人「不相愛」。那為什麼人不相愛？因為自愛。人自愛不愛別人，故虧人自利，於是天下大亂。為什麼人自愛而不愛別人這一問題，墨子並未明說。不過從字裏行間可以推出，墨子早已預設人性是自私的。人性自私，所以自愛而不愛別人，所以虧人自利。問題在於所有的人都自私自利，個人又如何能達到自私自利呢？墨子並非消極的主張袪除人性的自私心（他深知自私的天性無法袪除，何況自私是生命的動力）；他是從積極面疏通自私的人性，而提倡「兼愛」（即兼相愛交相利）。兼愛的方法，是「愛人若己」。「若」不是相等，只是比量。「愛人若己」是比量自己，為人設想，將心比心的去愛、待別人。墨子深信人類知所感應，因此他在〈兼愛中〉篇說：「夫愛人者，人必從而愛之。利人者，人必從而利之。惡人者，人必從而惡之。害人者，人必從而害之。」基於以上的分析，墨子以「兼愛」為

「兼相愛交相利」，是「投桃報李」、「禮尚往來」的待人之道，其中蘊涵有「滿足彼此的自私，兼顧彼此的利益，解決彼此的需要」。「兼愛」這種「道德互恕性、互惠性 (moral reciprocity)」，乃是人類實際而普遍的行為模式。其互惠性或互利性更是工商交際關係所最需要，因它合乎人性的現實。這是「兼愛」可作為企業倫理規範的堅強理由。

四、兼愛與共生思想

近幾年來，日本企業界紛紛倡導「共生思想」。所謂「共生思想」，即在對立的競爭中，仍確立你需要我，我需要你的相互依存關係。小林陽太郎於〈在日本的共生哲學〉一文提出三個論點：⑴企業與消費者，國與國之間要能夠共生；⑵共生關係要先由自己做起；⑶共生本身不是目的，而是達到目的之手段的必要條件。結論是要實現生活大國，也就是提高國民的生活品質。新力公司盛田昭夫會長在 1992 年發表〈危險的日本型經營〉一文中說，日本能大量賣出廉價的產品，是因外國企業不同的條件之下產生的，今後對員工的休假、給與、環境對策、對公益的貢獻，應與歐美拉近。日本經濟要朝向生活大國邁進。盛田會長的話也有共生的涵義㉕。1960 年出版《共生之時代》的黑川紀章，1992 年發表〈被誤解的共生論議〉㉖，指出小林、盛田兩人僅僅注意到日本要實現生活大國，這樣的共生是不夠的。他認為「共生思想」應用於經濟界，中小企業與大企業，多國企業與本地企業，企業與社會，應可共生。經濟大國的日本，應以共生社會為目標，對構築世界新秩序還須扮演重大

㉕ 《文藝春秋》雜誌，東京，1992 年 10 月。

㉖ 同㉕。

的角色，為公益出錢也是日本的義務。他說現在不是自由競爭萬能的時代，而是在對立、競爭中卻相互需要對方的共生時代。日本所談的這些共生思想，其實就是管理上強調的企業倫理。

拿「兼愛」與「共生」作比較，共生思想乃市場經濟劇烈競爭下的產物；兼愛哲學則為解決人性自私的不二法門。共生思想指出企業對立競爭之中，相互需要對方的依存關係，這是「應該」的層面；兼愛哲學要人人兼相愛交相利，要人人愛人若己，已進到「如何做」的實踐層面。可見兼愛比共生更為深刻而根本。然而對照著共生思想普受日本企業界的重視，也可反映兼愛哲學在企業經營上的可行性和重要性。

五、貴義兼愛的企業倫理

底下我們就以「貴義」、「兼愛」為原則，來觀察企業如何實踐它的倫理關係。企業倫理的主要對象，如顧客、員工、股東、社會、國家等，分別敘述。

㈠對待顧客的倫理：企業要賺錢才能生存，但賺錢要合乎正義，可是有些商人只一心圖利，如過高的價位獲取暴利，過度的廣告費增加消費者的負擔（如化粧品廣告費佔商品價格 40% 以上），或存心欺詐，出售不良產品，不實的促銷（如賣房子虛賣坪數），或以樣品當幌子，實際產品則偷工減料，使消費者蒙受損失。這些虧人自利的自私作風，必遭顧客的唾棄。甚至故意出售有礙健康、生命的食品（如前不久將餿油加熱再造食用油，重新加工過期食品，銷售全臺灣），已屬喪失天良，其心可誅。傳統中國人視生意人為「奸商」、「無商不奸」，雖然過分，但也不是完全沒有道理。商人為了重塑良好形象，為了永續經營，應採正派作風，滿足顧客的需要，博得顧客的信任，方為上策。日本企業的成功，主要在於奉行「顧客至上」的導向。到日本百貨公司購物，縱使翻爛東西而不買，你仍然被待之如上賓，有被尊重的感覺。東京銀座三愛百貨想知道婦女的需要，曾派工讀生躲在銀行、百貨公司的廁所，去偷聽婦女的談話。豐田汽車在美國各州購買加油站，雇用漂亮的女加油工，趁機打聽駕駛人對車子的意見，用以改良產品，才一舉攻下一大片美國汽車市場。IBM 設計新產品，都先徵詢客戶的意見。「三好一公道」是臺灣統一企業對顧客的倫理。所謂「三好」是指品質好、服務好、信用好，「一公道」是指價錢公道。統一企業秉持正義、誠信的原則，其愛顧客利顧客的作風，普受顧客的肯定。目前統一已成為海峽兩岸最大且成長最快的食品公司，實非偶然。企業滿足顧客，因此賺了錢；顧客買到好產品，解決了需要。這是「兼相愛交相利」的實踐。

㈡對待員工的倫理：員工是生產力的主體，企業成功的幫手，維持良好的勞資關係，企業才有興旺之機。有些雇主太過自私，只知剝削員工，卻不知員工也有自私，應顧到他們的福利，結果弄到勞資衝突、對立，罷工連連，兩敗俱傷，也損及社會大眾。像英、美兩國，工會勢力龐大，動輒抵制資方，造成生產力低落，競爭力消失，經濟衰退。日本企業也鬧過工潮，但處置得宜，且建立終身雇用制，優惠的福利政策，視員工如子女（如三井企業），甚至有的為員工安排公墓。松下公司更廣建祠堂供奉員工的祖先靈位，定期祭拜。西武集團創辦人堤康次郎，生前安定員工的生活，視員工如同事，死後，員工自動到墓旁守孝，傳為美談。如此從生到死，讓員工受到公司親情般的照顧，員工對公司產生強烈的向心力和歸屬感，甚至以公司為家，是很自然的事。日本勞資關係和諧，經濟快速發展，正是「兼愛交利」的具體表現。反觀臺灣企業界，普遍面臨員工流動率過高的問題，根本解決之道，應及早建立「兼愛交利」這種互惠性、互利性的企業倫理，以加強勞資合作關係，臺灣經濟發展才有再升級的可能。

㈢對待股東的倫理：資本大眾化是現代企業的特色。股東乃企業的投資人，實際的老闆。為了企業的經營，股東對專業經理人固有加強授權的倫理，反之，專業經理人對股東有其應盡的倫理。經營者應秉公處事，不做假帳，不隱藏盈餘，使股東有應得的紅利，投資人有信心，公司才能籌到資金，如此「相愛相利」，企業才有可能擴大成長。

㈣對待社會的倫理：企業與社會的關係，有如作物與土壤。作物從土壤吸取養分才能成長收穫，但必須給土壤施加肥料才能繼續耕種。企業從社會賺取利潤，也要回饋給社會。企業是現代社會有力的公器，不但要多做公益事業，而且要帶頭提升社會風氣，促進文化升級。尤其環境保護是人類新的價值觀，以前企業造成公害，社會付出太多的代價，現在企業製造污染（如排放有毒廢氣、廢水），被視為頭號敵人。注重環保措施（如不用塑膠袋），維護自然生態，是今後企業對社會的另一責任。這些都須遵循「貴義」、「兼愛」原則去實行，這也是評定企業形象的一個重要標準。

㈤對待國家的倫理：企業的成敗與國家整體經濟的發展，息息相關。政府固然不要太過於干涉企業，但維護一個有利的投資環境則是必須的。如提供全球貿易資訊，釋放公地作為工業用地，或法律保障。像法國法律規定葡萄酒最少要存藏三年才能出售。美國「特別三〇一條款」更是法律保障。對於不公平貿易的國家，美國可根據該條款提高關稅，減少配額或禁止商品進口等措施。簡單的說，你要賺美國人的錢（貿易順差），卻不讓美國人賺你的錢，美國就要對你採取貿易報復。這就是不「貴義」，不「相愛相利」的結果。企業在國家的保護和扶植之下，應該誠實納稅，不可官商勾結，非法圖利，破壞企業與國家的形象。臺灣的企業正逐漸邁向國際化，經營者應堅守正義（貴義）、互惠（兼愛）原則，不欺詐、不仿冒，在國際間廣結善緣，作好國民外交，提高國家聲譽。這是企業界該及早建立的倫理。

六、結　語

總之，企業要賺錢，要繼續成長，要永續經營，必須注重企業倫理，善盡企業的社會責任。管理學者一致認為，企業倫理應建立在道德的基礎之上，才有優良的企業文化。皮爾 (N. Peale) 和布蘭查 (K. Blanchard) 兩位博士曾一起著書強調「道德管理的驚人力量」㉗。墨子的「貴義」，即崇尚正義正利，也就是重視合理公正的利益，這當然是道德原則。用它在經濟上，便是「交換的正義」。而墨子的「兼愛」，就個人來說是「愛人利人」，就群體來說是「兼相愛交相利」或「相愛相利」。「兼愛」的方法是「愛人若己」。可見「兼愛」是根於愛心的道德互惠原則（愛是道德的動力）。用它在企業的人際關係中，可以滿足彼此的自私，兼顧彼此的利益，解決彼此的需要。「貴義」與「兼愛」合在一起，就是「義利合一，彼此互惠」。企業有賺錢才能生存，當然要講究「利」，但賺錢須合於道德，所以要講究「義」。不管國內企業或多國企業，要經營得好而且長久，必須守住公平、互惠原則才能達成。可見墨子的「貴義」、「兼

㉗ 皮爾、布蘭查合著 *The Power of Ethical Management*。臺灣有李田樹中譯本，書名為《企業的光明面》（臺北：長河出版社，1989）。

愛」哲學最適合作為企業的經營理念，也最適合充當企業倫理的原則。它不但切實可行，而且完全合乎人性的管理（人性既自私又追求道德價值）。

現代的管理專家也有人提出「相互利益的理論」。1961 年，萊克特 (R. Likert) 出版一本《管理的新典範》。他在書中說：「無論是領導或組織，都應該確保每一個人能夠依據他的背景、價值觀念與個人期望，在相互交往與彼此關係中，獲得最大可能的滿足。也就是在組織中的經驗，使他們感覺到，組織是建立在相互利益的基礎上，完成組織的目標，也同時獲得了個人價值與成就的滿足。」㉘萊氏這段話指出：組織（企業）與個人（員工）必須建立在相互利益的基礎上。他這一理論與日本的「共生思想」，簡直就是墨子「兼相愛交相利」哲學的現代詮釋。

1994 年 2 月 25 日，日本筑波大學小林彌六教授，在臺灣大學召開的「文化震源地亞洲」國際研討會上，發表「二十一世紀的經濟理念：友愛經濟學」。他認為「友愛經濟學」是挽救當前世界不景氣的唯一特效藥。他強調由友愛主義促成的均衡經濟，將可以成為亞洲文明對世界建設的主要貢獻。他說友愛經濟學與友愛主義的基本原理，就是相互贈與、禮讓、相互報答和互助合作。我們認為「友愛主義」並未超出「兼愛哲學」的範圍。墨子主張的「兼相愛交相利」，所兼的是整個的天下，所愛的是古往今來的人類，包括所有各種的人際關係：國與國、家與家、人與人、君臣、父子、兄弟，甚至是天下之人皆相愛(〈兼愛上中〉)。而朋友相愛不過是其中一環而已。墨子說一個「兼士」「必為其友之身若為其身，為其友之親若為

㉘ Rensis Likert, *New Pattern of Management*, New York: McGraw-Hill Book Co., 1961, p. 102.

其親」，這種人稱為「兼之友」(〈兼愛下〉)。這是專論友愛的部分。

「兼愛」的方法是「愛人若愛其身」，或「視人之身若視其身」，或「為彼猶為己」(〈兼愛上中下〉)。也就是以己度人，將心比心的去愛、待別人。這是恕道的積極面。〈兼愛中〉說：「夫愛人者人必從而愛之，利人者人必從而利之。惡人者人必從而惡之，害人者人必從而害之。」〈兼愛下〉更引《詩經・大雅・抑》：「無言而不讎（應答），無德而不報。投我以桃，報之以李。」來說明「愛人者必見愛也，而惡人者必見惡也。」在此墨子已預設了人類對愛惡的感染或感應有其必然性。基於這個預設及「愛人若愛其身」為方法的「兼相愛交相利」，具有道德的互恕性及互惠性（愛利人即道德），而且有其本心本性的根源。互恕互惠有其感應的心性根源，小林教授說的「相互贈與、禮讓、相互報答和互助合作」也才有實踐的可能。兩相比較，「友愛主義」遠不如「兼愛哲學」的深刻（有心性根源）和廣泛（含所有人際關係）。「友愛主義」顯然可以納入「兼愛哲學」中來運行。小林教授的題目應改為「二十一世紀的經濟理念：兼愛經濟學」。「友愛經濟學」如果可行，則「兼愛經濟學」也必然可行。那麼套用小林教授的說法，「兼愛經濟學」是挽救當前世界不景氣的唯一特效藥。依據「兼愛」引力促成的均衡經濟，將可以成為亞洲文明對世界建設的主要貢獻。

今天已明白看出，二十一世紀全球貿易自由化的趨勢，必然遵循公平互惠原則。關稅暨貿易總協定 (GATT)，北美自由貿易協定，及美國綜合貿易法「特別三〇一條款」、「超級三〇一條款」，世界各國紛紛制定公平貿易法，都在維護自由公平的貿易精神。目前臺灣與大陸正積極爭取加入 GATT（1995 年改組 WTO）之際，兩岸正在努力表現自由貿易精神，冀望獲得更多國家的良好反應，及早達成入關的目的。於此也正可反映墨子「貴義、兼愛哲學」，應用在企業經營與國際貿易上的可行性和正確性。（貴義即注重正義正利，含公平性，兼愛是兼相愛交相利，有互惠性，二者完全符合自由貿易精神。）

第五節　管理者的風範

墨子的學說，本質上可以說是政治管理思想。而墨子的政治管理思想，可以創造的轉化，用它來詮釋現代的企業管理。

〈魯問〉篇記載墨子的話說：

> 凡入國必擇務而從事焉：
> 國家昏亂，則語之尚賢尚同；
> 國家貧，則語之節用節葬；
> 國家憙音湛湎，則語之非樂非命；
> 國家淫僻無禮，則語之尊天事鬼；
> 國家務奪侵凌，則語之兼愛非攻；
> 故曰，擇務而從事焉。

這一段原則性的宣言，已包括墨學十個綱目，也就是墨子政治管理的十大主張。另外，〈親士〉、〈修身〉、〈所染〉、〈法儀〉、〈七患〉等篇，規勸君王如何自修，如何用人，如何做事，無一不是政治管理的範圍。

從以上諸篇及綱目可以疏理出一位管理者應具備那些條件，而這些條件正顯示了一位管理者的風範。

一、有經營理念

「經營理念」是管理學名詞。理念是一種價值觀，日本企業界稱之為精神或哲學，美國管理學家則稱之為最高目標。最近美國一些管理學家發現：在美國，尤其在日本，成功的公司都有明確的經營理念或最高目標作為精神指引。企業管理者或領導者揭示公司的經營理念，促使組織成員以它作為共同信仰，以它建立上下的共識。經營理念是企業奮鬥的目標，也是公司表現企業文化的象徵，最重要的是，它賦予員工工作和生活的價值感，並以此凝聚全體員工的向心力。因此，日本的經營者以在企業中實踐個人的哲學為傲。美國史丹福大學商學研究所教授巴斯克和哈佛大學企管研究所教授艾索思一致強調：「公司應有最高目標」㉙。譬如，在 IBM，最高目標就是絕不犧牲顧客服務；在松下，則是絕不故意生產或銷售瑕疵商品，欺騙顧客；在臺灣的統一企業，就是三好一公道（品質好、服務好、信用好、價錢公道）。非營利的企業也有其經營理念，如花蓮的慈濟功德會，就是做好事、修功德、幫助需要幫助的人。就是一所著名大學也必有其理念。

墨子的理想政治是「義政」，也就是說政治領袖必須「興天下之利，除天下之害」，其方法就在力行兼愛。兼愛是萬民的大利，所以說是「聖王之道」。

墨子的貴義、兼愛思想可以轉化而應用在企業管理之上。

墨子認為義是公正的利，義是可以利人的，義是天下的良寶㉚，

㉙ 巴斯克、艾索思合著，黃明堅譯，《日本的管理藝術》，第七章。

㉚ 〈天志下〉：「義者，正也。」〈經上〉：「義，利也。」〈耕柱〉：「今用義為政於國，人民必眾，刑政必治，社稷必安，所為貴良寶者，可以利

所以墨子貴義。公正的利，是合乎道德的，經濟行為本應符合道德，即所謂「交換的正義」。管理學家一致認為成功的企業必須建立在道德的基礎之上。因此，我們以為：貴義最適合作為企業的經營理念，以踐行企業倫理。

兼愛，就是「兼相愛交相利」，或「相愛相利」。在本質上，兼愛具有道德的互惠性。應用在企業上，正可以滿足彼此的自私，兼顧彼此的利益，解決彼此的需要。愛，是人類最高貴的情操，企業管理人在企業經營上能表現愛心，才能登上偉大人物之林。從經驗上看，「兼相愛交相利」是人類基本的行為模式，在經濟交易上更無例外。換句話說，兼愛在企業經營上實際而可行，不但可作為單一產品企業的經營理念，也可作為多樣化企業甚至多國企業的最高指導原則。

企業需要經營理念作為導引，而貴義、兼愛的確可以作為企業的經營理念。例如，排名全球第一的日本第一勸業銀行（1991 年，資本總額四千三百五十七億美元）就高懸著：「義利合一，彼此互惠」的企業精神。而這正是貴義兼愛的涵義。美國一家公司的總裁詹姆士・奧契 (James A. Autry) 最近出版一本《愛心與管理》(*Love and Profit*: *The Art of Caring Leadership*)[31]，大力宣揚愛心對管理的宏效。這些豈不是墨子貴義、兼愛思想的現代實踐！企業領導者能揭示明確而崇高的價值觀如貴義、兼愛作為經營理念，正是展現管理風範的首要條件。

民也。而義可以利人，故曰：義天下之良寶也。」

[31] 胡家華譯，《愛心與管理》（臺北：聯經出版公司，1992）。

二、重修身、有器量

無論政治領袖或企業領導人，都需要注意修身，都須有管理者的氣質。墨子有〈修身〉、〈親士〉等專篇討論這方面的素養。

墨子認為道德、知識、能力是政治領袖成功的根本條件。觀之於工商企業，傑出的管理者也莫不如此。

他說君子做事要日益勤力，心志要日益超越，德業要日益盛大。貧則表現廉潔，富則疏財利人，對活人能示愛，見死者能示哀，這四種行為不能虛假，要反身實踐。這是「君子之道」。

一位成功的領袖，必須永遠心中有愛，行為敬慎，口出善言。另外，立志堅強，篤守正道，見識廣博，明辨是非，以及言有信行有果，也都是領導人物應具備的要件。其中「言信」一項，對經濟發展最為關鍵。「日本企業之父」澀澤榮一認為：「信」是商業道德的精髓，應加以發揚光大。他說：「讓我們全體企業家都能了解『信』是萬事之本，知道『信』有敵萬事的力量，以『信』強固經濟界的基礎，是緊要事中的首要事。」[32]

〈修身〉篇還提到領袖要知所反省。見到「不修行」的人，要反省。被人批評，不但要勇於接受，還要能反省改過，如此才可消除敵怨。反省乃進步之階。企業管理者肯接受批評，能反省改過，必可收攬人心，招徠生意。而反省也是一種隔離的智慧。一個人獨自靜靜的反省，不但可以傾聽自我心靈的聲音，也可以透視事情的真相，有助於解決問題。反省，的確是一種可貴的氣質和修養。

〈親士〉篇提到「自信」和「器量」。墨子認為君子要有自信，不因成敗而改變素志。這與〈修身〉篇所說的「志強」有必然關聯，

[32] 同[23]，頁 202。

有自信，才能意志堅強，才不至於輕易變志。至於「器量」，他說，江河之水，非僅一源之水，千鎰之裘，非僅一狐之白。「江河不惡小谷之滿己也，故能大」。器量大才能聽取異見，也才能容納異己。墨子有一段話說得極好，他說：

> 君必有弗弗之臣，上必有詻詻之下，分議者延延，支苟者詻詻，焉可以長生保國。

「弗弗」，即反對的意思。「詻詻」，即論訟。「分議」，即異議。「支苟」，張純一校作「持敬」，即守職之意。這段話的意思是說：「人君必須有堅持異見的臣子，主上必須有直諫的屬下。異議者都敢以直言論辯，守職者也敢據理力爭。如此方可以長養人民，保住國家。」

無論政治或企業領袖，往往被蒙蔽，周圍盡是阿諛奉承之輩，聽不到真言實話。那就誠如墨子說的「諂諛在側，善議障塞，則國危矣」。因此，一個管理者必須有「弗弗之臣」、「詻詻之下」，就顯得格外的重要。譬如唐太宗就是有魏徵這位諍臣，敢於「弗弗」、「詻詻」，才有光耀歷史的貞觀之治。周恩來曾說：「(領導者) 要鍛鍊得能夠聽完使自己最難聽的話，不可因為觸及自己的痛處，就面紅耳赤，立即起來辯解，打斷人家的話。」㉝「日本經營之神」松下幸之助也說：「多聽部屬的意見，才會激發部屬的想像力與創見。」著名的美國管理學家杜魯克最近指出：「老闆要夥計凡事唯我是聽，不得有所逾越」，是目前美國工商界管理方面的普遍缺失。以上這些

㉝ 劉涇山等著，《周恩來的管理藝術》(臺北：新新聞文化公司，1993)，頁 77。

實際管理的歷史和經驗談，已足夠顯示墨子的理論高明。

以上所舉愛心、志強、廉潔、謹言、慎行、精思慮、信用、反省、自信和大器量等修養或氣質，皆有賴於讀書才可以奏功。墨子本身勤於讀書，他認為管理者也必須讀書。他說從前周公旦每天早上讀書百篇，晚上接見七十個士，所以周公旦輔助天子時才能表現偉大的功績，傳頌到今天（〈貴義〉篇）。現代企業的領導者或管理者，同樣須要安排時間讀書。商場如戰場，面對競爭劇烈的企業經營，必須不斷吸取新知，才能應變取勝，永續成長。

三、以身作則

榜樣的力量是無窮的，領導者喊破嗓子，不如做出樣子。美國空軍手冊明載：「領導是以自己的意志或行為，來感化他人，使其服從、尊敬、信任與忠誠合作的藝術。」員工是需要激勵的，在各種激勵方式中，領導的行為激勵是最有效，作用最大的一種。這從現代管理心理學的研究可獲得證明。以企業來說，管理者的言行是公司的靈魂，是所有員工的表率。因此，以身作則乃管理風範的要件。

墨子不但勸人以身作則，而且是「以身戴行」的人。他認為能利人的才是巧，利於人的才有功可言㉞，「而義可以利人，故曰義天下之良寶」（〈耕柱〉），「義，天下之大器」（〈公孟〉），所以他勸人「為義」，自己更一生急於行義。一位老朋友說他「自苦為義」（〈貴義〉），莊子稱讚他「日夜不休，以自苦為極，雖枯槁不舍也」（〈天下〉）。連罵他最兇的孟子也不得不說他是「摩頂放踵，利天下為之」的人（〈盡心上〉）。墨子的行義利人，應用在企業經營上就是「品質

㉞ 〈魯問〉篇：「利於人謂之巧，不利於人謂之拙。」〈經上〉篇：「功，利民也。」

保證，顧客第一」，或是最近推行的「服務到家」。這是公司開拓市場的不二法門。

墨子很注重言行一致。他說：「言不信者行不果」。認為能實行的話才說，否則就是「蕩口」(〈耕柱〉、〈貴義〉)。有一次告子自稱「我能治國為政」。墨子因為他平時言行不一，也就趁機訓了他一頓說：「政者，口言之，身必行之。今子口言之，而身不行，是子之身亂也。子不能治子之身，惡（何）能治國政。」(〈公孟〉) 墨子曾經推薦他的學生勝綽到齊國做官。後來勝綽三次幫齊國侵略魯國。墨子知道了很生氣，認為這個學生「言義而弗行」，是明知故犯他的教導，就派人到齊國去拿掉勝綽的官位(〈魯問〉)。墨子提倡兼愛、非攻、節用、非命等主張，而他一生力行不懈的都在實踐這些言論。

以上所舉：勤力、節儉、急義利人、言行合一，已成墨子形象的標誌。他這種以身作則，感人之深，直叫人視死如歸。《淮南子・泰族》就說：「墨子弟子服役者百八十人，皆可使赴火蹈刃，死不旋踵，化之所致也。」服役，指行義。為了行義就是赴火蹈刃也死不旋踵，其影響力之大，無可倫比。

企業領導者或管理者如能效法墨子的典型，以身作則，必可創造時代的新價值。今天的工商社會，從學校畢業後的青年，大多數要進入企業組織去工作。管理者的言行應是員工的榜樣，甚至於管理者應扮演全體員工社會教育的導師。如今企業界有錢有勢，可以動用的資源豐富，果能急於行義，負起企業的社會責任，表現企業文化，必可造成良好的社會風氣。這是道德管理的驚人力量。

四、賞罰公平

「控制」是管理活動中重要的一環，而賞罰則是控制的憑藉。

控制的主要目的在於激勵員工的工作績效,而賞罰正是激勵的動力,因此賞罰也是管理的一種工具。

墨子以為「賞不當賢而罰不當暴」,就不能達到激勵和嚇止的作用(〈尚賢中〉)。因為不當的賞罰會造成:賞賜不能使人心喜;誅罰不能使人心畏。這是管理上的一種禍害(〈七患〉)。而適當的賞罰則是:

賞明可信,而罰嚴足畏。(〈備城門〉)

這句話涵蘊著賞罰公平,以及執行徹底。如此,方可收到控制的管理效率。

管理者賞罰公平,才能普受員工的敬服。這也是樹立風範的因素。

五、有危機意識

墨子在〈七患〉篇指出造成國家危亡的七種隱憂,並奉勸主政者應知所防患。其中與企業有關者如:君修法以嚇阻直諫;主政者不親自問事;所信者不忠,所忠者不信(也就是不能知人善任);以及賞罰不當。企業有此現象,也難免倒閉關門。企業的潛在危機不只這些,無論人為或自然的突發狀況,管理者要能防患未然,預設應變,才能使企業立於不敗之地。可見墨子治國的危機意識仍然可適用於現代的企業經營。這就是二次大戰後發展而成的「危機管理」。企業管理者平時要有危機敏感度,才能做好危機管理,以減少企業的風險。

六、結　語

總而言之，企業領袖如以貴義、兼愛為經營理念，肯修身（有愛心、有自信、意志強、精思慮、慎言行、勤儉、廉潔、守信、勤讀書、能反省），有器量（容納異己），能以身作則（言行一致、急義利人），賞罰公平，心懷危機意識，勢必散發出領袖的魅力，展現成功管理者的風範。

另外，知人善任是管理的根本，在下一節專門討論。

第六節　知人善任

知人善任，是管理成敗的關鍵所在，政治上如此，企業上也不例外。事情靠人去處理，用了人才，方能把事情辦好，用人得當，可以說，管理已成功了一大半。〈親士〉、〈修身〉、〈所染〉、〈尚賢〉等篇，記載著墨子對知人、用人、敬人方面有許多高明的見解。

墨子堅決認為：重用人才，乃是為政的根本。他在〈尚賢上〉就說：「夫尚賢者，政之本也。」又說：「王公大人之務，將在眾賢而已。」這句話的意思是：領導者或管理者的主要工作，就是在廣攬人才罷了。善於管理的，會應用別人的智力把事情做好，而自己卻很輕鬆，所謂「善為君者，勞於論人，而佚於治官」。不善於管理的，凡事親自動手，結果是「傷形費神，愁心勞意」，事情愈做愈糟（〈所染〉）。

周恩來說得很對，他說：

> 一個人頂不下整個天。

毛澤東說：

領導者的責任，歸結起來，主要地是出主意、用幹部兩件事。（民主政治或企業管理，出主意，往往是由下而上才行得通。）

美國「鋼鐵大王」卡內基是成功的企業經營者。他死之後，在他的墓碑上寫著：

這裏躺著的是一個善於使用比自己更能幹的人來為他服務的人。㉟

以上三位中、西著名實際領導者的話，說明了任用人才在經營管理上的重要性。同時也證明了墨子「尚賢」、「眾賢」、「善為君者，勞於論人，而佚於治官」的正確性。

底下我們從知人、善任兩項深一層探討墨子的管理思想。

一、知　人

用人之道，必先知人。墨子以為重用賢良是為政之本。但那一種人才算賢良呢？他在〈尚賢上〉提出賢良的標準為：

厚乎德行
辯乎言談
博乎道術

㉟ 同㉝，頁 15、39、40。

辯是明察，言談明察，表示頭腦清楚。道術指道理與技能。一個人有好的德行，頭腦清楚，言談明辯，又懂得許多道理和技能，如此才德兼備實在是難得的人才。

〈尚賢下〉提出「為賢之道」是:「有力者疾（急）以助人；有財者勉以分人；有道者勸（勤）以教人。」這是道德（賢）和能力（能）的表現。基本上是出於兼愛的愛人利人之心。〈修身〉篇就說君子內心藏有無盡的愛。愛心是道德行為的推動力，而道德又是才能的嚮導。無德之才，往往是危險的，因為才能會被引到邪路上去，那比起庸人更容易敗事。

有愛心、講道德、會說話、懂道理、多技能，墨子稱這種人是政治上的賢能。其實，這種人用在現代企業的經營上必然也是良才。

然而如何去認識人才呢?

墨子的辦法是:「聽其言跡其行」(〈尚賢中〉)。意思是，聽他說的話，去考察他做事的成果。墨子認為言論不求「多」不求「文」，但要求「智」和「察」(〈修身〉)。而且，言論要有可行性，要能有所改善，否則說話只是在「蕩口」罷了（〈貴義〉)。

聽言跡行也稱作「合觀志功」。志，乃心中的理想、見解，說出口就是言。功，是行事的成果。〈魯問〉篇有一段記載：魯君有兩個兒子，一個好學，一個愛分給人錢財，他請教墨子應立那一個做太子。墨子以為他們的作法，也許為了得到「賞譽」，就好像釣者的恭敬，不是賞賜魚兒吃東西，用蟲餌鼠，不是為了愛老鼠，而是有目的的。因此，墨子建議魯君採用「合其志功而觀焉」。也就是觀察他們見解的高低與成功大小的關係來作定奪。

「聽言跡行」或「合觀志功」，不但要求言行一致，也考察言行的成效性。這對認識人才，的確是個好方法。

有人說：「令之俯則俯，令之仰則仰；處則靜，呼者應」，這樣就是忠臣。墨子以為前者就像「影子」，後者就像「回聲」，這兩種部屬對主人無所幫助。墨子曾說一個忠臣應該是：主上有過錯，要能找機會進諫；自己有良策，就提供給主上，不敢告訴外人。匡正其邪而納之於善，與上面協同而不結黨蒙蔽。所以美善在上，而怨讎在下，安樂在上，而憂戚在臣。這種部下才算是忠臣。

每一位領導者都希望有「死忠」的部屬；而為人部屬的也都企盼上面的青睞。因此，無論領導者或為人部屬的，都該聽聽墨子的諫言。

二、善　任

幾乎所有的領導者或管理者都知道人才的重要，而實際上卻都用了一些唯唯諾諾的奴才。俄國作家克雷洛夫寫過一則寓言，這則寓言說，有一個人要刮鬍子，怕剃刀太鋒利傷到臉，棄之不用，找來一把鈍鐮刀刮，結果鬍鬚沒刮乾淨，反倒刮得滿臉傷痕，血跡斑斑。克雷洛夫在講完這則寓言之後說，我看好多人也是用這種觀點去看待人才的，他們不任用真正有價值的人，卻是用了一群糊塗蟲。

凡是人才，必有意見，不好使令，但做事必須靠人才方能成功。《墨子・親士》就說：「良弓難張，然可以及高入深；良馬難乘，然可以任重致遠；良才難令，然可以致君見尊。」

那如何用人呢？墨子的理論可以分幾項說明：

㈠唯才是用

不分貴賤，不分親疏、遠近，不分美醜，只要是人才即加以任用。如〈尚賢上〉說的「有能則舉之，無能則下之」。這就是唯才是用。

㈡用人所長

世間沒有完人，人各有優點，也各有缺點，求全責備，則無人可用。墨子深知此理，所以主張用人要用其長處，他說：「使人各得其所長，天下事當。」（〈雜守〉）貞觀之治，是中國歷史上少有的光輝時代，其所以政績彪炳，誠如唐太宗說的：「用人如器，各取所長」。現代著名的美國管理學家杜魯克也說：「一位經營者如果僅能見人之短，而不能見人之才，刻意挑其短而非著眼於展其才，則這樣的經營者本身就是一位弱者。」㊱

㈢人盡其能

人們各有大小不同的才能，如何使人盡其才能，必先給他適合發揮其才能的職務。

清朝申居鄖在《西岩贅語》中說道：「人才各有所宜，用得其宜，則才著；用非得宜，則才晦。騹騮、騄耳（良馬名）一日而千里，然使之搏兔，不如豺狼，使能殊也。」

墨子認為一位成功的領袖，用人必須懂得「使各從事其所能」（〈節用中〉）。他談論「為義」的時候，說得更清楚，他說：「譬若築牆然，能築者築，能實壤（填土）者實壤，能欣（通睎，睎，望也。此言測量）者欣，然後牆成也。為義猶是也，能談辯者談辯，能說書者說書，能從事者從事，然後義事成也。」（〈耕柱〉）這段話就是說，使人要各得其位，各盡其能，事情才能辦好。

為了使人盡其能，墨子還主張要分工分職，因為人的能力畢竟是有限的，所以他說：「鈞其分職，天下事得。」（〈雜守〉）

㈣敬重與授權

墨子認為一位領導者最重要的事就是廣攬人才。而廣攬人才的

㊱ 同㉝，頁 24。

四個祕訣就是「富之、貴之、敬之、譽之」，然後許多人才方肯甘心被你所用。墨子這一看法的確抓住了人才追求富貴，又需要被人尊重的心性。至於其實際的作法，〈尚賢上〉有一段精彩的指示。墨子認為既用了人才之後就要：

> 高予之爵；重予之祿；任之以事；斷予之令。（因為）爵位不高，則民弗敬。蓄祿不厚，則民不信。政令不斷，則民不畏。舉三者授之賢者，非為賢賜也，欲其事之成也。

「爵」，在企業組織中可以指職位和升遷制度。「祿」，可以說是工資、獎金及其他的福利。高爵、厚祿是使人尊敬和相信的條件，也是招來人才的誘因。除此之外，「任之以事」也是一個重要條件，因為凡是人才都有其理想，都想要施展一些抱負，工作才有成就感。領導者如不肯「任之以事」（把事情交辦），員工自然會有不受重用或不被信任的感覺，自然表現出事不關己，不肯賣力工作的情形。如此，就算任用了人才，也等於白用。

我看過不少公司對薪資給付不合理，引起怠工、罷工，製造社會問題。也看過不少企業體員工的升遷缺乏制度，主管不敢把業務往下交辦，使得英雄無用武之地，造成年年有人才跳槽而去。一般來說，報酬太低，不敢任人以事，是留不住人才的主因。墨子對此有其先見之明，他曾說：

> 貪於政者，不能分人以事，厚於貨（看重金錢）者，不能分人以祿。事則不與，祿則不分，請問天下之賢人，將何自至乎王公大人之側哉？（〈尚賢中〉）

「事不與，祿不分」，天下的賢才將憑什麼自動來到你的身邊呢？真是一語中的，切實不過。

高爵、重祿，固然可以招引人才，然而任用人才，目的是在把事情辦好，若想把事情辦好還有其他的要件，那就是墨子說的「斷予之令」。所謂「舉三者（高爵、重祿、斷令）授之賢者，非為賢賜也，欲其事之成也。」就是這個意思。

「斷予之令」，就是現代企業管理學強調的「充分授權」。一個企業體在經營運作中，分有各種不同的組織單位，各個單位都有它負責的業務（職），要完成業務，就必須有相當的權力去配合。所謂職權，就是有其職就有其權。有職而無權，無法表現業績。「中國人不怕官，只怕管」。管人就是要有權力，沒有權力，誰也管不了。有職而無權，再高明的人才也起不了作用，因為缺乏獎懲、控御、支配和指揮的憑藉（權力），就算是部屬也不會聽你的。這誠如墨子說的「政令不斷，則民不畏」。斷，是決斷或決定。「政令不斷」，就是對所掌的職務沒有決定權。沒有決定權，無法指揮，當然也無法成事。「斷予之令」，就是對其主管事務給予決定的權力。企業管理上稱之為「充分授權」。「充分授權」的功用和目的，就是要他把事情辦好。也就是墨子說的「欲其事之成也」。

有許多企業在管理上的失敗，就是不肯「任事」，不敢「授權」。《日本的管理藝術》一書就說，美國最近的調查指出，中級管理人員認為他們的上司當中有三分之二不合格。最常見的缺點是：「愛出風頭」、「授權不夠」和「控制過緊」㊲。

「高爵」、「重祿」、「任事」、「斷令」，這四者都是對人才的敬重，也就是墨子說的「尚賢」。除了「尚賢」之外，墨子還討論到

㊲　同㉓，頁 155。

「親士」與「所染」。「親士」就是親近人才、愛惜人才。「所染」就是受人才的感染或影響。墨子列舉許多古代君王成功的實例，都因為敬重人才，並接受他們的感染所致。「尚賢」、「親士」、「所染」，都是善於用人的「術」，也都可轉用於現代的企業管理。

㈤親訪賢能

從前商湯要去拜訪伊尹，命一個姓彭的人駕車，走到半路上，那姓彭的問商湯道：「君王要往那裏去?」商湯說：「要去拜訪伊尹。」那姓彭的道：「伊尹不過是個賤人，君王若要見他，下一道命令把他召過來，就是給他很大的面子了。」商湯說：「你懂什麼！現在這裏如果有一種藥，吃了它，聽覺更加靈敏，視覺更加明亮，那我一定很高興地要勉強把這藥吃下去。現在伊尹對於我國，就好像是良醫好藥，而你卻不要我去見他，這是你不希望我好好做事。」於是命令姓彭的下去，不要他駕駛（〈貴義〉）。

墨子這一段故事，用意在奉勸領導者要懂得禮賢下士，不可召賢。

善任可分為兩種：其一是善用部屬；其二是善用社會賢能。前面「用人所長」、「人盡其能」、「敬重與授權」各節所論屬前者；本節以商湯見伊尹為例的「親訪賢能」則屬後者。親訪賢能，賢能感受你的誠敬，有些可聘為己用，但敬之如師友。歷史上這種例子不少，其中劉備三顧孔明，孔明為之鞠躬盡瘁，最為美談。不能聘用的則仍是社會賢能，但可作為社會顧問。

社會賢能，或專家學者，或同行精英，或企業先進，或師長前輩，不一而足。有的具專業知識，有的是經驗豐富，有的能高瞻遠矚，有的是資訊通達。平時對他們多加禮遇，表示敬重，有事拜訪請教，他們才肯為你獻計獻策，從旁指點，往往可以獲得意想不到的幫助，這是社會顧問的功能。他們不受俸祿，卻是難得的高級顧問。管理者能懂得運用這種高級顧問，那才真正是高級的管理。這是墨子這段故事給我們的啟示。

㈥善任的境界

所謂管理，簡單的說，就是能用人把事情很快辦好。《墨子・尚同中》有一段話詮釋得極好，不忍割愛，照抄如下：

> 曰天子之視聽也神。先王之言曰，非神也，夫唯能使人之耳目，助己視聽；使人之脣吻，助己言談；使人之心，助己思慮；使人之股肱，助己動作。助之視聽者眾，則其所聞見者遠矣。助之言談者眾，則其德音之所撫循（安撫）者博矣。助之思慮者眾，則其謀度（計劃）速成矣。助之動作者眾，即其舉事速成矣。

領導者不必神巧，而是能用人，能使他們替你看，替你聽，替你說，替你想，而且替你去做。這就是領導者之所以濟事成功，垂名於後世的原因。善任如此，真是管理的最高境界。

墨子年表

一、墨子的生卒年代，在司馬遷時，已不能考訂。本年表所列生平事跡，僅供參考。

二、本年表根據現存五十三篇的《墨子》，及《左傳》、《國語》、《呂氏春秋》、《禮記・檀弓》、《渚宮舊事》等書，並參考孫詒讓的〈墨子年表〉，梁啟超的〈墨子年代考〉，方授楚的〈墨子行事簡表〉，錢穆的〈墨子事蹟年表〉，薛保綸的〈墨子生平事蹟年表〉而編成。

周敬王三十九年（前 481 年）

1. 田常弒簡公。
2. 春秋結束。
3. 〈非攻中〉：「南則荊吳之王，北則齊晉之君。」

周敬王四十一年（前 479 年）

1. 孔子卒。
2. 子思十四歲。

周元王三年（前 473 年）

1. 越滅吳。
2. 〈非攻下〉:「今天下之諸侯，將猶多攻伐并兼。」「今天下好戰之國齊晉楚越。」

周貞定王元年（前 468 年）　墨子一歲

1. 魯哀公卒。
2. 墨子生於魯（?）。

周貞定王四年（前 465 年）　墨子四歲

1. 越句踐卒。
2. 〈魯問〉:「越王請裂故吳之地，以封墨子。」此越王當為句踐之後。

周貞定王十四年（前 455 年）　墨子十四歲

1. 鄭人弒其君哀公。
2. 〈魯問〉:「鄭人三世弒其君。」

周貞定王十五年（前 454 年）　墨子十五歲

1. 韓、趙、魏與智伯分范氏、中行氏之地。
2. 〈非攻中〉:「智伯攻中行氏而有之，又攻范氏而大敗之，並三家以為一家。」

周貞定王十六年（前 453 年）　墨子十六歲

1.趙與韓、魏滅智伯，分其地。

2.〈非攻中〉:「智伯圍趙襄子於晉陽，韓、魏自外，趙氏自內，擊智伯大敗之。」

3.〈魯問〉:「智伯伐范氏與中行氏，兼三晉之地。」

4.《淮南子・要略》:「墨子學儒者之業，受孔子之術。」當在二十歲以前。

周貞定王二十二年（前 447 年）　墨子二十二歲

1.楚滅蔡。

2.〈非攻中〉:「陳蔡其所以亡於吳越之間者，亦以攻戰。」

周貞定王二十四年（前 445 年）　墨子二十四歲

1.楚滅杞。

2.公輸般遊楚當在此時或稍前。

3.〈公輸〉篇載，公輸般為雲梯將攻宋，墨子至郢見楚王，乃不攻宋。此事當在楚惠王滅杞之後。

4.〈魯問〉篇載，墨子與公輸般論鉤拒，當在此同時。

周考王二年（前 439 年）　墨子三十歲

1.楚惠王五十年。

2.〈貴義〉篇載，墨子獻書楚惠王，王以老辭。

3.《渚宮舊事》載，惠王以書社封墨子，不受而歸。

周考王九年（前 432 年）　墨子三十七歲

1.楚惠王五十七年卒。

2.〈耕柱〉：「子墨子游耕柱子於楚。」此事當在墨子獻書惠王之後。

周考王十年（前 431 年）　墨子三十八歲

1. 楚簡王元年滅莒。
2.〈非攻中〉：「莒之所以亡於齊越之間者，以攻戰也。」

周威烈王三年（前 423 年）　墨子四十七歲

1. 韓武子伐鄭，殺幽公。
2.〈魯問〉篇載，魯陽文君將攻鄭，子墨子聞而止之。魯陽文君曰：「鄭人三世殺其君。」

周威烈王十四年（前 412 年）　墨子五十七歲

1. 田莊子伐魯，攻葛及安陵。
2.〈魯問〉：「齊項子牛三侵魯地。」或即三侵之一。

周威烈王十五年（前 411 年）　墨子五十八歲

1. 齊伐魯取都，田和繼為相。
2. 齊伐魯取都，或亦三侵之一。
3.〈魯問〉篇載，墨子見齊太王，當在此之後。

周威烈王十七年（前 409 年）　墨子六十歲

1. 魯穆公元年。
2.〈魯問〉：「魯君謂子墨子曰，恐齊攻我」，魯君或即穆公。

周威烈王十八年（前 408 年）　墨子六十一歲

齊伐魯取郕，或亦三侵之一。

周威烈王二十年（前 406 年）　墨子六十二歲

1. 魏滅中山。
2. 〈所染〉:「中山尚染於魏義偃長。」中山尚，疑即中山桓公，為魏文侯所滅。

周威烈王二十二年（前 404 年）　墨子六十五歲

1. 齊康公元年。
2. 〈非樂上〉:「齊康公興樂萬。」或其初年事。
3. 《呂氏春秋 · 召類》:「子罕殺昭公。」
4. 《史記》:「宋信子罕之計，而囚墨翟。」

周威烈王二十三年（前 403 年）　墨子六十六歲

1. 韓、趙、魏三家分晉。
2. 田和篡齊。

周安王六年（前 396 年）　墨子七十三歲

1. 鄭人弒繻公。
2. 〈魯問〉:「鄭人三世弒其君。」

周安王十六年（前 386 年）　墨子八十三歲

1. 齊大夫田和受封為侯。

2.〈魯問〉:「墨子見齊大王」，齊大王即齊太公和。墨子見齊大王，或在田和封侯之前，或在其後。

3.《新序》載，齊王與墨子問答。齊王即田和也。

周安王二十年（前 382 年）　墨子八十七歲

1.墨子卒於楚。

2.墨子卒當於此時前後（?）。

周安王二十一年（前 381 年）

1.吳起卒。楚悼王薨，群臣殺吳起。

2.《呂氏春秋・上德》載，墨者鉅子孟勝率弟子百八十五人，死楚陽城君之難。

周烈王四年（前 372 年）

孟子生於鄒。

參考書目

一、書籍

1.《論語》
2.《孟子》
3.《莊子》
4.《荀子》
5.《韓非子》
6.《呂氏春秋》
7.《淮南子》
8.《左傳》
9.《國語》
10.《史記》
11.《漢書》
12.《說苑》
13.方孝博，《墨經中的數學和物理學》，北京：中國社會科學出版社，1983。
14.方授楚，《墨學源流》，臺北：臺灣中華書局，1975，臺四版。
15.水渭松，《墨子導讀》，成都：巴蜀書社，1991。

16.王冬珍，《墨學新探》，臺北：世界書局，1980。
17.王星拱，《科學方法論》，臺北：水牛出版社，1966。
18.王寒生，《墨學新論》，臺北：民主憲政雜誌社，1953。
19.王焕鑣，《墨子校釋》，杭州：浙江文藝出版社，1984。
20.王讚源，《韓非與馬基維利比較研究》，臺北：幼獅月刊社，1972。
21.早川著，柳之元譯，《語言與人生》，臺北：文史哲出版社，1989，再版。
22.牟宗三，《國史上的偉大人物》，臺北：中華文化出版事業委員會，1953。
23.何　之，《墨教闡微》，臺北：文津出版社，1983。
24.何秀煌，《記號學導論》，臺北：水牛出版社，1990。
25.吳毓江，《墨子校注》，臺北：廣文書局，1978。
26.李　杜，《中西哲學思想中的天道與上帝》，臺北：聯經出版公司，1980，二版。
27.李紹崑，《墨子：偉大的教育家》，臺北：臺灣商務印書館，1989。
28.李紹崑，《墨子研究》，臺北：臺灣商務印書館，1971。
29.李紹崑，《墨學十講》，臺北：水牛出版社，1990。
30.李漁叔，《墨子今註今譯》，臺北：臺灣商務印書館，1974。
31.李漁叔，《墨辯新注》，臺北：臺灣商務印書館，1968。
32.汪奠基，《中國邏輯思想史料分析》，北京：中華書局，1961。
33.沈有鼎，《墨經的邏輯學》，北京：中國社會科學出版社，1980。
34.周富美，《救世的苦行者：墨子》，臺北：時報文化出版公司，

1983。
35.侯外廬，《中國思想通史》，北京人民出版社，1961。
36.洪　謙，《維也納學派哲學》，上海商務印書館，1945。
37.胡　適，《中國哲學史大綱》卷上，臺北：里仁書局，1962。
38.胡　適，《先秦名學史》，學林出版社，1982。
39.胡秋原，《古代中國與文化中國知識份子》，香港：亞洲出版社，1958，三版。
40.范耕研，《墨辯疏證》，臺北：臺灣商務印書館，1973。
41.韋政通，《中國思想史》，臺北：大林出版社，1979。
42.韋政通，《開創性的先秦思想家》，臺北：現代學苑月刊社，1972。
43.韋政通主編，《中國哲學辭典大全》，臺北：水牛出版社，1983。
44.孫中原，《中國邏輯學》，臺北：水牛出版社，1993。
45.孫中原，《詭辯與邏輯名篇賞析》，臺北：水牛出版社，1993。
46.孫中原，《墨學通論》，瀋陽：遼寧教育出版社，1993。
47.孫詒讓，《墨子閒詁》，河洛圖書出版社。
48.徐復觀，《公孫龍子講疏》，臺中：私立東海大學，1966。
49.殷海光，《中國文化的展望》，臺北：文星書店，1966。
50.殷海光，《思想與方法》，臺北：文星書店，1964。
51.殷海光，《邏輯新引》，香港：亞洲出版社，1965，四版。
52.高晉生，《墨經校詮》，臺北：世界書局，1970。
53.張全新，《邏輯哲學引論》，濟南：山東教育出版社，1989。
54.張知寒主編，《墨子研究論叢㈠》，濟南：山東大學出版社，1991。

55.張知寒主編，《墨子研究論叢㈡》，濟南：山東大學出版社，1993。
56.張純一，《增訂墨子閒詁箋》，臺北：藝文印書館，1975。
57.張純一，《墨子集解》，臺北：文史哲出版社，1970。
58.梁啟超，《子墨子學說》，臺北：臺灣中華書局，1956。
59.梁啟超，《墨子學案》，臺北：臺灣中華書局，1957。
60.梁啟超，《墨經校釋》，臺北：臺灣中華書局，1968，臺三版。
61.郭沫若，《十批判書》，九龍：慶華出版社，1971 重印。
62.陳　拱，《墨學研究》，臺中：私立東海大學，1964。
63.陳　柱，《墨學十論》，上海商務印書館，1928。
64.陳孟麟，《墨辯邏輯學》，濟南：齊魯書社，1983。
65.陳癸淼，《公孫龍子疏釋》，臺北：蘭臺書局，1970。
66.陳癸淼，《墨辯研究》，臺北：學生書局，1977。
67.陳顧遠，《墨子政治哲學》，臺北：新文豐出版公司，1974。
68.傅偉勳，《西洋哲學史》，臺北：三民書局，1986，八版。
69.傅隸樸，《國學概論》，臺北：中華叢書編審委員會，1977，增訂三版。
70.曾仕強，《中國管理哲學》，臺北：東大圖書公司，1986，三版。
71.曾仕強，《現代化的中國式管理》，臺北：經濟日報社，1987。
72.舒　光，《維根斯坦哲學》，臺北：水牛出版社，1986。
73.馮友蘭，《中國哲學史新編》，臺北：藍燈文化公司，1991。
74.黃建中，《比較倫理學》，臺北：國立編譯館，1979，修訂五版。
75.楊　寬，《墨經哲學》，臺北：正中書局，1974。

76.楊向奎，《墨經數理研究》，濟南：山東大學出版社，1993。
77.虞　愚，《中國名學》，臺北：正中書局，1959。
78.詹劍峰，《墨子的哲學與科學》，北京人民出版社，1981。
79.詹劍峰，《墨家的形式邏輯》，湖北人民出版社，1979。
80.廖慶洲，《日本企管的儒家精神》，臺北：聯經出版公司，1983。
81.熊十力，《讀經示要》，臺北：廣文書局，1960。
82.劉涇山等著，《周恩來的管理藝術》，臺北：新新聞文化公司，1993。
83.劉福增，《語言哲學》，臺北：東大圖書公司，1981。
84.蔡仁厚，《墨家哲學》，臺北：東大圖書公司，1978。
85.蔣維喬，《中國哲學史綱要》，臺北：臺灣中華書局，1986，臺六版。
86.蕭公權，《中國政治思想史》，臺北：中華文化出版事業委員會，1965，四版。
87.蕭登福，《公孫龍子與名家》，臺北：文津出版社，1984。
88.戴華山，《語意學》，臺北：華欣文化事業中心，1974。
89.澀澤榮一著，洪墩謨譯，《論語與算盤》，臺北：正中書局，1984。
90.薛保綸，《墨子的人生哲學》，臺北：國立編譯館，1976。
91.謝幼偉，《哲學講話》，臺北：中國文化大學，1982。
92.謝幼偉，《現代哲學名著述評》，臺北：新天地書局，1974。
93.譚作民，《公孫龍子形名發微》，臺北：世界書局，1961。
94.譚戒甫，《墨經分類譯注》，臺北：崧高書社，1985。
95.譚戒甫，《墨辯發微》，臺北：宏業書局，1973 年。

96.嚴靈峰，《墨子知見書目》，臺北：臺灣學生書局，1969。
97.嚴靈峰，《墨子簡編》，臺北：臺灣商務印書館，1968。
98.鍾友聯，《墨家的哲學方法》，臺北：東大圖書公司，1976。
99.《新約全書》，香港：香港聖經公會，1960。
100.巴涅特 (Barnett) 著，仲子譯，《相對論入門》，香港：今日世界社，1971。
101.布魯格 (W. Brugger) 編著，項退結編譯，《西洋哲學辭典》，臺北：國立編譯館，1976。
102.波恩 (M. Born) 著，陳永禹譯，《物理中的哲思》，臺北：聯經出版公司，1983。
103. C. A. Villee 著，中國生物科學社編譯，《新生物學》，臺北：之宜出版社，1983，再版。
104.杜魯克 (Peter F. Drucker) 著，侯家駒校訂中文版，《管理學——使命、責任、實務》，臺北：聯經出版公司，1983，五版。
105. E. F. Vogel 著，李孝悌譯，《日本第一》，臺北：長河出版社。
106.李約瑟 (Joseph Needham) 著，陳立夫主譯，《中國之科學與文明》第二冊，臺北：臺灣商務印書館，1973。
107.詹姆士・奧契 (James A. Autry) 著，胡家華譯，《愛心與管理》，臺北：聯經出版公司，1992。
108.卡普蘭 (A. Kaplan) 著，孟祥森譯，《哲學新世界》，臺北：牧童出版社，1978。
109.馬克斯・韋伯 (Max Weber) 著，張漢裕譯，《基督新教的倫理與資本主義的精神》，臺北：協志工業叢書出版公司，1969，再版。

110.馬基維利 (N. Machiavelli) 著，何欣譯，《君王論》，臺北：國立編譯館，1970。

111.巴斯克 (T. Pascale)、艾索思 (G. Athos) 著，黃明堅譯，《日本的管理藝術》，臺北：長河出版社，1987，五版。

112.皮爾 (N. Peale)、布蘭查 (K. Blanchard) 著，李田樹譯，《企業的光明面》，臺北：長河出版社，1989。

113.波爾曼 (C. H. Perelman) 著，孟祥森譯，《西洋哲學思想史》，臺北：牧童出版社，1972。

114.拉比 (L. Ruby) 著，王曼君譯，《如何想得清楚和正確》，臺北：牧童出版社，1976。

115.羅素 (B. Russell)，《西方哲學史》，臺北：五南圖書公司，1985。

116.史萊勃 (J. J. Servan-Schreiber) 著，林錦勝、何清欽合譯，《美國人的挑戰》，臺北：協志工業叢書出版公司。

117.狄爾 (Terrence E. Deal)、甘迺迪 (A. Kennedy) 合著，黃宏義譯，《企業文化》，臺北：長河出版社，1983。

118.勞伯・蕭勒士 (R. H. Thouless) 著，林炳錚譯，《如何使思想正確》，臺北：協志工業叢書出版公司，1973。

119. W. P. Alston 著，何秀煌譯，《語言的哲學》，臺北：三民書局，1967。

120.威柏爾 (A. Weber)、柏雷 (R. B. Perry) 著，詹文滸譯，《西洋哲學史》，北京：世界書局。

121.威廉・大內 (William G. Ouchi) 著，黃明堅譯，《Z 理論》，臺北：長河出版社，1985，八版。

122.威爾・杜蘭 (Will Durant) 著，許大成譯，《西洋哲學史話》，臺北：協志工業叢書出版公司，1957。

123.維根斯坦 (L. Wittgenstein)，《邏輯哲學論》，上海商務印書館，1962。

二、論文

1. 李漁叔，〈從理則學看墨經〉，《理則匯刊》，八期，臺北，1964。

2. 李漁叔，〈墨家兼愛的真詮〉，《東方雜誌》，四卷五期，臺北，1970。

3. 杜正勝，〈墨子兼愛非無父辨〉，《史原》，三期，臺北，1972。

4. 唐君毅，〈墨子小取篇論「辯」辨義〉，《新亞學報》，四卷二期，香港，1960。

5. 孫中原，〈墨經的邏輯成就〉，《中國人民大學學報》，第三期，北京，1990。

6. 涂紀亮，〈意義理論的興起和發展〉，《現代外國哲學》，五期，北京：人民出版社，1984。

7. 許　逖，〈兼愛思想之流變與影響〉，《出版月刊》，二十期，臺北，1967。

8. 許　逖，〈墨子兼愛與耶穌博愛之比較〉，臺北：輔仁大學研究所，1965。

9. 黃建中，〈墨家哲學及其名理〉，《師大學報》，四期，臺北，1959。

10. 劉　韶，〈亞氏理則學與墨子辯學之比較研究〉，《中華文化復興月刊》，四卷十、十一期，臺北，1971。

11.羅業宏,〈墨子小取篇中所見的普通語言分析〉,國科會報告,1966。

12.龔道運,〈論墨子非無差等〉,《新社學報》,三期,1969。

三、外文部分

1. L. Ruby: *Logic*, Philadelphia, 1950.

2. J. Hospers: *An Introduction to Philosophical Analysis*, Englewood Cliffs, 1953.

3. M. Dummett: *Frege: Philosophy of Language*, Harper & Row, 1973.

4. Rensis Likert: *New Pattern of Management*, New York: McGraw-Hill Book Co., 1961.

5. 竹內靖雄,《正義與嫉妒的經濟學》,講談社,東京,1992。

6. 渡邊卓,〈墨家的兵技巧書〉,《東京支那學報》,第三期,1957。

7. 渡邊卓,〈墨家的守禦城邑〉,《東方學》,第二七七號,東京,1964。

8. 盛田昭夫,〈危險的日本型經營〉,《文藝春秋》,東京,1992.10。

9. 黑川紀章,〈被誤解的共生論議〉,《文藝春秋》,東京,1992.10。

索　引

一劃

二劃

三劃

四劃

五劃

六劃

七劃

八劃

九劃

十劃

十一劃

十二劃

十三劃

十四劃

十五劃

十六劃

十七劃

十八劃

十九劃

二十劃

二十三劃

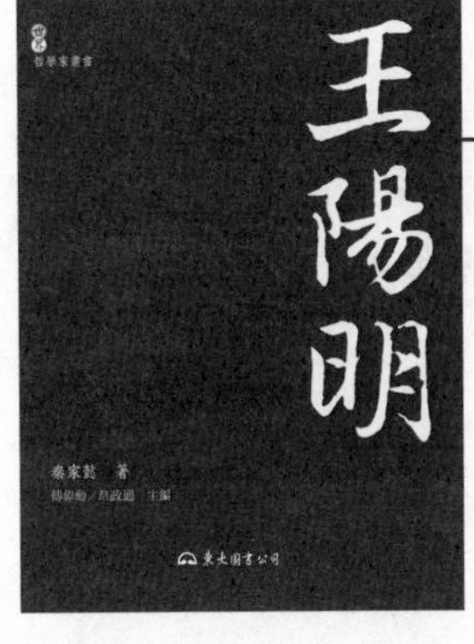

王陽明

秦家懿 著

本書介紹王陽明的思想前驅與他的生平，並由淺入深分析、探討「心即理」、「致良知說」、「良知本體」等陽明思想的深蘊，兼論王陽明對於道教、佛教所持的基本態度。最後闡述筆者個人的反思。王陽明不只屬於中國文化，也屬於日本與韓國。所以亦將陽明學在明治維新前後的日本，和李朝與其後的朝鮮的情況作簡單的介紹。最後憑著比較性的史實，給陽明的學說作出總評價。

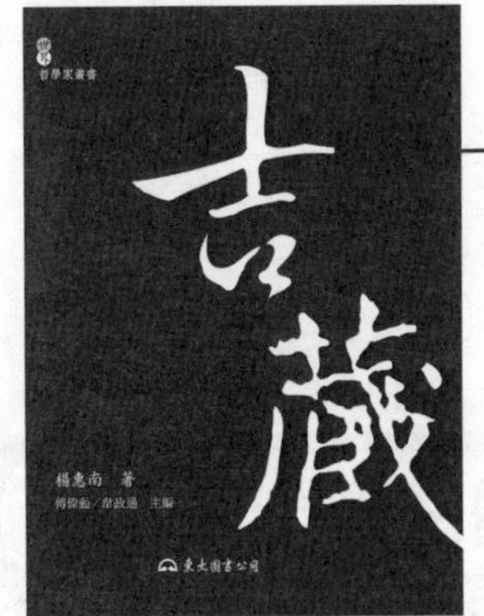

吉　藏

楊惠南 著

中國佛教史上的一個重要的宗派是三論宗。三論宗是印度大乘佛教中觀學派 (Madhyamika) 的繼承教派；而吉藏，則是三論宗的集大成者。本書旨在闡述吉藏之思想形成、內涵與影響，不但對吉藏之生平及其方法論、哲學，做了詳盡的考據和解析，也對吉藏在世之時及他生前一、兩百年的中國佛學界，做了必要的介紹。

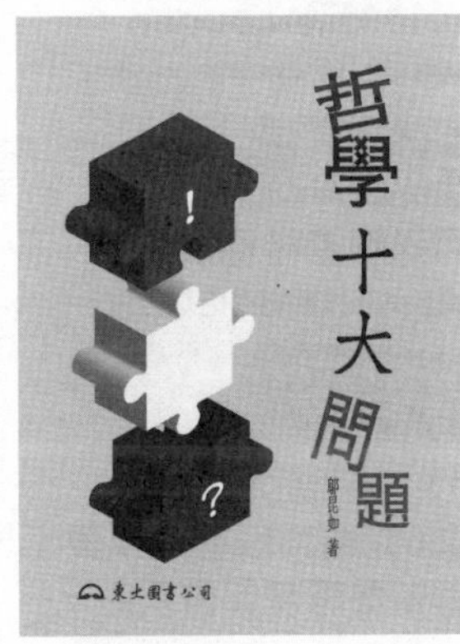

哲學十大問題

鄔昆如 著

本書提出十大問題，首先探問哲學是什麼，接著論及哲學的主體——人，哲學的方法——思想，哲學的對象——存在；然後依次討論真、善、美、聖的層次，及其對應之學科——科學、倫理、藝術、宗教；最後聚焦於人我互助的社會。藉十大問題來介紹哲學、活用哲學，提供讀者安身立命、修己成人的祕方。

墨翟先生，請留步！

李賢中　著

兩千多年前的墨翟在尋找天下至寶的途中，巧遇了不同時空的先秦哲學家們：老子、莊周、惠施、孫武、公孫龍、荀子、韓非⋯⋯。這些哲學家們談生命、論兼愛、講兵法、述鬼神，他們關心人性與管理、君子與立志，還有墨家是不是效益主義的問題⋯⋯。讀者不僅能從本書了解墨家哲學，亦得以從一個不同於儒家傳統的立場，鳥瞰先秦哲學。